闻堰故事

中共杭州市萧山区闻堰街道工作委员会
杭州市萧山区人民政府闻堰街道办事处 编

浙江工商大学出版社 | 杭州
ZHEJIANG GONGSHANG UNIVERSITY PRESS

图书在版编目（CIP）数据

闻堰故事 / 中共杭州市萧山区闻堰街道工作委员会，
杭州市萧山区人民政府闻堰街道办事处编 . —杭州：浙
江工商大学出版社，2021.10
ISBN 978-7-5178-4661-1

Ⅰ.①闻… Ⅱ.①杭… ②中… Ⅲ.①地方文化—萧
山区 Ⅳ.①G127.554

中国版本图书馆 CIP 数据核字（2021）第 183114 号

闻堰故事
WENYAN GUSHI

中共杭州市萧山区闻堰街道工作委员会
杭州市萧山区人民政府闻堰街道办事处　编

责任编辑	张晶晶
封面设计	沈　婷
责任印制	包建辉
出版发行	浙江工商大学出版社
	（杭州市教工路 198 号　邮政编码 310012）
	（E-mail：zjgsupress@163.com）
	（网址：http://www.zjgsupress.com）
	电话：0571-88904980，88831806（传真）
排　　版	杭州大漠照排印刷有限公司
印　　刷	杭州丰源印刷有限公司
开　　本	880mm×1230mm　1/32
印　　张	10.875
字　　数	226 千
版 印 次	2021 年 10 月第 1 版　2021 年 10 月第 1 次印刷
书　　号	ISBN 978-7-5178-4661-1
定　　价	68.00 元

目　录

风情·岁月

传说·故事

美女山

吴仁早

　　闻堰街道位于湘湖边，湘湖边有这么一座山，仔细看极像一位裸露的女人坦然地坐在那里，故此山被人叫作"美女山"。

　　据说，早先的早先，这里还没有湖，有的只是山丘连着山丘，平地连着平地的荒原。有一次，两位神仙云游路经这里，很为这荒原惋惜。正在此时，一对夫妇也路过这里，男的挑着破行李，女的腆着个大肚子。一位神仙说："就让她在这里生吧，有了人这里就不荒凉了。"另一个接着说："要么不生，要生就生十个。"话音落处，那女的直叫肚子痛，丈夫手忙脚乱地铺破絮，女人一躺下就生了，这一生果然生了十个儿子。一下子生下十个儿子，夫妻俩走不了啦，于是，砍来树做梁，割来草当瓦，一家人在这里安了家。说来也真怪，不用爹愁，不用娘烦，十个儿子见风长，不到一个月，已能满山遍野跑着采果子，挖野菜了。两个月后，儿子们已可以帮着爹下地挖土开荒了。不到半年，十个儿都长成了小伙子，他们和爹娘一起开垦的荒田已有了一大片。

荒地开好了，可种子无着落，忽然从远处飞来了一大群燕子，每只燕子口中都衔着谷种，燕子将谷种丢入垦好的荒田中又纷纷飞走了。十兄弟一齐欢呼，他们快乐得直翻跟斗。可是高兴劲还没过去，烦恼事又来了：荒地缺水！

十个儿子分头出门找水源，可是磨破了脚底，跑断了腿，就是找不到水。没有水，荒田里的谷种怎么发芽？一双父母愁眉苦脸，他们对苍天大声喊："天啊天，既然赏了我们十个儿，既然让燕子衔来救命种，为何不再施神通赐给我们一湾水？"

那两位神仙并没有离去，老夫妻的祈祷，他们都听到了，他们也在为水犯愁。因为，他们只是天神，无法引动地下水，也不敢惊动土地劈山开河，他们只能引来天河水。但没有惊天动地情，神圣的天河水是难以流向人间的。

又是一天开始了，丈夫领着十个儿子告别了妻子又出门去找水。时近中午时，门口来了一对面容憔悴的老人，他们一个劲地叫渴。妻子舀来水请他们喝，可这两位老人的肚子好像漏底桶，许多水喝下去了，还在叫渴。妻子无奈，只得将缸中的水全部舀尽，放到他们的面前。他们俩也不客气，你一碗我一碗地灌，一直灌到滴水不剩，还在叫渴。妻子叹了一口气，说："两位老人家，不要怪我小气，我实在拿不出一滴水来了！"见他们将信将疑的眼光，她又说："我们这里只有一个脚湾深的水坑，每天只能舀到一担水，今天，你们已将我全家的水喝尽了。"说着，她拉着两位老人出门，与他们一起站在高处，指着荒野上挖的大大小小数不清的坑说："我有十个儿子，一个丈夫，十一个劳动力，工夫花了不少，就是挖不出水来。唉！这么大的一块地方，要是有水真可以变成天堂。可惜无水难养人啊！"见两位老人低头不语，她又说："假如苍天开恩能让我们找到水，我真愿意以命相报！"一位老人抓住了她的手，问："真的？"老人的眼光中有一股说不出的威力，她感觉到了，她又看了看眼前这片荒凉的原野，说："只要有水，让这里的荒田变良田，我的十个儿子可以在这里成家立业，我一个做娘的舍出一条命去，有何不值？可惜的是苍天不肯开恩！"两位老人一下恢复了仙人模样，眉开眼笑地说："想引天河水，要用肉身接，大嫂，你坐下吧，水来了！"女人刚一坐下，两位老人一齐向她喷水，那喷出的水如同长龙，淋湿了她的头、她的衣，一会儿她的衣衫不见了，眉眼鼻子也没有了，她失去了知觉……

当丈夫带着十个儿子还在到处找水时，忽然听到了哗哗的流水声，他们一齐循声而找，竟看到了滚滚流水从自己家的方向来，他们飞奔回家，只见草房后多了一座山，山下有个洞，洞中的水直往外喷，那水流得又急又猛，已将一块地喷成了一个池。儿子们齐声欢呼着跳进水里嬉戏，只有丈夫心里疑惑，他大声地呼叫妻子，却到处找不到妻子的身影。爹的惊慌呼喊声让儿子们停止了嬉闹，他们随着爹一起找娘。儿子们的呼喊牵动了娘的心，山抖了！水颤了！儿子们看着这山这水，山似有娘的体温，水似有娘的柔情。儿子们明白了，是娘！娘将自己化成了山引来了水。丈夫也明白了，妻子为了儿子们付出了生命。儿子哭喊，丈夫悲痛，只有这片荒原活了。土地滋润了，种子齐崭崭地发了芽，草变青了，树变绿了，大地的活力代替了娘的胸怀，儿子们不再哭喊。清清的流水似妻子郑重的嘱托，丈夫也不再悲哀。

　　自从有了这天河水，地下水也来凑热闹，一下子池变成了湖，荒原也不再荒凉。那娘亲变成的美女山舒舒坦坦地坐在那里，看着子子孙孙在这里繁衍生息，年年代代，岁岁年年！

三江口的蚬子

吴桑梓

　　蚬子在我们这里也叫黄蚬，因其背呈黄色而得名。位于三江口的闻堰以拥有江鲜而闻名，而蚬子就是一道味美而实惠的江鲜。

　　相传，这三江口的蚬子是鳌元帅的六姑娘变的。

　　只因钱塘江水系的浦阳江和富春江中有乌鱼怪作乱，鳌元帅派爱女六姑娘和水蛇姐妹前去征服。临行时，元帅给女儿穿上一身硬甲，说："乌鱼怪嘴尖牙利，用这硬甲护身可保无恙。"六姑娘与水蛇姐妹英姿飒爽，由潮水将军护送，很快来到钱塘江。

　　龙门山深潭是乌鱼怪的洞府。几年来，他凭着凶狠霸道，横行一方。今天，他正稳坐洞府，尽情作乐。想不到三位女将会从天而降，乌鱼怪有点措手不及。三位女将初试锋芒，连战连胜。乌鱼怪抵挡不住，就钻入水底泥洞，逃之夭夭。

　　水蛇姐妹对六姑娘说："六姑娘，你不会钻泥入洞，我们俩完全可以对付那怪物。请姑娘到钱塘江三江口把守关口，断他后路。"说完，水蛇姐妹一同钻入水底泥洞紧紧地追赶乌鱼怪而去。乌鱼怪一看水蛇姐妹出手不凡，就不敢轻敌。他使出浑身解数来招架。只见他一下子跃上平地，搬来大块大块的泥土断水。水蛇姐妹也搬来大块大块的泥土压阵。双方一忽儿打到岸上，将成堆的泥土滚入江中，一忽儿又战在水里，将大把的泥浆洒向岸边。一连战了几天几夜，战得天昏地暗，还不分胜负。忽然，乌鱼怪心生一计，一下从安徽搬来两座大山，紧紧地压在两条水蛇身上。这出乎意料的毒计，使水蛇姐妹防备不及，她们被压得喘不过气来，使尽了力气也还是难以动弹。

正在危急之际，钱塘江的土地爷来了。土地爷很同情水蛇姐妹，在他念动搬山真经的同时水蛇姐妹也憋足了劲，只听见土地爷喊："一二三！"三声刚落，那山就崩裂了，无数泥土石块四散在两岸，变成了无数座小山。水蛇姐妹谢过了土地爷，匆匆往钱塘江三江口赶去。

来到三江口，她们见到了这样一幅惨象：六姑娘已被乌鱼怪撕得粉身碎骨，满地的碎肉碎甲。水蛇姐妹怒火中烧，她们四处寻找乌鱼怪的下落。终于，她们看到乌鱼怪也浑身流血，焦头烂额地坐在一角喘息，连尾巴也断了。水蛇姐妹冲上前去要为六姑娘报仇。这时潮水将军也赶到了，他们合力奋战，不到一个时辰，就把乌鱼怪打死在地。

水蛇姐妹含着泪收拾起六姑娘的碎肉碎甲，把碎肉碎甲埋进了钱塘江底的泥沙中。鳌元帅也闻讯赶来了，他哀悼了女儿后，封水蛇姐姐守卫富春江，封水蛇妹妹守卫浦阳江，叫她们朝夕相会在钱塘江，常与六姑娘做伴。他还让潮水将军每月两次前来探望这三位姐妹。

水蛇姐妹很爱护六姑娘的尸骨。姐姐让富春江的水流过九十九个湾，经过九十九个沙洲，让水清清亮亮地流过三江口进入钱塘江；妹妹也不落后，她下功夫挖深，疏通了浦阳江，把两岸的土地管好，逢年过节，把浦阳江两岸的时鲜花果送到钱塘江的三江口。那潮水将军更是按时不误，给六姑娘带来家乡的水、父母的情。就这样过了一年又一年，六姑娘的尸骨又有了新灵气，破碎的硬甲带着她的肉块在泥沙中又支撑起她娇弱的身体。水蛇姐妹和潮水将军高兴极了，他们更加尽心尽力地照顾这位起死回生的小妹妹。鳌元帅也特地赶来看望他的再生女。他用颤抖的双手捧起娇弱的六姑娘说："孩子，你小小年纪，为除邪恶惨遭不幸，你身躯虽碎，但灵魂不死，这就是你的灵魂再现，我将你的名改为蚬子吧！"

从此，水族中就增添了这小小的一员。蚬子姑娘很喜欢宽阔的钱塘江。在朝霞初升时，她去江口等候水蛇姐妹；在月亮圆缺时，她又去江口迎接潮水将军。从此，她定居在三江口，安居乐业，繁衍后代，蚬子也成了三江口的一道江鲜。

鲤鱼报恩

缪 丹

很早以前，闻堰老街住着一对相依为命的母子，儿子叫江生，是远近闻名的大孝子，长得五大三粗。江生从小在钱塘江边长大，熟悉水性，练就一身江里捕鱼的本领，有道是看山吃山，靠江吃江，母子俩，儿子捕鱼，母亲在自家门口卖鱼度日。

江生家里穷，母亲又体弱多病，是个药罐子，所以快三十岁的人，还讨不到老婆。孝顺的他买不起补品给老娘吃，但总会将捕来的几条鱼养在灶头的水缸里，留着给母亲补身体。

那天晚上，江生半夜醒来，听到厨房里"哗啦哗啦"的水声响个不停。他觉得好奇，于是穿衣起床，点上煤油灯悄悄地向灶间走去。他慢慢靠近水缸，那条鲤鱼似乎一夜间长大了许多，甩着大尾巴在水缸里上蹿下跳，把整缸水弄得哗哗响。

江生一见乐了，这鲤鱼这么大，肉又多，明天正好当下饭菜。鲤鱼见江生站在水缸边，就不再发出声音，把头露出水面，张着嘴，像要说话的样子。它一动不动地用眼睛看着江生，不停地流出眼泪，似乎在求江生放了它。

这时江生的母亲听到动静也来到了灶间。看到这情景，老太太慈悲心上来了，她说大鲤鱼通人性，明天一早把它放生吧。

江生见娘说话了，于是连忙答应，然后对着鲤鱼说："我娘慈悲，你幸运，我明天一早把你放到江里去，今晚你就安安静静在这儿。"

大鲤鱼还真的像能听懂似的，欢快地摇了摇尾巴。

第二天一大早，江生就把这鲤鱼放生到钱塘江里，并且说："还你自由，你从哪儿来就回哪儿去吧。"

娘俩放了鲤鱼后，感觉自己做了件善事，很开心，于是晚上睡得特香。半夜，母子俩同时做了一个同样的梦：有个白发苍苍但很慈祥的老婆婆来到他们的梦境中，说是为她的女儿道谢来了，感谢他们母子慈悲心肠放了她的女儿，还边叩拜边说："好人会有好报。"

第二天，天蒙蒙亮时，江生起床打开大门，看到门口放着一样东西，他仔细一看，吓了一大跳，只见这东西身子像个孩子，但脸上却有胡须，额头长着皱纹，盘着双腿，坐在那儿，江生不知道是什么怪物，跌跌撞撞进屋叫娘去看下。

老娘以前是大户人家出身，见过一些世面，只因后来她家被一把大火烧完，才下嫁给江生的父亲。她在街上住的时间也长，听的东西也多。见多识广的她一看，立马眼睛放光，用颤抖的双手捧起这东西，抱在怀里就赶紧进了屋，并把门关上。

江生看到这一切，紧跟老娘来到堂前，看看老娘，看看她抱着的东西，刚想问，老娘却开口先说了："这是大补之物，是人形何首乌，千年难遇，这何首乌恐怕已有千年了吧。"

娘俩都想起了昨晚的梦，知道被放生了的鲤鱼不是一般的鲤鱼，这人形何首乌肯定是"她"送来的，是来报恩了。

于是，江生就切了一点何首乌给老娘炖汤喝。一连喝了几天，老娘的身体果然好了，不再气喘吁吁，腰背也挺直了，老娘身上所有的不适全好了。

自从放了鲤鱼后，江生捕的鱼也比平时多得多了。原来，他放生的那条鲤鱼是传说中修了近千年的鲤鱼精，那天海龙王的女儿生日，她去龙宫喝庆生宴，喝多了酒，才被江生捕来了，后被江生母子俩放回江里，于是就来报答他们的恩情。

江生娘的身体好了，不用再天天吃药，江生捕的鱼多，卖的钱自然也多。慢慢地，江生家条件好了起来，于是街坊邻居给他说了门亲，一年后生了一个漂亮的女儿，大家都说是好心得到的好报。

范增掷山埋项羽

谢益龙

　　话说秦朝末年，秦二世胡亥暴政，各路英雄豪杰纷纷揭竿而起。在众多的反秦大军中有两支队伍特别强大，领头的两个英雄分别是项羽和刘邦。

　　项羽出身名门，是楚国名将项燕的孙子。他有勇无谋，但手下有个谋臣却很是了得，名叫范增，此人谋略过人，项羽也非常尊敬与信任他，尊称他为"亚父"。而刘邦出身草莽，原来是山东的一个街头小混混，后来当了个亭长小官，相当于现在的村主任。但刘邦有勇有谋，志向远大。刘邦与项羽注定要两虎相争。起初，项羽队伍的实力是远远大于刘邦队伍的，但刘邦自有其野心，不甘心听命于项羽。一个国家，只能有一个国君，为了争夺这个宝座，两支队伍展开了你死我活的厮杀。

　　刘邦一心想先占领咸阳，取得先机，因为那里是国家的中枢。他也真的做到了，比项羽先进咸阳。而晚到一步的项羽此时也来到咸阳霸上，得到刘邦先入咸阳的消息，项羽与范增都很焦急，因为刘邦是他们最有竞争力的对手。所以范增多次力劝项羽铲除刘邦队伍，杀掉刘邦，早点成就项羽的西楚霸业，可项羽就是听不进去范增的劝告。

刘邦进咸阳后不贪财不贪色，军队纪律严明，对百姓秋毫无犯，与以前在山东乡下时相比，简直换了一个人。范增洞察到刘邦在下一盘大棋，断定刘邦想称王。

当时刘邦的势力还弱，不敢与项羽硬拼，需要与项羽妥协讲和。范增抓住机会设下鸿门宴这个局，在宴席上叫项羽斩杀刘邦。但项羽心软，下不了手，让刘邦轻易逃脱，范增的计谋落空。范增仰天叹息道："唉！小子不好与他谋事！以后抢项王位置的，一定是刘邦！我们都将成为他的阶下囚！"

公元前 203 年，项羽与刘邦的争夺到了最关键时刻。刘邦已经被项羽围困在荥阳城内一年之多，并被项羽军队断绝了外援和粮草通道。刘邦差不多败局已定，这使范增帮助项羽成就大业的信心大增。但刘邦不是吃素的，他知道项羽要成就大业全靠范增，项羽的队伍假如没有了范增，局面将完全改变。他就利用陈平挑拨范增与项羽之间的亲密关系。陈平六出奇计，让项羽怀疑范增与刘邦私通，范增最终被项羽所猜忌。项羽不再信任范增，否决了范增多次攻城的提议。

足智多谋的范增觉得已经不能再在项羽身边待下去了，失去了项羽的信任，必定会招来杀身之祸，于是向项羽辞官："天下大事已基本定了，希望大王自己好好地干。我年岁大了，身体又不好，请大王准我回家养老吧！"

于是范增为了躲避刘邦与项羽的双重追杀，来到了偏远的江南，在钱塘江岸的湘湖边定居。这里依山傍湖，风景秀丽，又与是非之地相距遥远，是最好的隐居之地。年岁已老的范增此时已经患上了严重的背疽病，时常为疾病所困扰，他一边养病一边还关心着前方战事，不甘心大好的局面被项羽断送。但正如他担心的，知项羽者必是范增。项羽是个粗人，不会深谋远虑，容易被奸臣蒙蔽。但范增还是抱着一线希望，说不定项羽哪天醒悟过来，再召回他出谋划策。

可范增的离开，仿若砍掉了项羽的臂膀，又加上内奸陈平，项羽队伍一下子兵败如山倒。最后，一代霸王项羽被刘邦大军逼到了乌江边，上演了霸王别姬的悲剧，项羽也自刎于乌江边。消息传到范增这里，他伤心欲绝，不可一世的西楚霸王竟然落得如此下场，无人收尸，连个厚葬的资格都没有。

范增瞬间悲愤交加，使出全身力气，奋力托举起了萧然山南岭，使尽全身力气把山向乌江方向掷去，想让萧然山南岭埋在乌江，做成坟墓让项羽魂魄安心，可范增因用力过度导致背疽突然发作，没把山抛远，只把山抛到了湘湖边，"压乌山"成了"压湖山"，而抛完山后的范增，也身疲力竭，口吐鲜血，一命呜呼。而压湖山一直留在湘湖边，后人为纪念这位一心为项羽却报国无门的忠臣，就称此山为亚父山，又叫饭甑山（音同范增）。

古人有诗云：

> 项羽天资自不仁，那堪亚父作谋臣。
> 鸿门若遂樽前计，又一商君又一秦。

压湖山的传说

楼　飞

　　闻堰有个压湖山，风景独好，水天一色，历来文人墨客都在此留下了精美诗句，压湖山也成了古湘湖八景之一。不过，两千多年前，压湖山还有过其他两个名字，为什么后来改成了压湖山呢？这里还有一个神奇的传说。

　　相传，秦末时期，各地动荡不安，农民起义此起彼伏。有个叫范增的谋士非常智慧，早年开始学习《易经》，有观天象断阴阳的本事。可此人心高气傲，根本没把各地割据的领袖放在眼里，什么金银珠宝、高官厚禄，他都视如粪土。直到年过古稀，还是没有找到投诚的明主，不过他也不急，整日游山玩水，自由自在。

　　这天，范增一路游览，来到位于萧山西面的一座山上，这座山峰峭岩壁立，独立湖心，站在峰顶，一半是天，一半是湖，像根顶天立地的神针。范增摆出相盘，发现这里天地平行，没有磁力，相盘一动不动。游历半世的范增第一次碰到传说中跳出五行的地界，顿时觉得此地一定非同小可。正在这时，山下楚旗大军经过湖边，暂作休整。范增见领军那人高大魁梧，身披金钾，一声令下，犹如青龙出水，湖面荡漾，山峰微颤。观其面相，虽有乌云压顶，却是难得一见的大福大贵之相。范增心生欢喜，立即下山拜见。来人看范增道风仙骨，虽年过古稀，却有着洪荒之气，立即下马相迎。两人一见如故，相见恨晚，那人便是西楚霸王项羽，项羽早已耳闻范增之名，当下尊其为亚父，取下佩剑赠予范增。当地老百姓为了纪念这一时刻，把这座山称为亚父山。

从此，范增用毕生所学，一心为项羽谋划。项羽在范增的协助下，所向披靡，一度横扫华夏，成为最有实力平定天下的人物。可惜事与愿违，由于项羽生性多疑，优柔寡断，最终还是痛失了范增。后来项羽兵败，自刎后身葬乌江。范增听到这一消息，心中悲痛，再次来到当年第一次遇到项羽的山下，再看此山，乌云压顶，青龙被利峰所镇，还未抬头气数已绝。斗转星移，这里早已没有当年的气象，山峰陡峭，凶险万分，山下湖水混浊，散发着阵阵恶臭，周边百姓苦不堪言。范增一气之下，拔出项羽所赠宝剑，直插峰喉，只片刻，乌云散尽，陡峭石壁上长出万年青藤，一股清泉从石间喷薄而出，顷刻，湖水荡漾。范增再看天象，乾坤朗朗，只是青龙已死，如今剑入山峰，也只能保青龙尸首不腐。从这以后，亚父山的名字被改成了压乌山。

但是，经过千年的变迁，唐朝末年黄巢起义，黄巢因为个人喜好，四处收罗兵器，所到之处必定天翻地覆，听说闻堰压乌山上镇压着项羽的宝剑，于是派了大量人马前来搜剑，压乌山被黄巢队伍清荡了三天三夜，砍得连棵草都不剩。幸好他们最后没有发现宝剑的痕迹，而老百姓也是一问三不知。一行人

传说·故事

017

马终于遗憾离开。

从这以后，老百姓为了保护压乌山的安全，把它改为压湖山。

奇树庵（外二则）

蔡月校

唐朝天复昭宗年间，闻堰有一大户人家，主人狄公夫妻同庚五十，生有一子一女：子名孝朗，聘邻村姚员外之女姚玉兰为妻；女唤红杏，许配下湘湖吴氏为室。

孝朗十八岁那一年，姚玉兰过门，夫妻十分恩爱，玉兰孝顺公婆敬重丈夫，和睦四邻又勤俭持家，十分贤德。不料未及一年，孝朗身染重病竟不治身亡。玉兰虽万分悲痛，但仍尽心服侍公婆，对小姑红杏也亲如姐妹。

再说唐朝初兴，太宗皇帝李世民平定十八路反王，扫清六十四处烟尘，建成大唐王朝，却仍有反王后代心中不服，占山为王、划地为寇，南阳王朱灿后人逃到江南，经常四处流窜，抢掠作恶。

这一日，玉兰红杏姑嫂二人坐在门口刺绣，因红杏夫家已定下日子，要来迎娶，玉兰帮着小姑赶绣嫁衣。却不料贼兵进村前来抢掠，姑嫂二人急忙起身，但要关墙门已来不及了。那伙贼人见姑嫂年轻貌美，便出言调戏，要来轻薄，村中邻人俱已逃散，狄公夫妻闻声出来，被贼兵一刀一个杀死在地。

玉兰披头散发，拼死护住小姑，几个贼兵上前要来剥其裙裤，玉兰大叫一声"妹妹保重"便一头撞向廊柱石墩，头开脑裂而亡。红杏也不肯受辱，便拿出裁衣剪刀，插入心窝而亡。

贼兵去后，村中乡邻怜其节烈，将姑嫂葬在一起。不料数日后，埋骨之地竟长出一棵树来，此树非桃非兰，却开出红、白二色极其鲜艳的花。村人见之大奇，就在树边建起一座庵堂来，人称"奇树庵"。

后来宋太祖赵匡胤陈桥兵变，黄袍加身，一日在朝中设宴，要臣子们谈些民间轶事。有位江南臣子，便说了玉兰、红杏两个女子节烈的故事。太祖皇帝大加赞赏，拨下库银，派员到闻堰扩建奇树庵，内塑玉兰、红杏神像，封贞烈夫人，并赐名为"仙姑庙"。

潮到三江浪自平

钱江潮水举世闻名，尤以每年八月十八大潮之日更加壮观，由西往东入海，一路波翻浪涌，但进入三江口，气势便减弱。关于这一点还有一个民间传说。

钱塘君是东海龙王最宠爱的龙子，他本领高强、豪侠爽气，但性子暴躁，常在江中率领百万潮头兵掀起滔天巨浪，若有风雨相助，气势更是惊人，有时便会冲塌江堤，危及沿江百姓生命财产安全。

每年八月十八是龙子们到东海龙宫朝拜龙王龙后的日子。龙王龙后设宴款待，顺便考核龙子们的法术本领。这一年龙子们齐聚龙宫，饮宴比武，钱塘君技压群雄，龙王大喜，大加赞赏，竟将龙宫兴潮宝珠赐给了他，这一下更是增加了钱塘君的气势。兴潮之时浪头更高，还变着花样玩起了一线潮、交叉潮、剪刀潮、回头潮，这样一来不但更加祸害了沿江百姓使其受水患之苦，潮水还经常涌入内江，使内江堤坍坝塌。

这一天，钱塘君喝醉了酒，又大兴风浪，并祭起了兴潮珠。浪头卷起三丈多高，潮水汹涌进入三江口后，竟向富春江、浦阳江扑去。一时之间，不但两江水族眼睛泛白、肚皮向天，死伤无数，两江塘堤也岌岌可危。这一下激怒了富春君和浦阳君，两王平时就看不惯钱塘君的飞扬跋扈，更不满东海龙王的偏爱，只是技不如人，不敢与他交锋。这一下忍无可忍了，当下两王点起虾兵蟹将，涌至三江口联手和钱塘君争斗起来。若说单打独斗，钱塘君自然不惧，但如今两王联手，钱塘君拼尽全力，渐感不支，便化出原形——一条赤龙，浦阳君也化出原形是一条白龙，而富春君则是一条青龙。三龙从水中斗上天空，这一下不得了，一时电闪雷鸣，暴雨如注，眼看江堤将毁。沿江百姓哭声震天，四散逃命。

这场争斗惊动了东海龙王龙后。他们便架起云头，来到三江口。龙母见要酿成大祸，忙将镇潮珠和平潮珠丢入水中，一时之间，潮息浪平。龙母怒斥三王，只顾逞勇斗狠，不顾百姓死活。三王忙伏地请罪。龙王也深悔不该将兴潮珠赐予钱塘君，但又不便收回，就告诫钱塘君，兴潮珠今后只能在每年八月十八来东海朝拜之时使用，平时绝不准兴弄大潮，钱塘君领命而去。故而每年八月十八潮水最大。

龙母见富春、浦阳二君委屈，又恐三王结怨，日后弄出祸害百姓、罪犯天条的事来，就把镇潮珠和平潮珠分别赐予二王，置于江口，以免其受钱江潮水之害。此后，钱塘江潮水再大，一到三江口，便会减弱，三江口便物阜民丰，建起的水运码头也出了名。

老虎洞

很早以前有个秀才上京赴考，在路上看见一只病弱的黄斑小狸猫，很可怜它，就把它放在书箱里，每天买些鱼腥米饭喂它。这一天秀才走到闸堰地面城山脚下，天色将晚，又下起雨来，看见前面有一间草房就前去借宿。草房里住着一个四十多岁的中年男人，名叫无良，不务正业，专干一些偷鸡摸狗、讹诈拐骗的勾当。原来这里还有几户人家与他为邻，因受不了他的恶行，都另居他处了。

这个无良人虽坏却生得相貌堂堂，面上一团和气。他见秀才背着书箱，又有一个包裹，就客气地将秀才请进草房，烧水煮饭款待秀才。秀才十分感激，打开包裹取出一两重的一块银子谢他。这就应了"金银勿露白，露白要赤脚（遭祸）"这句老话，清酒红人面，财帛动人心。无良偷看，望见秀才这一大包银两，便起了坏心，暗中将一包药狗用的"山钠粉"放入菜汤中，搬出饭菜来，自己只吃菜、饭，却频频地舀汤给秀才喝。秀才从书箱中取出黄斑小狸猫，因见桌上无鱼腥之物，就拨些白饭给它充饥。

饭后，秀才药性发作，腹痛难当，不过片刻就口吐白沫而亡。无良也后怕起来，却见那只小狸猫龇牙咧嘴，呜呜乱叫，便一脚将那只小狸猫踢出门去了。待到夜深，那无良寻了一只装稻谷的麻叉袋（叉袋麻丝编成，袋口分开两叉便于结扎）将那个秀才装入袋中，寻把锄头，扛到将近山顶处，掘个深坑埋了。

那无良谋财害命，得了秀才的银两，造房买地，娶妻生子，几年工夫，竟成了大户人家。这一年无良四十九岁，要做五十大寿，寿期那天，杀猪宰羊，请朋邀友。物以类聚人以群分，这次的赴宴者大多都是些为非作恶与无良臭味相投的地痞流氓，只有极少几个正直善良不敢得罪他的老亲戚。

酒宴开桌，那无良坐在寿星位上，好不风光得意，几个地痞流氓开始拍马敬酒。正在热闹当中，忽然刮起一阵大风，满天沙尘中，惊天动地的一声虎啸。从山上下来一只黄斑老虎奔入寿堂。一时堂中桌翻椅倒，碗破盘碎，座中来客狼奔豕突，那虎直奔无良，"咔嚓"一声把无良的头颅咬了下来，又追扑座中客人，那些危害乡里、作恶多端的人断臂折腿、头破血流地哭爹喊娘。唯有几个正经善良的老亲，虽受惊吓，但毫发无损。

这一下，惊动了官府，官府派出衙役兵丁，征集猎户，围堵捕杀，却一无所获。乡中几个老人便求神拜佛，惊动了南海观音。观音架起祥云来到山中，只见一黄斑狸猫伏在山上一处荒坟哭泣。观音便知是那个秀才的冤魂附在狸猫身上，变化成虎报仇而来。念他屈死，又只伤恶人，便将手中柳枝一指，在山顶指出一个洞来，命他在洞中修炼，千年之后受人朝拜。

村人为感谢观音，就在洞前塑了观音像，建起了莲花庵，又在洞中塑了黄斑老虎。后来乡中有些村民受了欺压，又无处申诉，便会来求虎神。来的人多了，老虎洞也出名了，莲花庵几经扩建，改成了莲华寺。

看破官场的韩顺久

韩成兴

清朝康熙年间，京城大比，闻堰韩家埭秀才韩顺久与黄山学友、秀才陈逸生，长河学友、秀才来锦耀同登金科，三人能文能武，都被皇帝委以重任。韩顺久赴山东，任道台之职。陈逸生去河南，钦点巡抚。来锦耀留在京城，任吏部尚书。

这三人虽在各地为官，但交往甚密，年年走访相聚，谈国事，聊家常，非常投机。有时一同在家乡相见，还邀请乡贤名士聚会。

随着时间的推移，又因人事繁杂，三人间的来往少了起来，感情也不知不觉淡漠了。忽有一年，有消息传陈逸生犯事了。

原来陈逸生做了一段时间钦点巡抚后，任了河南道台，开始几年也励精图治，建功立业，皇帝嘉奖，百姓爱戴。有一年河南遭水灾，陈逸生上本奏皇帝，要求赈灾，皇帝拨三千石赈粮于河南。向百姓发放赈粮后，库里还剩百余石粮食。不知怎么搞的，这陈逸生起了贪心，竟串通米商，卖米变钱，把钱纳入自己腰包。只因他做得巧妙隐蔽，事情便没有败露。

这样隔了五六年，河南犯起了旱灾，土地干裂，农作物颗粒无收。陈逸生又向皇上奏本要粮，皇帝准奏，又拨三千石赈粮于河南。这陈道台在发粮过程中，先叫地方官发空地方粮库，然后动用皇粮，他是限额发放赈粮，想方设法克扣赈粮，致使百姓还是忍饥挨饿。地方官认为，既有赈粮三千石，为何发到我们这里的只有这么一点点，于是联名上诉。皇帝派员督查，结果发现陈道台还有五百石粮食封存在仓库，企图变卖成银钱，占为己有。

事情败露，皇上大怒，就立即革去他的道台之职，命人将其押解进京。经过调查与审讯，拔出萝卜带出泥，连上次水灾中的事也翻了出来。于是皇上就以克扣赈粮、祸害百姓的罪名把他定了死罪，并没收其家中一切财产。

那来锦耀自从任吏部尚书以来，恪尽职守，把朝中由自己掌管之事处理得井井有条，把所管辖的官员也调教得品工兼优。来锦耀生性刚直，嫉恶如仇，当他知道朝中一位奸臣为下属升官大肆收受贿赂时，非常气愤，与几位同朝好友在自家茶酒相聚，商量向皇帝参本此事，不料奸臣的亲信撞上门来，之后又把看到的情形告诉了奸臣，这奸臣怀恨在心。

一段时间里，这奸臣总觉得自己要被来尚书他们参奏一本，揪出自己的罪孽。于是恶人先告状，说吏部尚书、礼部尚书，还有几个武臣密谋造反。皇帝大惊，立即派人捉拿来锦耀他们。捉到人后，皇上亲自提问。来尚书他们说，是有聚在一起之事，但我们是在议奏折奏明皇上，告这奸臣为下属升官大肆收受贿赂的罪状，并无半点谋反之意。皇上本来就宠信这奸臣，哪里肯听来尚书他们的话，当即就把他们押了起来。不出半月，皇上就把来尚书和礼部尚书打入大牢，其余几人发配云南充军。

是年韩顺久四十八岁，两位好友的结局使他心灰意冷，他认为仕途太险恶，要么自生贪孽，要么飞来横祸，伴君如伴虎啊！他思前想后，问道拜禅，终于大彻大悟，于是托病辞官。这一年，他连发三个辞呈才获准。韩顺久办妥在任上的善后之事，便回到闻堰韩家埠故里。

韩顺久看破了官场，也看破了红尘。他回到家乡的第一件事，就是把刚刚造好的、坐落在村东南的一方新屋献给村里，自己还是住原来的老屋。他请族长太公做主，把新屋安排给有困难的村民住。因这方新屋有五间三进，可住十来户村民，当时就住了九户韩姓村民，户李姓村民，一户赵姓村民，他们都一住住了好几代。

第二件事情，就是把两个儿子培养成务农和经商的，他认为"种田才子稻米年，生意才子钱财年，衙门才子一篷烟"。后来，这韩顺久一家过起了平常百姓的生活，他农忙时帮助大儿子干点活儿，农闲时帮助小儿子打理点生意，日子也过得蛮自在。据说他活了八十八岁，是当时韩家埠的老寿星。

老街的酒半仙

缪 丹

　　闻堰老街素有"三江活码头"的美誉，旧年的闻堰老街，店铺林立，熙熙攘攘，这个活水码头"小上海"，非常繁华。除了渔市交易，还有粮油米面、五金电料、日用百货、服装鞋帽、烟酒糖茶、瓜果蔬菜、各种小吃，以及大小酒楼……老街上应有尽有。

　　那时的闻堰老街真是人来人往，热闹非凡。街上各种叫卖声此起彼伏，街头巷尾弥漫着市井气息。而唯有"酒半仙"酒楼静静地在那儿开张做着生意，除了酒楼大门口竖着的两根酒幡子，那"酒半仙"酒楼几个字特别醒目，在微风中飘飘扬扬，酒店门前从来没有人招揽客人，事实上他们也不需要招揽客人。人们只要路过酒楼，阵阵沁人的酒香扑鼻而来，都会被诱得禁不住要呷几口酒呢。酒楼老板是外地人，街坊邻居都不知道他姓甚名谁，都唤他为"酒半仙"，这酒半仙除了酒量好，还广交四海之友。传闻酒半仙还有祖传的酿酒秘方呢，酒楼里的酒都是他自己酿制的。酒香不怕巷子深，那些来往车辆、客商有时也会趁停泊歇脚慕名到他酒楼喝上几口。

说起酒半仙的酒，无人不说香，说起酒半仙的酒量，无人不叹服。其实酒楼并不大，只有酒半仙兄妹俩。兄妹俩都会烧菜，大多时候都是酒半仙掌厨。他的厨艺不是很好，但爱酒之人并不在乎下酒菜味道如何，有时一碟花生米也能喝个尽兴而归。往往，那些真正的爱酒客人来了，酒半仙就不用掌厨。一碟花生米，再加一碟牛肉或羊肉，客人进了雅坐，就能喝个畅快。

这一年，酒半仙的妹妹怀孕了。他贴出广告，想招一名服务生接替妹妹的活儿，但奇怪的是，无论多漂亮、多勤快的求职者慕名而来，酒半仙却一个都没录用的意思，因为他招的人，除了要勤劳还要对得上他的对子："虎洞堰上酒楼，梦里水乡老墙门。"（闻堰真正的老街以前在堰上）而前来面试的，没一个能对上。

都说"酒半仙"酒楼名气大了，招人要求也高，有人甚至开玩笑说，他哪儿是在招服务员，倒像是在为找对象打基础呢。眼见妹妹快生了，酒半仙其实比谁都急。

后来，酒半仙组织了一次喝酒比赛。这天，所有爱酒人士都聚集到老街上，酒半仙的酒很特别，吸引了不少过客，虽说是白酒，但酒色红润，装在碗中，恰如红玉入樽，口感爽滑甘甜，喝醉也不口干、不伤身。

这喝酒比赛也很特别，酒半仙先一碗碗打好酒，排着放那儿，比赛的人们也和酒一样，一排排站那儿。比赛前酒半仙先宣布："比赛有个规矩，要一口闷，能喝三大碗以上的人，才可参赛。三大碗后，喝到哪碗，你若自己觉得喝不下了，就自动退出比赛。能喝过他的，奖励美酒十坛。"

此时，空气中早已弥漫着沁人的酒香，就是不会喝酒的人，也被诱得想尝几口呢。那些参赛的人，早已跃跃欲试，但听说要连喝三大碗才能参赛，于是不少人退出了。喝了三大碗，淘汰了几个，喝了四碗、五碗，继续淘汰着，六大碗后，都喝倒了，只剩下酒半仙了。

这时的酒半仙，豪情万丈地再次端起一碗酒，又是一口闷，所有在场的人都鼓起了掌，竖起了大拇指。

酒半仙抹抹嘴，似醉非醉地念起了对联："虎洞堰上酒楼，梦里水乡老墙门。"

只听众人一齐拍手鼓掌："好酒量，真才子！"

"我一直想不出下联。"酒半仙边说边摇着头。

此时只见一年轻貌美的陌生女子说："钱塘富春浦阳，烟波浩渺三江口。"

酒半仙盯着美女说："你、你、你好有才！对得妙，对得好。"

"小女子路过此地，巧遇你们喝酒比赛，甚是佩服！刚才听边上人说，你的酒楼正在招工，而且要会对对子，匆匆忙忙对了下联，不知满意与否？"女子问。

酒半仙道："满意，满意，就这么定了，走！这就去我'酒半仙'酒楼。"

于是，女子去了酒楼，顶替了酒半仙妹妹，招待前来喝酒的客人。她干起活来干净利落，招待客人热情大方，除了酒半仙，老街上的人都不知道她真名，因为那天对子上有三江口三个字，大家就叫她"三江口"。

还别说，自从三江口来店里后，酒楼生意出奇得好，而她和酒半仙配合默契，一个主内，一个主外，一个陪客人喝酒，

传说·故事

029

一个在外静候。

一年后，酒楼关门了，很多人都觉惋惜，有人说他们是回老家准备结婚去了。

但也有一种说法是：酒半仙的酒楼是地下联络站，开酒楼，以喝酒接待客人做掩护。酒半仙在酒楼陪酒，办喝酒比赛，其实暗地里是地下党在联络、开会。据说，他们在完成任务后，就悄悄关了酒楼，到别处工作去了。

酒半仙妹妹要生孩子，他要招个靠得住的人，而"三江口"就是上面派来的，那两句对子正是他们的暗号呢。

　　虎洞堰上酒楼，梦里水乡老墙门
　　钱塘富春浦阳，烟波浩渺三江口

原来这是一对藏尾联，关键词就在上、下两句对联的最后一字，连起来刚好是"门口"，意思是为他把好"门"这一关。

风水宝地

傅华生

　　相传，北宋政和年间，湘湖附近的老虎洞村，有一位名叫张辅仁的秀才，是村里私塾的教书先生。这一年，张秀才36周岁了，按照当地的风俗习惯，必须建造坟墓，以备逝后之用。于是，张秀才专门请了县城里一位号称"半仙"的风水先生俞正人，来到村后的山坡上选择墓地。俞半仙手拿罗盘，踱着四方步子，东走走，西看看，在一块空旷的坡地上停了下来，口中念念有词："好地方，好地方。"张秀才不解，赶忙上前探问究竟，俞半仙颇为神秘地指指点点："你看这块地方，背靠青山，坐北朝南，左边的山冈似青龙，右边的山冈像白虎，左前方的湘湖如碧玉，实为难得的风水宝地，若在此地建造坟墓，保你张家子孙荣耀富贵。"张秀才大喜，当即重谢了俞半仙。

　　消息很快传到村里的富豪曹富贵耳中，曹富贵坐不住了，心想，此等好事，怎能让张辅仁这个穷秀才占了去。于是，拍拍脑袋，心生一计。当即派人四处放出风声，说是这地块风水宝地早在一年前就被他家选中。一边赶忙请来泥水匠及小工等人，开山劈石，准备建造坟墓。

听说曹富贵来了个先下手为强，张秀才气得火冒三丈，带上两个儿子，急匆匆赶到施工现场，与曹富贵当面评理。财大气粗的曹富贵仗着人多势众，根本不把张秀才放在眼里，才说上几句，就争斗起来，这张秀才手无缚鸡之力，刚一交手就被曹富贵打翻在地。张秀才的两个儿子怒不可遏，冲上前去，也被曹富贵的家人三拳两脚，打得趴在地上动弹不得。

"天理何在？王法何在？"张秀才在村中呼天抢地，四处奔走，博得了村民们的广泛同情。一些老者愤愤不平，一起为张秀才出谋划策："听说新来的知县杨时①为官清正，执法如山，何不告曹富贵一状，出出这口恶气。"张秀才听着有理，当即书写诉状，送进县衙。

听说张秀才把自己告了，曹富贵捋了捋胡须，眼珠子一转，又心生一计。第二天一早，曹富贵亲自带上五十两白银，秘密前往县衙，送给知县杨时，请他在审案时手下留情，多加关照。同时派人带上十两白银，书信一封，送给风水先生俞半仙，要他到时候编造谎言做伪证。

审案这天，只见知县杨时正襟危坐，两旁衙役整齐站立，煞是威风。曹富贵进来时，面露奸笑，趾高气扬，一副胜券在握的样子，气得张秀才双眼冒火。张秀才自恃有理在先，面无惧色，当堂痛陈曹富贵造谣惑众，抢夺墓地，打伤父子三人的行径，说到伤心处，不禁放声大哭，被杨时劝住。轮到曹富贵

---

① 杨时（1053—1135），福建将乐县人，宋熙宗九年（1076）中进士，政和二年（1112）补萧山知县。在任期间，首开湘湖，成就萧山水利史上一大事，并开启兴学之风。

陈述时，曹富贵谎称自己早于张秀才一年就选定此处墓地，并有风水先生俞半仙可以作证，还反咬一口，说是张秀才滋事生非，父子三人意欲抢夺墓地，自己迫不得已才出手的。

听完两人陈述，杨知县也不多言，拍了一下惊堂木："传证人俞正人到庭。"不一会，风水先生俞正人蹒跚着来到大堂，只见他挺了挺腰板，一字一句地说："俞某不敢说谎，唯去过老虎洞村一次，为张辅仁秀才勘察墓地，此外再无他行。"曹富贵一听，急得语无伦次："姓俞的，你……你……你……简直一派胡言。"俞半仙也不理会他，不慌不忙地从衣袋中掏出十两银子、一封书信，双手递给杨知县："这些均为曹富贵所送，请知县大人明察。"

杨知县从头到尾细看了书信，又一次拍了一下惊堂木，喝问曹富贵："曹富贵，人证物证俱在，你还有何话可说？"曹富贵一下子给弄昏了头脑，不知如何回答，跪在地上，吞吞吐吐了一阵，一句话也说不出来，豆大的汗珠从脸上直淌下来。

案情至此，众人心中已经十分明白，但不知杨知县如何断案。只见杨知县三拍惊堂木，环顾四周，厉声说道："本县自接张、曹一案，即去老虎洞村及湘湖周边明察暗访，早已心知肚明。然令人痛心的是，老虎洞村之私塾，房屋破旧，年久失修，已成危房，将危及学童生命，而张辅仁身为教书先生，不顾此情，忙着找风水宝地，为自己建造坟墓，实为失职之举。曹富贵为求自家子孙世代为官，制造谎言，抢夺风水宝地，大打出手，于法不容，更应重责。"停了一会，杨知县又说："如此争斗下去，岂不世代结怨，如何得了？依本县之见，此块风水宝地，既不能判给张家，也不能判给曹家，不如在此建造一所学堂，方便村中及周边学童就学，岂不是惠及子孙后代之千秋大业？"

张秀才一听，慌忙跪倒在地，叩头说道："小人一时糊涂，险些酿成大错，知县大人所言极是，一切听凭大人明断。"

杨知县随即捧出五十两白银，指着曹富贵说："曹富贵，这是你送我之五十两白银，用意十分清楚，本县如果悄然收下，岂不成了贪赃枉法之辈，今作罚没，作为建造学堂之费，以示惩戒。"曹富贵没有想到杨知县当场揭露此事，脸上红一阵、白一阵的，又羞又惊，低声说道："知县大人所言，振聋发聩，小人已然知错，愿再捐白银五十两，作为建造学堂之用，以将功赎罪。"没等杨知县开口，站在一旁的俞半仙抢前一步，跪倒在地，动情地说："俞某一生观风察水，只知为人选择房址、墓址，从未想到为学堂选址之事，惭愧，惭愧。今听杨知县断此一案，胜读十年诗书，着实受益匪浅，俞某愿将曹富贵所送之十两白银，捐作建造学堂之用，另再捐十两，以尽绵薄之力。"

杨知县听到这里，不禁喜形于色："妙，妙，妙，众位今之所言，正合吾意，实乃天大之喜事也。"随即，杨知县下得堂来，左手挽着张秀才，右手挽着曹富贵，告勉两人摒弃前嫌，合力同心，办好学堂，为子孙后代共谋福祉。张、曹两人不胜感慨，频频顿首，连声称是，当即握手言和，公堂上下，顿时引发笑声一片。

新学堂落成之日，整个老虎洞村像过年一样热闹。杨知县亲赴现场致贺，张秀才、曹富贵等人忙前忙后，异常热心。风水先生俞半仙也穿插其间，十分活跃，只见他手拿罗盘，到处指指点点，口中念念有词，不时引得众人捧腹大笑。

后来，老虎洞村这块风水宝地真正成了一片圣地，这所学堂人才辈出，先后有不少学子考中秀才、举人、进士，成为国家有用之才。知县杨时巧断墓地一案的故事，也一直流传到今天。

　　这真是：风水宝地起争端，执法如山巧断案，开湖兴学功绩在，杨时美名世代传。

老街奇事

何海洋 口述　裴浩明 整理

　　闻堰老街，人称"三江活码头"，人来车往，街谈巷议五花八门。可在民国时期发生的一件事，至今都被称为奇事——"盗贼出告示"。

　　闻堰独特的地理位置，吸引八方来客到此进行商贸活动。自明洪武年间起，除最早落户的闻姓人士外，至民国时期在老街谋生的有虞、李、韩、汪、孔、何、孙、华……五十余个姓氏家族，而势头最兴旺的要算虞、李两家。老街上，尤其是茶馆酒店中谈论闻堰街上哪家最有实力或有威势的时候，总有一部分认为李家实力强，虞家只能排第二，理由千万条，别的不说，当今闻堰商会会长就是姓李的，叫李祖庭。有时，双方都争得面红耳赤，各不服气；个别脾气暴躁、又多喝了点酒的人还会因此动起手脚。记得有一次街头几个地痞流氓在泗风楼喝酒吃饭，为此事打赌争论时竟将饭桌都掀翻在地，弄得店老板哭笑不得。

　　谁最有证据证明李、虞两家实力的强弱呢？一天凌晨，有人在闻堰老街人员最密聚的大庙前看到了一份告示，大意是他在闻堰李家和虞家连续住了三年，已把他们两家翻箱倒柜查了个遍，说李家金银财宝多是多，但还是虞家的实力强。最后告示上说："我在闻堰还要住几天，请李家和虞家分别将阁楼上的桂圆、李子壳扫一下，大镬盖上的火腿骨头搬一搬清爽。"看完告示，人们就知道这是个"好老贼"，躲在李、虞两家已长久了，知道他们的财力底细，应该以他的判断为准。

事情也确实如此。那个时期闻堰老街每年春季都会举办庙会，各方人士聚集一起，比个高低。义桥与闻堰旗鼓相当。在庙会上，义桥镇会来一支高照马灯队伍，以显示他们的威风，而闻堰也不甘落败，等义桥这支高照马灯到了小砾山处必有闻堰人去抢点，而这批抢点的人除了虞家的帮工，其他人都不敢前往，奥妙是高照马灯领头的高照足有六米高，加上有四人抬着，高照又会升高近两米；要知道江塘上风比平地要猛，就是因为虞家有颗定风珠，把点抢过来之后才能使高照不倒不弯，原样竖立在空中，显示出闻堰的实力和本领。这颗定风珠是无价之宝，平时珍藏在阁楼的一只皮箱里。所以盗贼会说，李家的金银财宝多是多，却不及虞家一件袄。

告示传出之后，李、虞两家都组织人员搜寻这个盗贼，找遍正屋厢房，只见了告示上说的桂圆、李子壳等废物，并未抓到盗贼。后来听说这盗贼只在他们家躲了几年，分文不带，从他们家的阴沟里爬出逃遁了。

钩沉·记忆

古墓垒垒春草绿：来自三千年前的神秘客人

黄建明

"风吹旷野纸钱飞，古墓垒垒春草绿"，古墓在诗里，具有很强的画面感，一点也不令人发怵，反而会让人自然产生一种观赏之感。

古书中的墓葬，传说中的盗墓笔记，影视片中的古墓丽影，都让我们有了飞一样的想象。

其实早在新石器时代，就有人在闻堰这块土地上繁衍生息。有人就会有墓葬。俗话说："一方山水养一方人。"那么，一方山水也能留一方人，人生走了许久，最终还是回归故土，这是人之常情。山水环绕，如画山水，犹如聚宝盆，这是最理想的回归之处。而闻堰就有这样的风水宝地，而且是百里挑一的。

老虎洞村北面的华眉山上，有一块凸起的坡地，样子像是往外伸出的大舌头。在这里，考古人员发现了"老虎洞遗址"，主要的出土文物，可以追溯到商周时期。发掘的老虎洞遗址，从华眉山半山腰延续到山脚，面积大约一万平方米。站在这里，才知道古人真会挑地方——背靠华眉山，面朝湘湖，所谓"风水宝地"应该就是这样的地方吧。

好山好水好风光，所以很多人选择在山水闻堰造墓，这并不奇怪，好东西谁不喜欢？古人有一个习惯，就是死去的人，也要按照活着时候的样子来布置坟墓内的装饰。

考古学家在这里发现了三十四个大大小小的墓葬，其中有土坑墓九座、砖室墓二十五座。它们有的就造在居住遗址土壤层上，有的散落在遗址周边。考古学家说，根据墓葬形状和随葬品可初步判断土坑墓的年代为西周末年、春秋战国、西汉和东汉初，砖室墓的年代为东汉、六朝、唐五代、宋代和明清。

墓不同，才有趣。

从西周到明清，三千年的时光，在华眉山的山腰，也只留下了二十多座墓坑，且年代跨度大，或奢侈，或简陋，规模不一，在三千年的风吹雨打中，墓主人没有留下名字，也没有留下传奇故事。而且我们可以想象，这些来自三千年前的神秘客人身上，或多或少，也许会承载着萧山历史文化的信息，给今天的我们，提供一些有价值的线索。

有一座砖室墓，对萧山的历史贡献有特别的惊喜。墓里出土的墓砖上，能辨认出"宋景平元年（423）太岁癸亥七月许□作"，或是"会稽永兴西乡□里苏□□书之"的字样，为古墓标明了年代。这种出土的器具、石碑之类上标明年代的"纪年墓"，在考古中难得一见，因为其为我们提供了清晰有价值的考古资料。

这些无言的文字，已在黑暗中度过了一千五百多年，静静地等待阳光再次灿烂地照耀于它。特别是"会稽永兴西乡□里苏□□书之"这行字，佐证了目前萧山曾用县名之"永兴"。三国时萧山叫永兴，除了史书记载以外，实物佐证是最重要的，这里的古墓出土的文物提供了"永兴"的最早实证。同时，"乡""里"二字的出现，也为研究六朝时期的乡里制度提供了新资料，丰富了萧山的地方文化内涵。

湘湖边群山连绵，一直是古代人心目中的理想居住地。

老虎洞村附近陈家埠古墓群，从战国到近代，横跨两千年，一辈辈古人就埋在这里。

陈家埠古墓群总面积约 1150 平方米，墓地最早的使用年代为春秋时期，后历经汉代、六朝、唐代、宋代和明代，直至近代，沿用时间长、时代跨度大。发掘共清理墓葬 21 座，其中春秋时期石室土墩墓 1 座；汉墓 6 座，其中竖穴土坑墓 2 座、砖椁墓 1 座、砖室墓 3 座；六朝墓葬 4 座，均为砖室墓，其中凸字形墓 2 座、长方形墓 2 座；唐墓 1 座，为纪年砖室墓；宋墓 1 座，为双室砖室墓；明墓 8 座，其中 3 座石室墓为曹氏家族墓，墓前有茔园，规模宏大。共出土文物 115 件（组），包括原始瓷器、玉器、陶器、青瓷器、铜器、铁器和青花瓷器等，另有 7 合墓志铭，为研究南方地区古代丧葬习俗和地方史提供了新线索和新资料。其中明代曹氏家族墓，整体由地表茔园、神道和墓室组成。地表茔园自后向前分别是围墙和一级台地上的环道、封土堆、墓穴、第二级台地、第三级台地、第四级台地、第五级台地。曹氏家族墓为大型明代家族合葬墓，墓葬规模宏大，造型考究，出土七合圹志，志文信息量大，墓上茔园和墓前神道保存较完整，为研究明代的丧葬习俗和地方史提供了新资料。陈家埠原没有民居，此地有一个为陈姓上坟烧香而建造的河埠，故名，可见这里原有陈氏墓园。附近姓陈的村子，有城厢街道的湖头陈，闻堰的东山陈、陈家里，到底是哪个村的陈姓墓园，史志无记载。

墓葬在文化上的独特作用，在于其隐秘性好，容易保存。湘湖边由于地形地貌好，植被丰富，古人选择这里为自己的百年之地，也在情理之中。大湾山北麓有晋代长方形砖室墓，残长 3.66 米，残宽 20—76 厘米，残墙高 10—52 厘米，墓壁为三顺一丁砌法，铺地砖呈席纹铺设。铺地砖长 37 厘米、宽 16.5 厘米、厚 6.8 厘米，侧面和丁面有叶脉纹和四出钱纹。出土青瓷鸡笼 1 件。另收到上交青瓷灶 1 件、青瓷井 1 件（含吊桶）和青瓷罐残片两块。出土的三件器物均为明器，为墓主身前生活场景的缩小版。这个晋代的来客，被四周高大的树木包围，墓地显得无比静谧，踏访古墓的遗迹，我们依稀能看到古代萧山模糊的历史背影。

民国二十四年（1935）《萧山县志稿》载，六朝宋会稽太守羊玄保墓在长兴乡（今闻堰），卒年九十四岁。泰山名臣羊玄保是当时世间公认的围棋圣手。羊玄保出仕南朝刘宋，见知于宋武帝，频频被任命为各大州郡的太守玄保之所闻名，除了他的如水官声，更多源于他的高超棋艺。宋文帝酷好弈棋，尝召玄保对阵，并以域中之名郡为赌注，结果玄保局胜，于是得补授定城太守。"赌郡"遂为棋坛趣话。唐人陆龟蒙有诗咏此故事云："满目山川似势棋，况值秋雁正南飞。金门若忆羊玄保，赌取江东太守归。"又玄保在朝时，一日文帝宣召甚急，玄保不知入宫何事，其子羊灵孙年仅十余岁，见到宫使传诏，便对父亲说："儿知也。皇帝一定是召父亲去下围棋吧。"结果真如幼子所言。当羊玄保为会稽太守时，宋文帝又心血来潮，派遣棋列第二品的褚思庄，到会稽与羊玄保对局，褚思庄将对弈的全过程记录下来，时称"局图"，回到京都建康后，在文帝面前做了演示。后世流传的褚、羊"对局图"，即由此而来。张如安《中国围棋史》称此为我国弈史上最早的记谱复盘。华克勤字无逸，元末隐居延庆寺，明洪武七年（1374）奉使日本称旨，是萧山历史上第一个外交官。洪武十年（1377），举贤良方，任山西布政使。在任期间，"宣教化，布威德"，"除奸去伪"，办了不少好事，能保一方平安，深得明太祖朱元璋的赏识，去世后葬于湘湖青山之西。孝子来衡墓在湘湖大石坞，有手植双桂，迄今犹存，坟名桂花坟。

这三位古墓的主人，都充满传奇的色彩。他们的人生落款，都因选择了湘湖，而变得格外缤纷。细心者总能发现，世间最懂山水之乐者，莫过于这些古墓的主人。

有山水之乐，而无山水之隐，这就是古人喜欢离世后在闻堰这个地方长眠的原因。

唐中和元年（881），兵部尚书镇遏使徐鸿，与镇副遏使楼晋镇守黄岭（今楼塔镇）。徐鸿由金华迁萧邑之长山称始祖，最后葬在长兴乡；宋华郡王墓也在此，传说其人是个夜猫子，白天睡大觉，晚上干事，个中原因只有他自己明白，大概是为了安全装疯卖傻吧。

湘湖之所以闻名，靠的是山，巍巍青山；靠的是水，清凌凌的水。湘湖，没有这些山，没有这些水，湘湖的魂就没了。一代又一代的墓葬，三千年来，与湘湖的一山一水、一草一木，相得益彰。

水漾坞、海洋极地公园、湖山村、柴岭、徐家坞都有古墓出现，还出现了地契砖、明《萧山县志》编撰者、魏骥墓道和三对石人、石马、石羊等重要文史资料和遗迹遗存，你看，历史就在这些无言的古墓里。

古墓无言，闻堰历史的背影在这里。

"荒台落日酣红叶，古墓秋风老白杨"，所有的往事都被时间消融，唯有青山，有自己的迎来送往的节奏。也唯有青山，是尘世间最美的邂逅。

秦皇渡的另一种猜想

俞梁波

　　一个人皇帝做久了，就会千方百计寻求长生不老之术，活得更久，甚至永生，就像歌里唱的"我真的还想再活五百年"。

　　比如秦始皇，他于公元前221年一统六国。他觉得"王"这个称谓不足以彰显他的功业，他的丰功伟绩胜过了"三皇五帝"。于是，他取三皇中的"皇"，五帝中的"帝"字，成了皇帝。他是中国第一个称皇帝的君主。

　　他一生东巡五次。

　　皇帝出行，随行人员众多，那规格，那排场，那气势，自是不言而喻。苦的自然是沿路各郡的百姓，地方官员借口孝敬皇帝，趁机疯狂压榨百姓，收集和掠夺各种古玩珍宝，呈献给皇帝。

　　就在第五次东巡的那年，也就是公元前210年，他死了。一个新时代的开辟者，没有老死在气势恢宏的咸阳宫，而是病死在了回咸阳宫的路上。

　　浩浩荡荡的第五次东巡，注定是他的末路之旅。从离开咸阳宫的那一刻起，他或许就预感到了生命之灯已变得黯淡了，身边的重臣像赵高和李斯等人，知他性格，不敢劝说。此次东巡，他是去绍兴祭大禹的。史料载："上会稽，祭大禹，望于南海，而立石颂秦德。"

为什么要去祭大禹呢？主要是因为大禹是中国历史上第一个统一王朝的奠基者，又是中国古代的治水英雄，享有盛名。秦始皇成为第一位亲祭大禹的皇帝，开创了祭禹祀典的最高礼仪。他去祭禹，表示对大禹的尊重和敬仰，主要还是彰显自己的功德，他灭六国、并天下、创帝制、废分封、立郡县、征南越、拓疆土、修长城……当然，他还有一个自己的秘密：寻求长生不老之术。他害怕死亡，害怕有一天灰飞烟灭，他要永远活着。

他进入浙江之后，基本路线是这样：杭州—钱塘江—萧山—诸暨—绍兴。只是在过钱塘江时遇到了一个情况："临浙江，水波恶，乃向西狭处渡……"

他在会稽祭大禹后，登山观海。其时已是十一月，寒风凛冽，积水成冰。他没有过多地逗留，便踏上了回程。

到了萧山，他登上北干山望钱塘江，见江面如海般一望无际，江水汹涌，波如连山喷雪。这气势磅礴的场面没有让他觉得雄心壮志、豪情万丈，反而令他感到恐惧，似有无数双手从水面之下升腾而起，欲将他扯入江底，拖入无底深渊。他全身颤抖，后退一步，方才稳下神来。

他突然说不想坐船过江了，而是要坐马车过钱塘江。众人愕然，之后惶恐，不晓得他为什么突然改变主意，是不是又有人因此要遭殃了？皇帝的心思总是摸不透的。但是钱塘江上没有桥，怎么坐马车过去呢？众人惶惶然之时，他却顾自在软椅上睡着了，鼾声如雷。赵高却看到，皇帝的一只眼睛不引人注意地微微启开了一条缝。

人老了，难免糊涂，也更怕死。毕竟他已经五十一岁了，在那时人的寿命不长，年过半百已经相当不容易了。他离死亡仅一步之遥了。历史记载，就在这一年，他死了。若要分析他当时的动机，估计是去绍兴之时，前文中的"水波恶"就是指钱塘江潮水汹涌澎湃，吓坏了他，也让他的思绪变得混乱。他害怕在钱塘江里翻船，死在江中。

佯睡的他心里却翻腾着。谁是他的接班人？他心里其实已有答案，那就是正在守卫边疆的儿子扶苏。但是他不知道的是，身边的重臣赵高和李斯却另有打算，他们正在筹划着未来之事：谁继承皇位？此次跟随皇帝东巡的胡亥进入他们的视线，胡亥不像扶苏那样有主见，有威望，有谋略，他们控制不了威信高、众人拥护的扶苏，但控制胡亥却是绰绰有余。

他的身体越来越差，生命已经快到尽头。他心里最清楚。不会再有第六次东巡了，长生不老之术也变得虚无缥缈了。这一路上的车马劳顿令他疲惫不堪，有时候他甚至怀疑自己的灵魂早就离他而去了。剩下一副衰老的身躯在移动。他醒来，又睡去，睡不久，又醒来。如此反复令他对每一天都充满恐惧。太阳还会升起吗？

他不想死在这波涛汹涌的钱塘江上。飞是飞不过去的，只能架桥了。

皇帝一句话，累死百姓千千万。当年修长城，不也是他的杰作吗？说是为了抵御外敌，实则就是想永远保住江山，代代传承。众臣知道皇帝金口玉言，不得更改。于是，各司其职，

钓沉·记忆

马上运作起来了。

他身边的人像蚂蚁一样蠕动起来。

他微闭着双眼，看着他们忙碌的身影，仿佛有一朵云托着他离开了人群，回到了多年前的光阴：尘土飞扬，厮杀声震天。他的这一生过得极不容易，十三岁即位以来，总是费尽心思，绞尽脑汁，不断地解决各种困难与威胁，他始终走在刀锋边缘。他的残暴并非与生俱来，他父亲是个懦弱的人，懦弱的结果就是失败。他必须生存，必须活下去。他不相信任何人，在他看来，他们心里都在算计他，都想要他死。他必须令人望而生畏。

在闻堰附近的钱塘江上造一座石桥，是一个极其困难的大工程。

秦国的能工巧匠们很快就被一批又一批地被召集来了。首先便是选址，哪里造桥最合适、最安全、最快捷？当然是两山相对处，潮水平缓处。最后选中了江两岸的连山与定山。

钱塘江并非一成不变，其江道随着岁月迁移，不断变化，原是江道，后积淤成滩涂，又成陆地，催生新的江道诞生。也就是说，那时的连山和定山于后世而言，宛若行走之山。其实山是不动的，是江道在动。

在连山与定山之间造桥是最合适的。众大臣们心里明白，皇帝要坐马车过江，并不是心血来潮，而是他内心深处的决定。他们跟随皇帝一路走来，看着皇帝渐渐衰弱下去，心里都明白皇帝离开他们就是不久的事了。他们必须用最快的速度完成造桥一事，否则，自己的人头落地也是皇帝一句话的事。

风光秀丽如湘湖，历史的密码恰好在这一份秀丽之中，若隐若现。

造桥之地选好了，接下来便是施工。成千上万的民工在军队的催赶下，投身于造桥大业。他们从萧山北干山采石，运输到江边。他们驱山塞海，在潮水汹涌的钱塘江上立了几千根石柱。《越中杂识》收录了宋代文人王十朋《会稽风俗赋并序》，其中云：连山如珠，秦皇之所驱兮。并注曰：连山在萧山县西长冈九里，北至定山，始皇欲造石桥浙江，今尚有石柱数十，列于江际，世称始皇驱山塞海。

秦始皇安然地躺着，他的身体一日日虚弱。他仿佛听到了成千上万人的呼吸声，像一个巨大的风箱在他耳边呼啸。身边的赵高和李斯低垂着头，但他们的目光却游离不定。秦始皇计算着日子，也许一个月，也许三个月，或者半年，他的生命就将终止了。当务之急是将下一任皇帝的人选定好。他现在很后悔让儿子扶苏去守卫边关，鞭长莫及啊。如果扶苏在他的身边，他会觉得浑身充满力量。

他的目光落在了第十八子胡亥身上，他是一个喜欢玩闹的人，智慧一般，难堪大任。他要赶回咸阳宫去，越快越好。他微微地抬起手臂，低声说道："快造桥。"

施工的过程如同精卫填海。

造桥期间，秦始皇开始安排身后之事。谁知，居然有人先他而去了，那就是他的一个宠妃。她死因不详。据明万历《萧山县志》记载：连山旁有小山，号石井山，其井"上广下曲，秉烛人，不尽数十级，相传为妃子墓"。因其墓在湘湖区域，便有了湘妃一说，但也有一说是华妃。不管湘妃，还是华妃，她的生平经历无法考证，她的生前故事也无法知晓。但能跟着秦始皇东巡，想必也是他较为宠爱的妃子之一。几万人，浩浩荡荡东巡。一路上又是坐船，又是坐车的，长途旅行，十分劳累。妃子怕是得了病，无法医治，便香消玉殒了。

妃子葬于湘湖，这是一个美丽的传说。

对秦始皇来说，死掉一个妃子，无足轻重，如同脱掉一件衣裳。尽管他宠爱这个妃子，但想那后宫佳丽三千，人满为患。有时候，他却有些痛恨她们，好像她们闪烁着自己母亲的影子。这是莫大的耻辱。当年吕不韦与母亲的私情广为人知，更别提那个被自己施以车裂之刑、曝尸示众的嫪毐了。但是眼前死去的这位妃子，平日里温顺，柔情似水。

下葬之前，风声呜咽。之后，大雪纷纷扬扬。他听到了江鸥的鸣叫。它们停栖于风中摇曳的芦苇之上，齐声鸣叫，仿佛在为她送行。他突然忆起她的好来，此次东巡，她照顾自己就像母亲照顾年幼时的他一样，轻声细语，柔和委婉。

现在，饶是铁石心肠的他也落了泪。人老了，这感情就越来越脆弱了，在夜晚会咯吱咯吱响，尤其关于生死的。好像风微微一吹就泪水涟涟了。草木枯荣，风花雪月，乃至落单大雁，都会勾起他情绪的变化。与其说他为死去的妃子落泪，倒不如说是在为自己的生命感怀。

妃子已安葬。

他感到自己的大半个身子已经被埋进了土里，且一直在下坠，双手在徒劳地舞动。他梦醒之后，出了一身冷汗。他站在高处，眺望着不远处的造桥工地，但见人山人海，如同一场气势恢宏的战争。他脸上划过一道微笑，但在一旁的李斯看来，这微笑令人不安与恐惧。事实上，他知道造桥的民工死伤无数，但他不敢禀告，生怕激怒了皇帝。

钱塘江从来就不是一条风平浪静之江，而是潮水吃人的江。因劳累，因伤病，因潮水，江边的民工哪是在造桥啊，分明是拿自己的性命在搏。不搏不行啊，前有潮水拍打，风高浪急水猛，后有士兵手拿皮鞭督着，往前是死，后退也是死。死在工地，尚死自己一人，若是逃走被逮着，吃一顿鞭子不说，那可是全家全族都要连坐被诛。秦始皇以法治国，史称暴政苛法，以"霸王道杂之"。

他的心早就飞到了咸阳宫。躺在床上的他，感到身体越来越冷。他现在只想跟扶苏说话。他要说许多话，以后怎么统治天下，哪些人可用，哪些人必须除掉。他望着灰暗的天空，突然说道："来人。"随从进来。他说道："速去通知扶苏，让他在咸阳宫等我。"随从得令离去。此时，门外的李斯悄无声息地离去了，之后走进了赵高的房子，两人窃窃私语。

他一阵恍惚，仿佛听到有人叫他。他转过身去，发现胡亥跪在地上。他朝胡亥挥了挥手。他现在不想跟胡亥说话。胡亥离去了，他的背影隐约有他当年的影子，他的心动了一下，便马上冷静下来。他昨日梦见了死去的妃子，她说："快点回家。"他觉得这是一种征兆。他深深地叹了一口气。

谁也没有想到，皇帝突然对造桥一事感到厌倦了。无比厌倦。抑或是慈悲之心突然迸发，人性之光闪亮，或是他预感自己来日不多矣，不想劳民伤财了？反正他不想造桥了。

他在连山港口登上了船，往北而去了。此渡口，后被称之秦皇渡。

偌大的造桥工地顷刻间安静下来。被征召来的民工四散，各回各家。只剩下几十根石柱竖立着。既荒诞，又令人费解。

而且，这些石柱一竖就竖了两千年。这仿佛成了一个千年之谜。明朝诗人田艺衡有诗云：海上天吴驾六鳌，祖龙鞭石不成桥。说的正是此事。

只是，他再也无法回到咸阳宫了。他的生命在归途之中结束了。他想把皇位传于扶苏的愿望也落空了。

三年后，秦朝灭亡。

寺庙，停在时间深处

李沅哲

空山幽静。檀香袅娜处，有百年古樟凝视苍崖，翘角飞檐挑起日出与月落。

日复一日，年复一年，岁月早已将山河变了模样，而森林的寂静处，氤氲的山雾将时光锁住，在古寺外悠远的钟声里停留，幻化成一树树开花的菩提。

在闻堰一带，有史料记载的寺庙就有二十余处。寺庙，从来都不是孤立的宗教现象，而是与所在地的政治经济、文化历史、民俗风情、自然山水形成密切关联的一种文化反应。古时，湘湖景色绝佳，文人墨客、达官显贵无不钟情，寄托着人们无限的情愫。寺庙，与其说是对神灵的祭拜，倒不如说是一种文明的延续、精神文化的传承。

延庆寺：萧山第一位外交官的隐居读书地

南宋古刹延庆寺，坐落在闻堰镇凌家坞村的华眉山北麓，是明朝奉旨赴日使者华克勤曾隐居苦读的地方。寺前至今还有

"延庆寺大明山西布政使奉旨出使日本华克勤公隐居读书处"的石碑。萧山人华克勤（1321—1397）少年时期就开始学佛，熟读各类经典，为人品行端正。后来，华克勤以金陵瓦官寺住持的身份出使日本交涉沿海"倭寇"问题立功，在朱元璋的鼓励下还俗出仕，从考功监丞、考功监令，一直做到山西布政使。所以，他既是萧山历史上的第一位外交官，也是明初作为儒僧参政的典范。

明洪武九年（1376），朱元璋为了天下大治，就大刀阔斧地进行一系列行政机构改革，他下令撤销中书省，在每个省设立承宣布政使司、提刑按察使司和都指挥使司，三司分别执掌行政、司法、军事权力，由中央统一负责。全国分为浙江、江西、福建、北平、广西、四川、山东、广东、河南、陕西、湖广、山西、云南十三个布政使司。洪武十年（1377），华克勤以"能直言极谏"，被朱元璋委任山西布政使司。在任期间，他除奸革弊，百姓安居乐业，深受朱元璋赏识。

据说，延庆寺的寺院后面有一山洞直通山南后王寺，前山门在竹山桥，钟楼在青龙山脚下的"钟前王"，鼓楼在"张鼓里"（今张家村），全寺纵横三千米之遥，鼎盛时有僧侣五百人。后王寺最初建造年代已无从考证，仅存的一个传说就是秦桧火烧延庆寺寻女的故事。据传，宰相秦桧的女儿当时在延庆寺拜佛，正拜着突然这位小姐不知怎的消失了，秦桧知道后带人马来寻，寻而不得后一怒之下烧了延庆寺。可是过了几天，这位千金小姐却完好地从后王寺走了出来，这也印证了延庆寺与后王寺相通的猜测。关于后王寺，明朝来励曾留下诗篇："芒鞋款款步苍苔，无限尘襟一笑开。云气千峰迷梵苑，雨华双树落经台。鹤驯自识巢边树，僧老浑忘世上埃。徒倚阑干诗兴远，不须严雨更频催。"历史上，延庆寺曾几经火祸致残破，村民曾自愿集资修缮和重建。

黄山西殿：消除水患不忘根本

在黄山村，有座建于隋末唐初的黄山西殿。黄山西殿，又称黄山西南殿，几度更名易址。南殿后于西殿建在戴村镇，因被毁，其供奉的护国资化威胜王（钱镠之子）便合至西殿。黄山西殿是一座因水患而兴的寺庙，如今也被后人称作水利纪念堂，内有浙江大学历史学教授吕洪年所撰对联"全民动员兴水利，万众一心修海塘""治钱塘江化灾为利造福人民，建标准塘功在当代利于千秋"。

殿里供奉着宁邦保庆王、护国威胜王和吴越国王钱镠。宁邦保庆王，原是隋朝将领陈果仁的一员裨将，叫孔逸，大夫衔，人称孔大夫，曾因讨伐贼寇立战功而被立庙。唐朝末年，因水利失修、江塘不固，钱塘江洪水时有泛滥，萧绍一带水灾频现，百姓生活接连遭受苦难。于是，孔大夫被封为惠人侯，以祈愿百姓免遭洪荒之灾，万家安宁。钱镠在位期间，曾征二十万军民修筑石塘加固江堤，抢险治水，给多灾多难的老百姓带来福音。

重建后的西殿，墙身漆为红色，为四合院式建筑。大殿悬有"宁邦保国"的牌匾，院中立有一国旗杆，旗子迎风招展，一看便是一座有着"家国情怀"的寺庙。可以想见，"治水如治国"在当时那个朝代真是一点都不含糊。水情关乎国情，国情牵动民情民心。漫长而艰苦的水患治理，和治国一样需要系统、可持续性的长效方式守护民生。

黄山西殿，"宁邦保国"的美好愿望延续千年不衰，它不仅凝聚着"善治国者必重治水"的智慧，也表达出当地百姓感念先人战胜水患的恩德，以及对来之不易美好生活的珍视。

莲华寺：三江胜景一览无余

莲华寺依老虎洞山而建，初夏，扶山风绿影，登石阶抵达最高处的佛堂，可将钱塘江、富春江、浦阳江三江胜景一览而尽。

莲华寺是一座宋代古寺，于清道光年间（1821—1850）重建。抗日战争时期，因日本军队占寺筑堡，僧人逃尽。直到抗战胜利后，才由闻堰当地富商出资重建大佛殿（也称观音殿）。在那个特殊的年代，莲华寺几经毁废。1987 年，黄山村和老虎洞村的村民发起募资，先后恢复修建三圣殿、天王殿、大雄宝殿、元帅殿、钟楼、千佛塔等，重修的佛寺面积达九十八亩，于 1998 年被批准开放，至今香火旺盛。

在观音殿东厢房后，有一处天然石洞，可以容一人轻松上下，洞的中部有一个较宽畅平整的穴位，俗称"老虎洞"，越王勾践在此洞"卧薪尝胆"的故事在当地流传已久。明代刘宗周游老虎洞后留下对联："此地曾传尝胆事，我来犹忆卧薪人。"

奇树庵：美德的故事

奇树庵，又称仙姑庙，位于闻兴村。为纪念颂扬历史上一姓狄、一姓姚两位姑娘不畏强暴、死保贞洁的事迹而建，宋时二人被太祖赵匡胤敕封为贞烈夫人。后来即使因历史的原因毁坏，亦被多次重建。其间，清朝时就有知府、知县帮忙资助重修。庙内所藏的两处清朝碑记，刻录了两位仙姑的事迹和颂诗，启发后人遵循伦理守护纯美的道德思想。

隆兴庵：红色革命

隆兴庵位于山河村姚家坞山麓，历史上佛事兴盛，远近闻名。1927年，萧山农民协会曾在此召开二次会议，密谋惩办土豪劣绅，实行"二五"减租。

在隆兴庵，农民兄弟团结一致，以坚强的反抗意志、不屈不挠的英勇奋斗精神，传递红色革命的烈火。

再如位于长安村瑛珠桥与王家里两自然村交界河兜处的油车庙（又名镇龙庵），三江口村小砾山东山脚的历山庙（又称心庵），闻堰街道塘方花园处的大庙（也称镇潮庵），长兴乡永平庵、天树庵、慈济庵、闸上庵、太平庵、灵瑞庵、耕云庵、道心庵，河斗诚心庵，山南赵紫云庵，虽然不少已找不到遗迹，但无一不是后人"不忘根本"的体现。

过去的寺庙承载着无量善业与功德。它是古人赴任、赶考求学、投亲访友路上的一个个落脚点，亦是逃荒避乱、乞讨的接济所。信息时代，这些古朴的需求一并淹没在时间里，香火是它唯一的记号，人们大都或有所求，或又无所求，兴许只想躲一个清净。

这些寺庙，在历史的变换中几经沉浮，在延续的香火中连接着湘湖、闻堰的前世今生，一如佛前花的开落，谦卑从容。正是一代代人精神上的长情，守护住了文明的遗迹。时间的深处，有暮鼓晨钟的回响，也有万法唯心的永恒。

乾隆九年，闻家堰那场特大的洪灾

——记萧山县令钱人麟的救灾往事

王建欢

  钱人麟（1689—1772），江苏武进（今常州市区）人，字铸庵，又字服民，号借翁。雍正元年（1723）举人，历任浙江淳安、黄岩、桐庐、萧山县令。乾隆九年（1744）他从桐庐到任萧山后，就着手了解萧山历史上的水患问题，在察访过程中，了解到萧山除了修筑江海塘防止江潮与海潮，还有一个重要的水患问题，就是在内河的河道中普遍存在设置鱼簖蓄鱼的状况。他感到这个问题比较严重，一旦发生洪涝灾害会影响泄洪排水，将使萧山百姓生命及田地、农舍处于危险境地。为治理这一妨害泄洪排水的隐患，他到任没有多久就给朝廷写奏折，得到批复后，就立即开始拆鱼簖，立禁碑。可以说，他是当年萧绍地区，甚至是宁绍台地区"五水共治"的先驱与发轫者。

  这一年的梅雨季节，大雨一口气不带喘地，连续下了几天，由于他到任后就对河道鱼簖进行全面治理，萧山内河泄洪排水很快，但万万没有想到的是，地处富春江、钱塘江口的闻家堰却发生了特大的洪水。原因是富春江上游的徽州地区持续下起了几天暴雨，使得下游的闻家堰三江口水位突然暴涨。钱人麟与下属立即采取应急措施，并没日没夜地"巡防"在西江塘上，当看到从上游冲下来的浮尸漂满江面，还有一些灾民流离失所时，饿殍遍地，老县长的悲悯之心油然而生。他拿出自己的俸禄，让渔民打捞浮尸，情急之中，又开仓赈济灾民，还命令女眷们拿出金银首饰换成钱款，买棺材埋葬死者。因没有及时向上级报告灾情，并擅自打开粮仓，结果被人弹劾而获罪。后奉旨上京陈述灾情经过，得到宽大处理后继续为官，但这时的钱人麟毅然放弃从政之心，托病还乡。在居乡的三十余年中，热心公益，悉心著述，声望颇高。

拆除"鱼簖" 力保"田庐"

乾隆九年，也就是公元1744年，距今二百七十六年，老县长钱人麟从桐庐到任萧山后，实地巡察萧山境内的海塘、江塘与内河情况。在踏勘中，发现萧山境内的大部分河道普遍存在设置鱼簖的现象。鱼簖是一些沿河村民靠水吃水设置在河道里用来养鱼的竹栅栏，由于鱼簖占用水域广、网目较密，对水流产生阻碍，严重影响排水泄洪。长此以往，一旦发生洪灾，百姓的生命及"田庐"就难保，后果不堪设想。

钱人麟知道问题的严重性，回到县衙后，连夜向朝廷起草"请拆拔鱼簖以保田庐事"的呈文，通过层层提交，一个多月后得到"钦命"。朝廷"钦命"浙江等处（包括福建）"布政使司藩"执行，而浙江的"布政使司藩"下发到"宁绍台（宁波、绍兴、台州）"三个府衙。然后绍兴府衙立即转发到山阴、会稽、萧山县衙，并要求"各县遵行拆拔"。

接到朝廷的"钦命"后，钱人麟立即行动起来。他一面张贴告示，努力做到家喻户晓，一面命人强制拆拔萧山县境内河道内的各类鱼籣。拆除鱼籣的行动就这样大张旗鼓、有声有色地开展了起来。行动结束后，他亲自题写《奉各宪勒石永禁鱼籣碑记》的碑文，并命工匠雕刻。其中碑刻首文为："浙江绍兴府萧山县为禀请拆拔鱼籣以保田庐事，钦命浙江等处承宣布政使司藩。"接着是绍兴府的批转行文字样："批本府申详：山（山阴）会（会稽）萧山县大河小港，居民分踞，处处设籣蓄鱼，有碍水利，遵行各县拆拔，复经委员查勘结覆，具已拔尽，应请严批，勒石永禁，以垂不朽。""如仍前设籣蓄鱼，有碍水利，如有地棍豪强，违禁复设，定即擒拿详究。"落款为："乾隆玖年捌月萧山县知县钱人麟立。"

此碑刻就竖立在萧山城隍庙门口，不但让城里人知晓，也让进入城内的百姓知道。绍兴府批转的碑文中写有"如有地棍豪强，违禁复设，定即擒拿详究"字样，在拆除河道鱼籣的实际行动中，因为涉及许多利益问题，钱人麟还真的得罪了一批当地的"地棍豪强"，为此被人接二连三地"弹劾"。

《奉各宪勒石永禁鱼籣碑记》碑刻原竖立于萧山城隍庙，旧时的城隍庙在萧山县衙西南方，后城隍庙毁于1937年11月30日日机大轰炸城厢镇的那一天，县衙被炸毁，城隍庙也没有幸免于难。幸运的是，永禁鱼籣碑刻后来竟流落到当时的城厢镇高桥村境内的河边，被高桥村民发现，在修复罗波寺的时候，抬进寺内并进行妥善保管。

钱人麟的一纸呈文，不但牵动了绍兴府的"山会萧"三县拆除鱼簖的行动，还牵动了浙东"宁绍台"地区及福建境内拆除鱼簖的行动。因为当年浙江"宁绍台（宁波、绍兴、台州）"地方及福建，普遍存在在河道里设置鱼簖的现象，萧山不是个例，而是普遍现象。这些地区地处水网地带，河汊遍布，钱人麟的呈文起到以点带面、局部带动全部的作用，这是他到任萧山后的第一件"防汛"的前期准备工作。

赈济灾民　私开粮仓

"钱人麟，武进人，举人，乾隆九年任"，这是乾隆《萧山县志》对于县令钱人麟生平的记载。志书上的文字相当的吝啬，只有短短的十三个字，这就是他在萧山任职的简历。至于为何没有给他写列传，原因是他在萧山时间短促，不到一年，还有一个主要原因就是他在闻家堰洪水救灾的时候，曾因"私开粮仓"被弹劾罢官，因此历史上知道他事迹的人就比较少。

而他在淳安、黄岩、桐庐任职时间较长，在淳安、桐庐的县志中就有他的传记。还有他家乡的《武进阳湖合志》中有详细记述："钱人麟，字服民，雍正元年举人，由荐举为令分发浙江权（执政）淳安，以前明（明朝）旧令海瑞忠介自励，逾年大治，调黄岩修朱子所作五渠（南宋朱熹曾经修筑过的工程）以资灌溉，缘事罢职。旋奏复授桐庐，调萧山，民犷悍，抚以仁慈，渐向化。乾隆九年，蛟发徽州，江潮暴涨，萧山（闻家堰）为下流，被灾尤剧，死者蔽江下。人麟捐廉收瘞（掩埋）

凡数千，力营赈恤。时大府（绍兴府衙）以匿（隐瞒）灾奉严谴，乃以滥赈（扩大赈济面）劾（弹劾）人麟，奉旨着来京引见（皇帝接见臣属皆由大臣引导入见，称引见），遂引疾归里。"

钱人麟在淳安知县任上有政声。光绪《淳安县志》记载："钱人麟，字民长，江南武进人，由乡举试用两浙，吏才精干，大府器之（受到府台器重），颂声翕然（一致称颂）。尝诸生曰：秀才要经济，不得止靠时文生活也。淳士（淳安的学子）多赖造就。子维城，踾冠廷对第一（指高中状元），皆以为积厚之报云。"

由于受到"钱人麟事件"的影响，"鱼簖"之祸不但没有得到遏制，反而有蔓延的势头。到乾隆中期，萧山河道的"鱼簖"遍地开花，任其泛滥，侵占河道日益严重，就连官河上都筑起了鱼簖，严重影响官船与货船的通行。乾隆二十五年（1760）四月二十一日，萧山一位德高望重的乡绅黄云，联名十四乡贤发起了《公吁勘详永禁官河筑簖呈文》。这篇"公吁"中写道："若箔簖不除，则水溢难退，必害田畴，农号野哭……"接下来两位萧山县令胡粤生和梁世际知道问题的严重性，在交接班的时候轮番给绍兴府写呈文。一篇是乾隆二十五年五月初五日县令梁世际写的《禁筑鱼簖申府详文》，另一篇是六月十四县令胡粤生写的《禁筑复府详文》。县令胡粤生批文上有这样的文字："官河水道有菱税而无鱼课，是以奉宪勒石禁止筑簖。"而梁世际在呈文中这样写道："卑职历年查禁，并奉宪台檄行拆拔之后，在贪利愚顽，不免仍蹈故辙。"

两位县令都提到"奉宪勒石禁止筑簖"中的"奉宪"，"奉宪"就是钱人麟当年奏文朝廷的"钦命"批复。看来两位县令都知道钱人麟当年发起禁筑鱼簖的严重性与重要性。于是梁世际县令也专门撰文《永禁鱼簖碑文》，并重新立禁碑。这些呈文、申文及禁碑在民国《萧山县志》中都有记载。

家学渊源　著书立说

钱人麟托病罢官回到家乡武进后，居乡三十余年的时间里，平生无一嗜好，唯好聚书写书，可谓著作等身。他整理家乡的人文历史，悉心著述，曾请建名贤祠，兴复龙城书院，主持筹划纂修武进、阳湖两县等县志，并编纂乾隆《宁国府志》《泾县志》。他著有《毗陵科第考》《历代职官考》《太湖兵防志》《声韵图谱》《东林别乘》等二十六种著作。

钱人麟家学渊源，一家子基因强大，以诗书画传家，可谓真正的书香门第，令官宦人家羡慕不已，令商贾之家望尘莫及。他的父亲钱济世，官至福建惠安县知县。

妻子吴艮，是当时著名的女画家，擅长画人物像。乾隆的母亲七十大寿时，她手绘水墨观音恭进。她在世时间特别长，去世的时候连曾孙都有二十余人。据史料记载：丈夫钱人麟任萧山知县时，富春江上游的徽州地区发大水，地处闻家堰的三江口水位暴涨，从上游漂来的浮尸"蔽江而下"，她"首脱簪珥（发簪和耳饰），命子妇辈悉出奁具（嫁妆等）佐之，日市槥（棺材）若干，旬余所殡瘗（埋葬）者以累千计"（她果断解下身上、头上的金银首饰，命儿媳们拿出嫁妆首饰等助力，并把金银首饰换成钱款，买了若干棺材，半个月时间就埋葬千余个死者）。后来丈夫因开仓救灾被罢免官职，儿媳们有怨言。恰逢长子钱维城高中状元，她就告诫儿媳："是祖父以恤民去官，得有此耳，无喜色。"（我儿高中状元，是你们的公公怜恤百姓却丢官，这是积功累德因祸得福的回报，说完，没有一点高兴的样子。）

儿子钱维城（1720—1772），状元画家，天资聪慧，十岁能诗，乾隆十年，在二十六岁的时候考中状元。钱维城少年时父亲对他管教比较严厉，其中就有一则他年少时不听话，被父亲丢入河中的故事。有关钱人麟赈济开仓最后被罢官之事有两个版本。第一个版本是他在萧山闻堰三江口，因救灾心切，没有及时向绍兴府报告，擅自做主"私开粮仓"，被人举报后坐牢。第二年，儿子钱维城得中状元，朝廷认为他培养了一个出色的儿子，就这样因子得贵而获赦。第二个版本是因"私开粮仓"获罪后，钱人麟就到京城申诉，朝廷认为在特殊的紧急情况下救灾，做出特殊决策情有可原，对他宽大处理，让他继续做县令，结果钱人麟以人老多病为由回老家休养。

二儿子钱维乔（1739—1806），乾隆二十七年（1762）举人，先后任浙江遂昌、鄞县知县。著名戏曲家、画家。学贯古今，工书善画，精于音律，晚通禅理，有多种刻本传世。著有《钱竹初山水精品》《竹初文钞》《竹初诗钞》《竹初未定稿》《半园之半记》等，并与钱大昕合修《鄞县志》。

金夫人，就是钱维城之妻，知书达礼，雍容大方，处事得体。乾隆南巡，驻跸杭城，金夫人在行宫谒见皇太后，皇太后以宴席招待。金夫人从容以对，语气婉和安雅。皇太后对身边的人说："此真状元夫人也。"

孙女钱孟钿，字冠之，号浣青，钱维城之女，著名女诗人。

因诗宗浣花（薛涛）、青莲（李白），自号浣青，她的诗以清虚淡泊为宗。她也擅长写词，著有《浣青诗草》《浣青诗余》及《鸣秋合籁集》等。

　　钱人麟的仕途总共二十一年，一直在县令这个职位上沉沉浮浮，艰辛劳苦地奔波。虽然他在萧山执政时间只有短短的一年，因徽州地区的一场特大洪灾殃及闻家堰三江口而获罪，可谓仕途生涯在萧山画了一个句号，但他一生秉公行事、剖决如流、心忧天下，以"苟利国家生死以，岂因祸福避趋之"的胸怀，在大难当头时，毅然挺身而出赈济灾民，可谓功不可没。他在治理内河水患"拆除鱼籪"中，不怕得罪"地棍豪强"，行动干练果断。拆除"鱼籪"保护"田庐"，在当时来说确实是民生工程、水利工程，他写的《奉各宪勒石永禁鱼籪碑记》非常有研究价值，这块水利碑刻遗存，是留给萧山一份宝贵的水利遗产，值得后人珍惜。特别是他除了自己奋不顾身地抢灾救灾，同时还发动家人一起救灾赈济的事迹，值得后人敬仰。

透过众山读闻堰

郑　刚

　　闻堰有江水，气势宏伟的钱塘江、富春江、浦阳江在这里交汇。闻堰有湖水，幽静怡人的湘湖在现代散发出浓浓的古韵味。闻堰伴水而生，伴水而兴，三江口的活水和湘湖的秀水造就了一个水灵灵的闻堰。但除了水，闻堰还有山，一座座不高的山峰赐予这片土地丰富的内涵，相比那些只有江河没有山，或者只有山没有江河的区域，闻堰显示出一种地域的厚重感。江水、湖水，以及水边的众山就是闻堰的湖光山色，那些高低不等的山峰早已封存在闻堰的记忆里，解读一座一座的山，就是解读一段一段闻堰的历史。

一

　　沧海桑田，很久很久以前，与周边地区一样，闻堰也是一片茫茫的大海，在平原渐渐形成之前，现在的这些山是昔日海中的岛屿。如今闻堰境内分布着十几座大小形态不一的山丘，如老虎洞山、营盘山、叶家山、黄家岭等，从地理上讲，它们归属于天目山支脉。其中境内的湘湖有九座山——压乌山、眉山、珠山、荷山、箬山、定山、木碗山、蛤蟆山、邋遢山，古人给了这些山形象而独特的名字，湘湖留给人太多的想象空间。明朝工部主事、萧山人黄九皋曾有诗写道："眉珠荷箬定，饭粒满湖抛。"湘湖里的这些小山，被他形容为一颗颗饭粒，抛撒在湖面上。在湘湖中的这些山，以压乌山最为出名，有"眉珠荷箬杨旗定，领袖群山是压乌"之称，那个亚父范增隐居湘湖读书的故事一直给压乌山蒙上一层神秘色彩。早在北宋太平兴国三年，这里就有亚父里的建置，并且流传有范增砍断西山南岭欲压乌江的传说。那年项羽兵败，自刎于乌江畔，得知消息的范增痛悔交加，他想到项羽曝尸在乌江无人理会，即刻一剑劈下了西山南岭，打算将它扔向乌江，可惜，当年郁郁不得志的范增力不从心，他本想用以掩埋项羽的山岭未能投到乌江，反倒一失手落入湘湖，于是，湖面上有了这座压乌山。这个传说被历代诗人多次提到。南宋名臣、诗人王十朋在《会稽风俗赋》中写有"连山如珠，秦皇之所驱兮；压山如块，亚父之所割兮"，说明这个传说在南宋时期就广为流传了。明朝诗人方以规的《压乌山》也写道："压乌何事浮湘水，度项中年忆范增。英气尚为云浩荡，剑峰又记石崚嶒。当时举块嗟何及，此日拔山诚未能。千古青青将不去，杖藜留与野人登。"

　　当然，山是大自然的产物，不必刻意去追究传说的出处和真假。一座山上来过名人，或发生过重大的事情，影响大了，传说也就慢慢形成了，随着传说的代代相传，也注定了这座山由内而外的美。亲临秀立湖心中的压乌山，就能感知它的秀美。登上山顶，可以观赏到古湘湖八景之一的"湖心云影"，俯视整个湖面，只见湖中倒天开界，云影映波，梦幻般的色彩绚丽多变，眼中的湘湖美妙而壮观。

传说可以给闻堰的山带去许多想象的空间，比如越王勾践卧薪尝胆的故事。越王的故事广为人知，老虎洞山上的老虎洞是越王卧薪尝胆的又一栖身之地，因为他偶遇从洞穴里冲出向他嘶吼的老虎，所以无意间发现了这个天赐之处，不大的洞穴成就了勾践的励志之举。从某种意义上说，关于越王与老虎洞的传说是一种真实的存在，试想，老虎洞山一带为吴越两国交界之地，是越国的前哨，这座可以极目远眺的山峰具有极其重要的战略地位，为了战事，越王必定常来此地。有了老虎洞里的卧薪尝胆，就有了白马湖中的战船数百，就有了越王坚守要塞的刀光剑影。如今风流已烟消云散，争地夺河的霸业连同古战场一起交给历史，一段壮烈的往事在季节的天空慢慢蒸腾，唯有越王不屈的灵魂守望在老虎洞口。

老虎洞山是闻堰众多山中较高的一座，主峰海拔为二百一十八米。挑一个晴好的天气，从山脚下的老虎洞村出发，沿着不陡的石阶缓缓而上，探访那个不大的洞穴。不用惧怕炽热的日光，山道两边的大树撑起了一片凉爽，即使单纯的休闲放松，这里也是极好的去处。

与萧山南片地区的山峰相比，老虎洞山不算高，但因为有了越王勾践，老虎洞山的高度就不能以尺来丈量了，对于这座山峰，后人的心中自有一个永远对之仰望的高度。明代儒学大师刘宗周登老虎洞山后有联：此地曾传尝胆事，我来犹记卧薪人。不知这位可以为大明绝食殉国的蕺山先生此行有何感悟，他倡导的"慎独"之说是否与此关联。

不光在湘湖边，在湘湖的西南，紧临三江口的小砾山也具有鲜明的个性。小砾山仅有十八米高，但孤峰耸峙，在水面宽阔的三江口显得尤为突出。从山顶向江面眺望，只见矶头顶在西江塘上，余脉伸向塘外，在江中耸起一峰，此峰只露出江面四五米，相传这是钱塘江中的巨礁，由小砾山庙中的山神引到山脚下，用来镇江挡潮，保护江上的船只和沿江百姓。沿江的山峰大多有治江御潮的传说，这是江边的百姓对平安生活的美好愿望。

二

1928年7月3日，教育家陶行知先生在中山大学事务工作者的陪同下，从杭州赶到湘湖，他计划在这里建起一所像样的学校。在湘湖中行船筹划时，他初步选中了定山作为校址。之后一行人登上定山，在山上反复察看地貌，最终在一片竹林地确定了位置。三个月以后，因定山校舍未建成，暂借东汪农村小学为临时校舍，省立乡村师范学校开学。这是陶行知先生为萧山的教育事业做出的重大贡献。湘湖师范的影响甚广，中国现代著名小说家和散文家郁达夫先生也慕名而来，他在学校为老师和学生做了精彩的演讲，并为湘师校刊题诗。因为有了这个学校，定山被赋予了浓郁的人文色彩。

时间再往前推，在闻堰的那些山中还可以发现许多人文元素，它们犹如一张张被光阴打磨得发亮的名片，积蓄了闻堰的文化符号，给闻堰的整体文化注入独特的魅力。

老虎洞山上不但有老虎洞，还有一座古老的莲华寺，古称莲华庵，它的始建年代太久，目前尚未确切考证。关于莲华庵一名的来历，相传佛祖观音将山上害人的猛虎收入宝瓶后，从此老虎洞山绝了虎患，当地民众为报答观音的恩德，在山上建了这座莲华庵。有史料记载，莲华庵在清道光年间重建过一次，当时有屋十五间、尼众八人。虽然目前莲华寺的各个殿和钟楼、千佛塔等为 20 世纪 80 年代后陆续再建，但寺庙的名气一直没有断过。自现代重建以来，莲华寺成了萧山及周边地区很有名气的寺庙。2000 年，莲华寺作为中国千座名刹入选《中华佛教二千年》纪念画册。随着现代信息技术的发展，莲华寺的名气被传得更远，甚至传到国外。老虎洞山上，莲华寺依山随势，不拘形式，矗立于苍翠碧绿丛中，而老虎洞的巨石上，一尊由岩石和茅草自然融合形成的观音头像，形象逼真。无论是进一步挖掘闻堰的文化元素还是做大旅游资源，老虎洞山都是一处合适的场所。

闻堰的山默默诉说着萧山的过去，山上那些出土文物让现代的人们逐步了解了祖先的生存状况，以及闻堰这一区域在古代所处的地位。1992 年 4 月，压湖山上发现了"大泉五十"钱范五方，还有铜镜及大量的钱币。其中三方钱范为新莽前期的铸钱模，另二方钱范为新莽后期的铸钱模。汉时的萧山称为余暨，隶属扬州刺史部会稽郡，是南北之战略要冲。据考证，压湖山出土的这些文物是新莽始"建国元年""遣谏大夫五十人分铸钱于郡国"所遗留之物，可以推断，当时在压湖山区域极有可能设立过铸钱作坊，而可以制作钱币的地区必定在国家中占有重要一席，闻堰在当时的地位可见一斑。

压湖山成了展现古文化的载体，也是湘湖旅游中重要的组成部分。2017年9月12日，由中国发起成立的世界旅游联盟在成都成立，这是第一个全球性、综合性、非政府、非营利的国际组织。随后，压湖山被选为世界旅游联盟总部落户地，这里将建设成集世界旅游博物馆和旅游公共配套设施于一体的开放式"大景区"，古老的压湖山焕发出新的生机。

穿越时光的长河，翻看闻堰一页页的历史。登上闻堰的山，继续探寻越文化在这里留下的一个个符号，以及之前之后所有遗留在山上的一点一点闻堰印记。这个三江名镇不仅仅有水，还有山，有许多已经找到的与山有关的文化元素，还有那些藏在山中未知的历史。透过众山读闻堰，解读闻堰懂萧山。迈开双脚，擦亮双眼，打开思维的闸门，去挖掘一段神秘的闻堰史。

寻找曾经的禅意生活
——闻堰百年老房一瞥
黄建明

在江南，水是必不可少的。

你看，在暮春，与三两友人一起，看山看景，有一杯清洌洌的泉水泡就的茶水，生活的芬芳大抵如此。

如果把房子建在河旁，平日里的洗洗刷刷也一定离不开水，也一定会有很多与水有关的故事发生。

江南的水，还会养人，会把镇子瘦成一条条窄窄的小巷，会把大树直立在河中，会把一家人的希望拴在"吱吱呀呀"的摇橹船里。

河上，有小桥；河边，有老房子。

卷一·物之砌

要说闻堰的老房子，不得不说一条已经消失了的河。

这条河叫塘方河，河上有一座同兴木桥，还有一座清光绪年间建的石梁桥——宝盈。河向西至西江塘边，在塘脚形成一个河兜，有航船码头，有过塘行；向东一直到县城，与官河相通。

这条塘方河，其实也是一条界河。河南属于安阳乡，河北属于长兴乡，而建在塘上的闻家堰老街，是两乡的街市。闻家堰自明洪武年间始建，全盛时期长达两千米，是萧山南乡有名的商业中心和埠头，有店铺数百家，据民国二十二年（1933）出版的《中国实业志》载："仅甘蔗一项在此存销转运达四十万把之多。"

作为"三江活码头"的闻家堰，是萧绍地区的繁华商贸集市，商贩云集。由于经济发达，因此在塘方河两岸，老墙门林立，著名的有李祖庭墙门、来家墙门、虞家墙门、何家墙门、李鼎盛家墙门、乾源墙门、泰康墙门、田家墙门、范家墙门、万泰墙门、坤和墙门、唐庆生宅、陈茂隆墙门、磨坊云生墙门、孙景和（新当）住宅楼、来大曾住宅楼等。每一个墙门的背后，都站着一个腰缠万贯的富商。如孙景和（新当）住宅楼的主人，在塘方河兜北岸开有孙景和钱庄、裕泰典当，在塘上还开有南货店。此楼占地二百四十平方米，始建于清光绪年间，三间两弄，走马楼式；如来大曾住宅楼，主人开有来钱快的过塘行，占地三百平方米，始建于清光绪六年（1880），三进，屋顶翘角，实木拼大门，外包牛皮，以防裂防蛀，颇有气势。

除了闻家堰街市有老墙门，闻兴村裴家里有裴永兴墙门，山河村孔家里有孔风桥住宅房，黄山村韩家墈有旗杆墙门。这些墙门虽不在闻家堰街市，但据村里老人讲，这些百年老宅，不是一般普通人家能够造得起的。位于闻兴村的裴永兴墙门，是一座典型的江南民居，始建于清宣统三年（1911），占地一百二十平方米，主房两层，三间两弄，八檐，进深七尺，漏格窗，中堂石板铺地，偏房杉木地板。照屋两层，四开间，七檐，进深六尺，杉木地板。天井石板铺地，石库墙门开在东侧。位于山河村的孔凤桥住宅，占地二百七十余平方米，始建于清光绪二十九年（1903），主房五开间，南北厢房均为三开间，共有十六间房，二楼形成走马楼，为旧时闻家堰唯一的走马楼建筑。走马楼，在萧山南片靠近绍兴的镇街，如河上、进化、所前、楼塔一带时有出现，而在闻家堰一带不常见。据说孔凤桥祖父孔昭模仿绍兴一户住宅建造，由许贤磨刀桥头一位木匠承建，历时三年终成。黄山村韩家埭六百年前，由义桥湘南韩氏一族宝九房迁居于此。湘南韩氏是望族，源出河南安阳，尊北宋忠献王、三朝宰相韩琦的曾孙韩膺胄（1096—1176）为始迁祖。至清代有韩姓人士中举，在家乡建有旗杆墙门一座，以示光宗耀祖，类似于现代的荣誉证书。

此外，在长达两千米的街市中，除了数百家店铺外，还建有药店埠头、上埠老埠头、蔡家埠头、渡船埠、黄童埠、内河埠头、潭头埠等多个埠头，与之配套的还有来大正、正大过、汪茂兴等过塘行。此外，在西江塘外有一座戏台，叫万年台，顾客可在江面上坐船，沏上一壶茶，与朋友闲话无边，漫谈天地，观点点渔火，看咿咿呀呀的戏文；另在塘方河兜的西江塘上有大庙一座；在下埠街尾有文昌阁一座；潮冲池旁西江塘上有福音堂，名五圣堂。

一座座老建筑，向人们诉说着光阴的故事。

一座座老建筑，被时间冲刷得无影无踪，在历史的记忆深处沉睡。

卷二·境之存

钱塘水，从闻家堰流过，柔美的波浪声像候鸟，更像闪电。

西江塘，被人牵挂了数百年，看穿了诗人们的寂寞，溜成一湾一湾的诗。

从药店埠头开始到塘方河兜，从塘方河兜到文昌阁，在过塘行的一隅，有一位制作灯笼的娇娘，成为闻家堰遗址的一部分。

塘方河兜消失了，成了塘方河兜绿地；塘方河消失了，成了三江路。

在三江路两侧，如今还保留三座墙门。北侧两座，为韩家墙门和孔家墙门；南侧一座，为虞家墙门。

虞家墙门，始建于晚清，两进，占地200多平方米，外观完好，前后两幢主屋，无厢房，三开间，共6间，条石砌墙门。前一进破损严重，失修倒塌之处较多，人难以进去。后一进保存基本完好，天井荒草连天，风化的砖墙，肆无忌惮的青苔，腐化的烂木头上有新的、绿色的生命在搏动。

据《闻堰镇志》编撰者裴浩明介绍，韩家墙门，占地140平方米，始建于清同治年间（1862—1874），坐北朝南，一幢砖木结构两层楼房，三间两弄，八檐，进深七尺，漏格玻璃窗，天花板封顶。南围墙高5米，条石砌墙门，石板铺地。该墙门外观除保留江南民居特色外，在内观装饰上已采用西方模式，实为闻堰首家。估计屋主人受的是现代教育，见过大世面，而且是闻堰首富，有文化、有实力，才会有西式装饰的想法。

与韩家墙门一巷（闻东巷）之隔的孔家墙门，是目前闻堰保存最完好的墙门。孔家墙门，与其紧邻的韩家、虞家墙门不同，它有明显的徽派印痕，马头墙高耸。旧时塘方河北岸墙门众多，挤挤挨挨，马头墙有防火作用。院内有大树挺立，与院外的水杉遥相呼应，你侬我侬。孔家墙门与孔氏儿科的泰康墙门虽同姓孔，但可能关系不大，这从后代从事的职业可以看出。孔家墙门后代从事职业五花八门，没有特色。而泰康孔氏后人继承山后孔家埠中医传统，至今犹在。

历经风霜的百年老宅，它们的身上有时间悄悄流过的印记，这种老建筑的沧桑与厚重，能给人一份宁静与自然。

卷三·情之生

老宅有老宅的故事，离开了故事，老宅只不过是一堆土、一个壳而已。

老宅有老宅的生命力，因为老宅承载了太多的乡土历史，也一定会承载一个家族的梦想。

倘若离开了故事，离开了乡土，离开了它生生不息的家族，老宅，也只不过是一个机械的标本而已。

闻堰旧街市是非常热闹的，在历史的记忆深处，已经消失的，或者还遗留下来的老宅，都有一抹灿烂，在闻堰的上空闪耀。每一个墙门的背后，都站着一个腰缠万贯的富商；每一个富商的背后，都有一个精彩绝伦的故事；每一个故事的背后，都有一种风潮的引领。

何家墙门先祖乃绍兴峡山大族，何氏内、妇、儿科，医始清季，发祥于绍兴，继业在萧山。先祖秀山，绍派伤寒名家，医文并茂，学识渊博，越水名医俞根初延请为《通俗伤寒论》的校注，开绍派医方之先河。何廉臣持"医医重于医人"之论，创建"中医西学会"，出版《绍兴医药学报》而名传医林。闻堰何氏后人何树春，十八岁时受业于叔父何廉臣，深得其溺爱，悉心授术，学成后先在长兴县开设医寓。抗战胜利后回闻堰开业，潜心医事，勤求古训，博采众方，声名远播。何树春一生行医数十年，受家学之熏陶，学崇叶桂，通融苏绍医方，善治温病时感，精于内、妇、儿诸科，多篇案例发表于全国性杂志上。

始建于清光绪十九年（1893）的泰康墙门，主房是一幢砖木结构二层楼房，二间二弄，八檐，进深七尺，漏格窗；墙门屋二层，东西两侧围墙，高五米，围合成天井，石板铺地。墙门主人姓孔，为孔氏儿科传人。孔氏儿科源于山后孔家埠（今义桥镇山后村）的孔颖嘉（1638—1719）。乾隆十八年（1753），后代孔毓礼（字行冏）在闻堰下埠设卫生堂药店，并坐堂行医，为闻堰孔氏儿科始。孔氏儿科自第一代宗师孙颖嘉传承至十二代孔繁成（孔氏族谱名，实用名孔万成），虽历经朝代更迭，家族更新，但潜心医术、济贫施药的优良传统却始终未变。孔氏儿科几代传人，行医足迹遍及闻堰、义桥、临浦一带，并影响了杭州、桐庐、富阳等周边地区。不但精湛于儿科，还精通妇科、产科等，并编撰了《慈幼心传》《准绳儿科》《麻痘汇补》《幼科大成》《伤寒秘诀》《增补准绳儿科》《舌鉴》《麻痘汇补》《产科》等不少著述。第十二代传人孔繁成，供职于闻堰社区卫生服务中心，坐诊中医儿科，为区级非遗"孔氏儿科"传人。泰康墙门虽于21世纪初毁于大火，但孔氏儿科还将继续。

旧时闻堰街市有三大姓：孔、韩、虞。孔和虞均为中医世家，享有盛名。唯独韩家经商，建有韩家墙门，至今还在。清乾隆年间，湘南韩氏宝八房迁居闻堰，先与人合开萃隆木行。发迹后，四房子孙分别于闻堰上埠、下埠、新桥、染店埠头等地建房经商。约光绪二十年（1894），韩氏二十七世（宝房第三世）大房韩大昌在闻堰中埠开设油烛店，定店号为韩宏远。其长子韩沛琳（清末秀才）继承父业，继续开油烛店，三子韩宝琳（清末举人）和其他二房开有南货店、烟水店、鸡鹅行、木作铺等，遍及闻堰上、下埠，时称"韩半街"。韩沛琳之子韩水清，开油烛店时又增开了油作坊，批零兼营，生意兴隆，在四乡和钱塘影响颇大，是当时闻堰大商家。抗战中，店铺大多被毁，韩宏远损失巨大，韩水清忧郁而死。后其子韩烈榘又与人合开棉百店、烟行、惠农钱庄等。韩家墙门后人韩曾贵，曾任西安邮电大学党委书记，著述丰富。其女韩一平，教授、博导，西安电子科技大学学术带头人，教育部优秀青年教师。韩氏祖上以经商出名，父女俩却轻商重学，另辟蹊径，学术成就巨大。

与泰康墙门孔氏、何家墙门何氏一样，虞家墙门虞氏也是世代行医。闻堰社区服务中心外科医生虞望鹏，其祖父虞仲芳是有名的外科医生，父辈时从浦沿到闻堰行医，其子虞建生继承衣钵，开设建生外科诊所，实为四代行医。

有人文情怀的老宅，能唤醒沉睡的历史，也会让人觉得老宅是鲜活的。

闻堰的老宅，与闻堰的旧时光交相辉映，处处可见禅意的生活，让人心境清净，自在无碍，闲适雅致。

陆家墙门记事

陆建祖

陆家墙门位于闻堰老街，2006 年被杭州市规划局列入市第三批历史建筑预备名单，时任省历史文化名城保护专家委员会主任的浙江大学教授毛昭晰专程来闻堰陆家墙门察看，看后他对随行的专家和记者发表谈话说，看那些雕刻就可以想见闻堰人民的聪明才智了，比一些东阳木雕还要精细。他还说，陆家墙门这个房子很有价值，可以反映闻堰千年古镇悠久的历史，是这个古镇的亮点，可以成为闻堰的标志。

陆家墙门建于清代咸丰年间，由厢房、正屋、佛堂等组成，民国年间又扩建了小洋房。正屋为典型的具有宁绍地区特色的江南古建筑，梁架、门窗等构件，雕塑精美，保持完好，廊柱上构件的动物雕塑栩栩如生，廊柱横梁饰中国传统的暗八仙浮雕，刀法细腻流畅，具有较高的艺术价值。正屋最具特色的是中间大厅，结构别具一格，不设楼层，通高十米，为现成江南古建筑所罕见。大厅当地称香厦（方言音何），是祭祖、敬神和接待贵宾的地方，内设香火堂（祖堂），规模之大、雕饰之精美可称一绝。正屋外墙系采用多种厚度、大小不同的砖砌成，墙略成梯形，稳定牢固。小洋房为中西合璧的别墅建筑，建筑专家称它是中国传统建筑向现代建筑过渡时期少有的实物标本，具有很高的教育科研价值。

　　陆家墙门包含着丰富的历史积淀。据陆氏家谱记载，闻堰陆氏为南宋著名的爱国主义诗人陆游的后裔，陆游（1125—1210）字务观，号放翁，越州山阴人（今浙江绍兴），陆游出身名门望族官宦世家。陆游的高祖陆轸，字其卿，道朝隐，北宋进士，做过太傅和吏部尚书。其祖父陆佃，也于神宗熙宁三年考中进士，任吏部侍郎。其父亲陆宰，在北宋末年曾任京西路转运使等职。陆游自幼跟随父亲读书识字，一心向学，可他偏偏生活在一个多事之秋，生活在北宋即将灭亡的阴影中。在父亲爱国思想的熏陶下，陆游亲身参加了收复中原失地的抗金斗争，并创作了大量慷慨激昂的诗歌，强烈要求收复中原统一祖国。陆游今存九千二百多首诗，是南宋时期最杰出的爱国诗人，在国内外有很大影响。陆游生前也多次到过闻堰毗邻的湘湖，对湘湖情有独钟，并留有诗句曰："安得移家常住此，随潮入县伴潮归。""此生安得常强健，小艇湘湖自采莼。"可见，移家住此，湘湖采莼，是闻堰陆氏先祖陆游的心愿。

　　陆氏从越州山阴（今浙江绍兴）迁入萧山，始迁祖是陆游后裔陆怡。关于萧山陆氏族谱，幼时曾听长辈讲过一些往事，以及家史，其中有几个比较精彩的故事，但因为时间久远缺少文字依据，不过我想，真实的家史大约也混杂在这些传说中，就像神怪故事《山海经》中隐藏着中国的远古史一样。萧山陆氏的祠堂在萧山城厢镇何家弄（旧址在萧山人民路小学，今已毁），古色古香的祠堂里有萧山陆氏祖先的牌位，还有陆氏先贤杰出代表的塑像，其中就有一尊是先贤陆以庄的塑像。陆以庄，字履康，号平泉，清朝嘉庆年间进士，历任工部尚书、吏部左侍郎兼管顺天府尹（相当于今北京市委书记）等职务，入则可与皇帝议事，并得到嘉庆、道光两朝的恩宠，因积劳成疾，于道光七年（1827）卒于京邸，谥文恭，归葬萧山城北（老岳庙附近），墓旁有华表、石人、石马等，这样的待遇可算得上较高规格了。在现存的民国出版的《萧山县志稿》中就有关于陆以庄的传记。

清代，萧山陆氏家族人才辈出，与陆以庄一样同为进士出身的，陆家还有六人，有陆以庄的兄弟陆必，嘉庆元年进士。其后陆续考取进士的还有陆燮祁、陆承宗、陆宗岱、陆钟奇、陆光熙（陆钟奇之子）。其中祖上曾流传下来一个精彩的小故事，当时陆光熙考取进士，金榜题名时，他荣归故里，遍拜族中长老亲友。他也来闸堰老街陆家墙门，拜谒各位长辈亲友。

这一天，大堂里热闹非凡，张灯结彩，大堂两边太师椅上坐着各位长辈，陆光熙进了大堂，态度非常谦恭，一一躬身作揖，向各位长辈拜了又拜，其中有一位叫"小公"的长辈，被拜了后就生起病来了，虽经中医百般调治，也无力回天，不久就病故了。当时人们议论纷纷，都说"小公"命薄，承受不起这个大礼，被进士拜死了。陆光熙跟清朝末年的很多有志青年一样，对革命充满热情，曾去日本士官学校留学，并参加了孙中山领导的同盟会，据祖上传下来的说法，辛亥革命前夕，他被同盟会派去山西太原策划反清起义，不幸被山西起义的新军误杀于山西太原巡抚衙门而殉国。

闻堰陆家墙门是当地最大的墙门，也可以说是闻堰的地标性建筑，在当地可谓妇孺皆知，在历史的岁月里，与闻堰乡亲结下了深厚的情谊。先祖桂林公，乐善好施，遇到饥荒年份，就会在大墙门口放大缸的粥等，布施路过的难民。在赤日炎炎的盛夏，则会放置个大茶缸，为路人提供茶水解渴。每当台风洪水发生，陆家墙门就成了人们的避难所。1937年7月抗战全面爆发，这时陆家墙门的陆子梅先生在闻堰开办萃隆木行，从事木业生意，由于经营有方，生意兴隆，事业有成，担任了闻堰的商会会长。国难当头，匹夫有责，陆子梅先生不仅自己带头捐钱捐物支援抗战，还动员其他商家有力出力，有钱出钱，支援抗战。1937年12月，日寇疯狂向杭州进犯，那时钱塘江大桥刚刚造好不久，一批批逃难的人从桥上蜂拥而过，扶老携幼途经闻堰向南逃亡，时值隆冬，天寒地冻，难民饥寒交迫，陆子梅先生拿出衣服、被褥等救济路过的难民，烧了大锅的粥给他们喝，组织商会千方百计安置这些难民的住宿。为阻止日寇渡江南进，同年12月底国民政府被迫炸断了钱塘江大桥，这期间陆子梅先生不断捐钱捐物支援抗战，尽了自己最大的努力。

这里又发生了一件令人难忘的历史事件，那时国共合作抗日，周恩来时任国民政府军委会政治部副部长，1939年3月他视察浙江抗日前线，这时杭州已沦陷，萧山军民与日寇隔江相峙，萧山已成抗日前线。周恩来在视察天目山后，走水路经浦阳江到达萧山临浦镇，在当时的临浦镇镇公所接见萧山各界抗日代表，陆子梅先生有幸作为地方抗日爱国民主人士代表受到接见。据陆子梅先生回忆，周恩来当时讲了话，精辟分析了当前的形势，勉励各界代表，只要大家决心抗战到底，最后胜利一定是属于我们的，并与各界代表进行了座谈。在临浦停留约两小时，周恩来与各界代表——握手道别，从临浦内河坐船赶往绍兴视察。2015年在纪念中国人民抗日战争胜利七十周年的活动中，《萧山日报》还登载过当年周总理来萧山视察的有关文章。

　　闻堰陆家墙门随着社会的变迁，历经风霜，在中华人民共和国成立后，做过土产公司仓库，在1958年"大跃进"时做过食堂，正屋大堂两边的墙上，还完整地保留着当时的壁画，这可以作为研究现代史的一种实物标本。陆家墙门后院20世纪40年代建造的西式小洋房的中厅里，陆子梅先在生前挂了一幅周恩来总理与梅花的画像，这幅画像是在1976年周总理逝世那年，陆子梅先生布置灵堂祭奠时挂上去的，这不仅表达了陆子梅先生对周总理的怀念和崇敬之情，还隐藏着陆子梅先生对恩人的追思之心。这里又有一个故事，陆子梅先生说起过，周总理救过他的命，这是怎么一回事呢？原来在1966年开始的"文化大革命"时期，陆子梅先生在上海的一家企业科室工作，在那个年代，只要属资或与旧政权沾点关系，就要挨批挨斗，许多人被迫害致死。陆子梅先生从科室到勤杂工扫地不说，还要天天挨批斗，天天写交代，有一次陆子梅先生在交代中提到，抗战时他曾得到过周总理的接见，他们知道了这个事后，就不敢批斗他了。后来经过调查，实有其事，此后对陆子梅先生的批斗也就不了了之了，这就使陆子梅先生免受了许多皮肉之苦，所以陆子梅先生把周总理当作自己的救命恩人也是情理中的事了。当1976年1月8日从广播中得知周总理逝世的噩耗后，陆子梅先生万分悲痛，在小洋房中厅布置了祭奠周总理的灵堂，悬挂了周总理与梅花的画像，此后每当周总理忌日，他就虔诚祭拜。这幅周总理与梅花的画像，现在还完好地保存着，可作为陆家墙门的一段历史，一个故事的"见证人"。

萧山闻堰老街的陆家墙门是个充满历史味、乡土味、乡亲味的清代古宅，它承载着老街一段历史的风情和记忆，《杭州日报》和浙江电视台相继报道过有关陆家墙门的文章和节目。在新时代，随着闻堰老街的升级改造建设，这个老宅所具有的独特韵味，必将给闻堰老街的美丽蝶变，增添富有魅力、精彩而深沉的历史文化风采。

牌坊不言

王葆青

　　早春，为寻找湘湖元素，我曾经穿过木绣球的花阵，驱车拐上湘云路，来到压乌山，一座新落成的无字石牌坊引起了我的注意。

　　初夏，我带着"牌坊"的主题再次光临，在石牌坊下徘徊，愈发惊诧于它的简约。

　　压乌山的石牌坊仿佛很注重减法，省掉了飞檐，连同相关的铆接、繁复、仰首的瑞兽和一整套高处的仪仗，只剩两根天线样的石柱朝天。石柱简洁，被波纹状的纹饰包裹，仿佛正从湖中升起，牌坊同时省略了多余的单元，仅仅足够呈现出"门"的造型以契合本义——一座山门，压乌山的山门，没有门槛，但有石级，九级台阶作为铺垫，足够观者整理衣襟，端正视线。

　　石狮干脆也省掉，取而代之的是基座的奢华。两个基座被雕琢成约一米高、六十厘米宽、两米五长的长方造型，与压乌山相称，前后正面是古老的雕纹饰，寓示着一个古老的传说，左右侧面的莲华形状，则与一侧的寺庙呼应。

　　传说是关于范增的，一说压乌山即"亚父山"，项羽的军师、"亚父"范增曾经在这里读书。历代《萧山县志》则记载压乌山出自东方朔的《神异记》，谓"亚父断萧山南岭将压乌江"——相传范增断南岭压乌江只为项王，可惜年老体衰，气力不足，石头半途跌落到湘湖里，便成了今天的"压乌山"。压乌山东北侧的断崖和高处石岩山南边的断壁有些吻合，于是有好事者便断定"南岭"就是石岩山。

这传说文人们愿意相信，譬如南宋状元王十朋，他曾在《会稽三赋》中写下"压山如玦，亚父之所割也"；譬如明朝儒士方以规，他曾在压乌山发出过"度项中年忆范增"的感慨。

清代的黄元寿也曾写下"压乌山色锁烟霏，欲压乌江懒远飞"的诗句。那年秋天，陈念畴、陈念昇、王葆堂、朱湘生和姜禹卿等几个读书人相约到压乌山脚的湘云寺，商讨成立"湘云吟社"的事，顺便吟风弄月，借古抒怀，多美，本来黄元寿也要参加的，因为临时被他事耽搁了没来，他还特地写诗祝贺。

黄元寿来自湘湖附近埭下黄村（今属蜀山知章村）的黄氏家族。黄是大姓，自明朝以来，出了很多举人和进士，埭下黄村有块美轮美奂、足有四百多岁的"甲科济美牌坊"，举人进士，牌坊都记不下，譬如明代的黄九皋和黄元寿就是族人。

压乌山的石牌坊当然没有济美牌坊那份荣耀，它只是一座山门，最初是范增的山门，后来，走进山门的文人逐渐多起来，终于热闹非凡，成了文化中心，一座人文的山门横空出世。清朝的林国柱来过，那是一年秋天，西风瑟瑟，宦海浮沉的林国柱回到萧山，一头扎进湘湖里，先是游览越王台，接着便在湘湖边用餐，家乡的鱼鲜让他赞不绝口，之后来到压乌山，步入山门，来到湘云寺的无边落叶中，伫立良久。

　　慕名而来的还有黄道之、何增筠、徐廷槐、陶元藻、王廷枢、毛万龄等，说不定朱彝尊也曾乘"短艇乌篷"来过，还有毛奇龄，山门呈现出接纳的姿态，你看，压乌山石牌坊的横梁穿过立柱后，两边凸出，形成双臂敞开的造型便是明证。

　　更以前，黄九皋也来过。黄九皋是明嘉靖十年进士，做过工部主事、鲁府长史，他曾写下《建城记》一文，为最初的萧山城接生，还曾为萧山嘉靖三十六年县志作过序，是萧山历史上有影响的儒士。黄九皋游压乌山是在登览石岩山过后，从山顶到湖上，他四顾碧波万顷，感慨万千。

　　我敢肯定，元末刘伯温在出山辅佐朱元璋之前游览湘湖时，也必来过压乌山，朝拜过前辈军师的山门。这么多人流连，压乌山的山门之下，盛况可想而知。与那道拱起的脊梁对应，逐渐，山门成为构建，压乌山也的确需要一座构建，譬如今日的石牌坊。

　　俭省，收敛，自我约束。最后一省到底，压乌山的石牌坊索性连文字都省略了，仿佛它从不担心缺少代言。

　　这些，注定了某种突然性。上压乌山的前后，我拜访过湘湖的另几座石牌坊，品味过书法和雕刻，见识过陆俨少水袖的"湘湖"、赵孟頫柔媚的"妙造天然"，更见识过那些款款于横额或立柱之上的圆润的标签和寓意，不外乎溢美、繁饰，诸如此类，压乌山的石牌坊完全不屑，它只专注自身。此刻，牌坊呈现出通透的形态，一览无余，又包罗万千，仿佛一个巨大的出口，穿堂风畅通无碍。

　　瞬间，界碑诞生，气场漾开。我视线有些受损，暂时转向禅院修补，发现它安静宛如一件袈裟，仿佛贮满了箴言。

压乌山最显著的两样事物——牌坊和禅院，顷刻仿佛对应起来，前者旷达无边，后者堆满注解。但湘云寺本身的历史简单，几乎只限于周易藻《萧山湘湖志》的记载："湘云寺，在压乌山麓，建时未详，清咸丰辛酉毁，同治间重建，民国十二年重修，嘉庆间汤元裕等于右楹设龛，祀有功湘湖诸人名湖贤会。"

更多的是延伸开的历史，譬如"湖贤"的事迹，譬如王煦——作为湘湖改建石塘的功臣，王煦和压乌山有关联，所以请允许我费些笔墨谈谈王煦。王煦，字融谷，萧山新义乡人，"处馆为生，有田不及百亩"，乾隆五十八年，经某大官"引荐入吉大中丞幕"，后来又在宝山县一个田姓县令家中做塾师。

改建湘湖石塘的事即是发生在王煦入吉大中丞幕期间。当时情况是这样的：湘湖以跨湖桥为界，分为上、下湘湖；上湘湖在跨湖桥以西，其东段，从石岩山延伸到杨岐山，号称"十里石塘"，属于当时湘湖湖塘的最险要处，有几个地方，内外都是深潭，有的点上内河直顶塘身，尤其是石岩山脚一带湖面，容易受东南西北风激荡，四面受敌，更兼地势低洼，一旦湖塘坍塌，城南九乡就要遭受水患。

这就要求湖塘既高且厚，高利于蓄水，厚则牢固。而湖塘当时的情况是，虽然每年都有维修费，但是都被维修方和胥吏们虚耗，湖塘并无尺寸增加，相反，往往有奸猾者，借机破坏水利设施，有人还运瓦搬柴，盘桓塘上，天长日久，湘湖塘逐渐就被侵占、侵蚀，局部还出现坍塌现象。

王煦见状，心急如焚，于是在嘉庆元年向主办江塘的大中丞吉公请求赶紧加固湖塘，并主动请缨督办施工事宜。他担心民力不济，又申请有司事先垫发湘湖岁修银千两，选派得力的乡绅主持修塘，并严格修筑之法，每个施工环节都精益求精，几个月后，湖堤修成，"夯筑坚固，高厚如法"，从根本上加固了湘湖这一段最险要的湖塘。事成之后，百姓称快。

为了弘扬历代治理精神，王煦又力主在压乌山庙中，为有功于湘湖的前贤设立牌位，以供祭祀。同时，加大了对私自盗水和在湖上私自种植两类行为的巡察和打击力度。

压乌山从此有了另一重荣耀，呼唤一座拱顶对应。我们可以设想当时那种把湘湖诸贤请进山门的盛况，匹配那种仪式感，一座牌坊正合适，譬如压乌山的石牌坊，不着一字亦相符。

王煦后来还为湘湖南片乡民做了一件大好事：修复潋堰闸。

潋堰闸原在与湘湖石塘中的凤林穴连通的塘外一条直河的一侧堤坝上，和堤坝外通向临浦的支河相通，用于灌溉原新义乡的农田。由于新义乡地势高，湘湖经凤林穴放水时，须等到直河的水灌满才能开潋堰闸，否则新义乡就很难得到足够的灌溉水量。但是由于年深日久，潋堰闸底出现了渗漏，造成每到放湖时须再筑一道土坝蓄水。当时义桥有个"牙行"，类似于后来的地方市场管理方或行业组织，以潋堰为通商河道、一旦筑坝客商会从他处行走影响生意为由，多方阻挠，并和污吏勾结，反咬潋堰闸本来就存在。

王煦从家里来信中得到信息后，立马辞掉官职回家，与乡人协理其事，同时决定向主管河道的老东家阮中丞上书申诉，力陈牙行和胥吏操纵之害，力主重修潋堰旧闸。幸运的是，阮中丞是个好官，了解原委后，即委派宁绍台道陈观察和候补通判王凤生到萧山督察复勘，结果发现闸垛还在，桥石上所凿

"潋堰闸"三个大字历历在目，于是当场断令择日开工修闸。从此，原新义乡由于地势高而经常缺水灌溉的局面大大改观，王煦的亲力亲为之举，实实在在造福一方了。

王煦在致力于湘湖水利设施时，还不忘总结历代湘湖治理经验，汇成《湘湖考略》一书，在湘湖治理史上留下了重墨。

当之无愧，王煦最后也被后人请进了"湖贤祠"。

由此我联想到丰碑，一座实体的最高形态，压乌山上的石牌坊，其姿态和纹理中或许已有蕴藏，只可惜我没有显影剂，也缺少读心术，我只能凭一颗本心感知，或许，诗酒山水之上有另一重构建，即便具象消失，就像我最近在闻堰乡村行走时，发现最新的方志中记载的三座石牌坊彻底消失那样；但愿，一座精神的丰碑永不会倒塌。

拾取名人的"脚印"

陈于晓

闻堰又名闻家堰，相传在早年，有一闻氏家族在初建成的西江塘堰定居，便有了闻家堰这一地名。闻堰一地，水光山色，交相辉映。在水运备受重视的年代里，闻堰商贾云集，人声鼎沸，素有"三江活码头"之称。地灵则人杰，江山代有名人出，璀璨在闻堰的浩浩时空中。

一

晨曦乍现，比晨曦更早的鸟鸣声，早已经落了一地。在悠悠的晨钟声里，古寺的香火与人家的炊烟，袅袅在了一起。一个年轻的身影，在闻堰延庆寺的晨光中走动着，他时而捧着一卷书，在朗朗晨读，时而在寺前寺后走动着，像是在思考着什么。在我的想象里，这是元末至正年间的某个清晨，这位正在晨读的年轻人叫华克勤。

据《闻堰镇志》记载，元末至正年间，华克勤就隐居在延庆寺苦读。华克勤（1321—1397），字无逸，是萧山华氏的第五世祖，闻堰潭头华氏的始祖，他聪颖好学，品行端方。后举贤良方正，入仕为官。在延庆寺苦读的日子里，华克勤应该是"风声雨声读书声声声入耳，家事国事天下事事事关心"的。

志书上提及华克勤的一生，主要是两个方面：一是在明洪武十年（1377），出任山西布政使；二是奉诏出使日本国，被誉为萧山的第一个外交官。明洪武九年（1376），朱元璋大刀阔斧地启动了行政机构改革，以达到天下大治的目的，华克勤因"能直言极谏"，深得朱元璋的赏识。在出任山西布政使期间，华克勤"宣教化，布威德"，"除奸去伪"，保了一方平安，为民众办了不少实事。有资料说，华克勤也是浙江历史上第一位奉诏出使日本的使节官员，在日本期间，他充分展示出了自己的外交才华。洪武三十年（1397），华克勤病逝故里，埋骨于湘湖北岸青山之西。

如今，延庆寺的钟声还依旧吗？仿佛有湿漉漉的晨风，正在翻动着《华氏族谱》。

二

忽如一夜春风来，改革开放以后，萧然大地乡镇企业异军突起。宁围的万向、闻堰的万达……这些都是人们耳熟能详的企业。出生于 1935 年的陈张海，作为万达集团的"掌门人"，和万向的鲁冠球一样，是萧山企业界的风云人物。在国际市场上，陈张海和他的"万达"享有"东方钳王"之誉。

陈张海"经手"万达，是在 1975 年 9 月，当时的万达还是闻堰公社的一家农机厂，到 1988 年，农机厂更名为萧山五金工具厂，进入 1991 年，组建了以五金工具厂为核心的浙江万达集团，从此，万达走上了以五金工具和汽车方向机两大产品为龙头、多产品工贸型发展之路。

从名不见经传的一家公社农机厂到一家小五金厂，在短短十几年时间里，成长为一家集科工贸于一体的企业集团，按村民的说法，"陈总办企业是有一套的"。凡事起步最难，1975年，陈张海接手公社农机厂担任厂长时，发现厂里生产的钳子缺乏销路。而在当时，全国已有 60 多家制钳企业，国内市场差不多已处于饱和状态。于是，陈张海把目光瞄准了国际市场。但这么一家小厂，要走向国际市场，其中的艰辛，也只有亲历者才能体会了。当陈张海来到上海，把厂里所生产的钳子样品，拿到上海进出口公司时，大多数人是不屑一顾的。但倔强的陈张海，仍旧一次次地在上海与闸堰之间往返着，当他连自己也记不清是第几次走进上海进出口公司时，他的诚心，终于感动了公司相关负责人。公司拿出一把国外生产的刃口扁咀钳样品和大叠图纸，让陈张海回去试制，限期两个月完成。

记得当时，陈张海一刻也没有在上海停留，连夜就赶回闸堰，调兵遣将，投入试制，为了方便工作，他还把铺盖搬到了厂里，就在厂里吃住。经过十四天不分昼夜地奋战，完成了生产工艺的设计，接着又购置了必要的加工设备，一步步攻克了模具、夹具等道道难关，终于生产出了一批钳子，拿到上海检验后，完全合格。

那是万达历史上最值得自豪的一天，1976 年 9 月 10 日，第一份出口合同 7.2 万把钳子，首次出口波兰，万达的产品终于迈向了国际市场，由此，万达也成为全国首家出口创汇的乡镇企业。之后，万达更上一层台阶，步步挺进国际市场，到1988年9月，实现了自营出口。那些年，陈张海率领着万达，创造了一个又一个奇迹，在全国同行中，万达的生产规模、产品质量、经济效益、出口创汇等，都居于领先地位。1992年，陈张海被评为全国农业劳动模范。1993年，又获得中国优秀乡镇企业家称号。1998年1月，陈张海病故。

三

在闻堰，当我随意向村民打听，闻堰都出过哪些"名人"时，有个名字，似乎有些出乎我的"意料"，因为之前我好像没怎么听说过，但这个名字在闻堰村民中，却有口皆碑。村民说，他叫黄金龙，是个好人，大家在心里，都是记着的。

在闻堰，黄金龙，是因为做好事而成为"名人"的。在民间朴素的观念里，做好事，就是"修桥、铺路、造凉亭"。黄金龙就是这样一位乐善好施的人。他让村民记忆最深的一件好事，就是在1947年，出资五十亿元（当时的货币）在宝盈桥建造了闻堰小学，四合式砖木结构二十三间平房，为此，当时的政府曾颁给黄金龙"乐育英豪"匾额。1949年以后，黄金龙被评为"开明地主"。黄金龙的一生，生活俭朴，作风正派，有了钱就行善事。比如，1950年，他为"抗美援朝"捐赠了一百万元，并出资五十万元拥军优属，就在这一年，他还拿出二十多担大米贷给缺粮户，他还出钱为群众接种牛痘，等等。村民说，现在老虎洞莲华寺的观音殿也是黄金龙捐建的。

这是黄金龙的人生履历：黄金龙（1892—1978），1907年，他到闻堰黄源和水果行做学徒；1910年，他在闻堰新桥头开了家黄永兴水果店，后又增开黄永兴油烛店；1919年，在新桥下开设协大烟行，为上海南洋、中美两大烟草公司坐庄办货；1947年，兴办杭州协兴烟厂；1949年以后，协兴烟厂与杭州友合烟厂等合并，更名为杭州利群烟厂，黄金龙成为利群烟厂的主要股东之一。

四

原籍闻堰镇东汪村的汪洋，被誉为"电影事业家"。他是中华人民共和国电影事业的奠基人之一，是北京电影制片厂的第二任厂长。在他担任厂长的三十五年里，北影厂摄制了《祝福》《红旗谱》《小兵张嘎》《暴风骤雨》《青春之歌》等近两百部优秀影片，其中有一大批作品，成为中国电影史上的红色经典之作，在主题思想、艺术审美等方面，都创造了一个时代的标高。

汪洋（1916—1998），他的一生似乎就是为电影而生的。十九岁，他进入上海明星影片公司任美工；二十五岁，他进延安抗日大学学习；三十岁，他担任华北军区电影队队长，创办了"一辆大车上的电影制片厂"，在炮火中拍摄了《自卫战争新闻第一号》……

闻堰代有"才人"出，他们中，有跟随孙中山革命的汪珪、被誉为"人民卫士"的张叶良、画家汪谦……以及各行各业的英模人物等等，他们的名字，闪耀在闻堰的时空中，不断地激励着后人。

五

山清水秀的闻堰，也留下了众多的名人踪迹。这方热土上，流传着舜耕历山、越王勾践老虎洞卧薪尝胆、秦始皇连山渡钱塘江回京、范增隐居压乌山读书等传说。

在湘湖定山，从 1928 年 7 月到 1934 年 4 月，人民教育家陶行知先后来了四次，筹建湘湖师范学校，实践"教学做合一"的教育思想。1933 年，著名作家郁达夫到定山，在湘湖师范学校做了题为"教育要注意发展创造欲"的演讲，并题诗："笔吟心仪黄仲则，忧时伤逝折英才。神州多故斯民苦，力挽狂澜期尔侪。"

岁月悠悠，一江春水东流。一大批名人来过闻堰，在闻堰大地上留下了"印迹"。一年又一年，风吹大地，郁郁葱葱。

钩沉·记忆

一埠竞风流

黄建明

借助钱塘江这条"黄金水道"便利的交通优势，自明洪武年间（1368—1398）开始，闻堰逐渐形成上起西汪桥，下到文昌阁、长两千米的街市。自浦阳江改道后，以舟楫之便，逐渐发展成为萧山重要的物资中转枢纽，行业齐全，"商贾往来，帆经樯纬，悉于余地泊焉"，可见当时闻堰市场交易的繁荣情景。过往商旅也都在此搭乘班船去严州、诸暨、杭州、宁波、苏州等地，真可谓"一埠竞风流"。

闻堰的街市，与航运有关。有江，就能形成街市。

直至抗战前，外江还有上埠老渡埠、蔡家埠头、黄童埠、药店埠头、下埠老沙渡等埠头，内河有航船码头、潭头埠、塘方河斗埠等埠头。为方便商家连接外江和内河的货运，过塘行逐渐兴起，最盛时有十多家。

民国时期的闻堰老街，宽约两米，南北向店面，卵石大路，店铺林立，行业齐全，有米业、南货店、布店、油烛店、杂货店、豆腐店、肉店、水产店、食品店、水果店、酱园店、饭店、茶店、药店、陶瓷店、缸甏行、砖灰店、酿造厂、蚕茧行、染坊、棺材店、当店、柴爿行等数十个行业，百多家店铺，市场兴旺。这些店面一般都是小本经营，经营灵活，不限时间，随到随买。

闻堰老街比较特别，石板纵横交错、高低不平、纹理清晰，有家的味道，充满着世俗的精彩。街建在西江塘的两侧，临江一侧的房子，是凌空的，用柱子托起房子，好像南方的吊脚楼，二层楼房，下店上宅，前楼板壁大多挑出半米左右，面积增加又使店面有避雨之功能；塘的内侧，房子不是凌空的，刚好与临江店铺相反，是上店下宅的格局，店铺实际上是二楼了，一楼是在塘下。

老街的排水也很有特色。整条街没有一条排水渠，而是依照地形地貌发明了"明沟排水法"，水顺着石板自然流走。老街是建在西江塘上的，地势明显高于周边，有多条小弄，也是石板打底，街弄相通，连接着街与钱塘江、沿塘河，雨水就从这些不起眼的小弄流到钱塘江和沿塘河里。即使雨再大，石板街也留不住水。这种自然排水法，反映了古人的智慧。我们不难发现，这个看似会被现代人诟病的老街，突然变得理想和体面了，它为我们带来了很多珍贵的东西，还有更多的风景和前程。

当然，对于萧山来讲，这也是一个文化符号，我希望用一种外乡人视角的叙述来唤起历史上萧山文化特别是老街文化的一种追忆或者一种致敬。在20世纪70年代，每当梅雨季节，我都会用一毛钱买张票从义桥码头坐轮船到闻家堰老街买渔具。说来奇怪，同样的渔具，义桥、临浦也有，但质量不如闻家堰的。所以，闻家堰是我年少时的圣地，至今还是走不出对她的牵绊，脑海中飘荡着对她的深深回忆。

　　除了钱塘江的潮水，闻堰的河道、古塘、房子、古桥、老墙门，乃至不紧不慢流淌的水，无不透出越中秀色。

　　如果说，闻堰老街是一部耐读的书，那么，对于我们而言，只是看到了她的影子，触及了她的外表而已。由于浦阳江改道，渔浦没落，反而使闻堰这个埠头，展现了无与伦比的精彩。

　　而钱塘江诗路，闻堰是绕不开的一环，而且是极其华美的一环。

　　也许有人会说，上有渔浦、下有西兴，夹在中间的闻堰，地位是尴尬的。但她并没有被南来北往的商贾冷落，也没有被热衷于清谈、唱吟、隐居的名士所遗忘。一条钱塘江诗路将无数文人墨客送到了江南，他们游玩、寻友、做官、修道，多少诗人就是为了追寻先贤，来到了繁盛之地闻堰。

　　一条钱塘江，是诗歌的传奇；一条"唐诗之路"，是诗人心灵的渗透。

　　渔浦，是一个地名，她的悠久记忆，在于军事，在于传说，在于文学，在于水脉与交通，她过早地沉入了浦阳江底，成为一种可以怀念的遗忘。"渔浦烟光"，则是一个景点，是三江口的诗歌，是夕阳下的妩媚，灿烂于闻堰的埠头，从而散发出睿智的光芒。我在思考，这两者是否能在闻堰相融，作为钱塘江诗路和浙东唐诗之路的契合点来打造，成为诗歌"蝴蝶效应"的发轫地。

　　这不是我的心血来潮，而是有历史渊源的。

　　闻家堰外江航运发达，内河航运也不逊色。与外江一样，里河兜沿岸码头林立。"上三府"和太湖、宁波一带的货物，通过过塘行脚夫搬至内河码头，再通过内河运至萧绍一带。当然，其中也少不了文人墨客搭船而行。这些文人雅士非常潇洒，要么从钱塘江埠头上岸，在老街上喝茶吟诵，过西江塘，再在里河兜下船，沿塘方河至萧山，入官河，过镜湖，溯曹娥、剡溪，追寻名士的足迹，载舟扬帆、击节高歌，越过绍兴、新昌，最终抵达天台山的石梁飞瀑，留下了不朽的足迹，创作了大量的诗歌；要么乘舟而上，去富春，到桐庐，逛梅城，领略《富春山居图》的繁华若梦。这清晰的诗痕，把钱塘江诗路和浙东唐诗之路有机结合起来，从这个意义上来说，闻家堰是诗歌的驿站，"一埠竞风流"并非虚言。

除了诗歌，闻家堰还是萧山有名的江鲜集散地。

"江上往来人，但爱鲈鱼美。君看一叶舟，出没风波里"，曾经担任睦州郡守的北宋诗人范仲淹的一首《江上渔者》，道出了富春江渔民劳作的艰辛，鲈鱼虽味美，捕捉却艰辛。而生活在一千年后钱塘江边的渔人，也尝尽了艰辛、酸涩。

一条钱塘江，是渔人的传奇。

一条钱塘江，往往反映了江边渔村的文化。

南阳赭山一带的渔人，以捕鳗苗、枚潮头鱼为主，在大潮里讨生活；三江口许贤石门的渔人打鳖技艺独步萧山，六十五岁的俞土祥祖上世代有打鳖的技艺传承；罗墓畈以划船打网捕鱼为生，捕鱼历史少说已近千年；山后村渔民以游丝、滚钓捕捞为主；闻堰渔民以地笼捕捞为主。如今，三江口的捕鱼技艺，已是区级非物质文化遗产。

闻堰的渔业，始于明洪武（1368—1398）初年，处于三江口的汪家堰兜自然村最盛时有七户渔民。这些渔民以船为家，长年漂泊在钱塘江上，一代代披星戴月，风里来浪里去，传承五百余年。他们对钱塘江水系了如指掌，又谙熟江潮和气象的变换，被人们尊称为"江师"。他们既享受了乘风破浪之逍遥，又经历了惊涛骇浪之艰险，尝尽酸甜苦辣。

古时闻堰地处渔浦。浦阳江改道后，北濒富春江，东临浦阳江。两江在东北汇合后即为钱塘江，俗称外江。历史上，渔浦、外江水域宽广，淡水鱼资源十分丰富。相传渔浦为虞舜渔猎处。

20世纪90年代末，钱塘江客运停办，闻堰镇利用空闲的客运码头，办起了江鲜市场。当时不经意的举动，竟托起了一个江鲜产业。"吃江鲜，到闻堰"，成了萧山，乃至杭州主城区食客的座右铭。举办多次的"三江美食节"，正是依托江鲜的无穷魅力，把一个江南小镇，演绎成诗意的美好。

老街的狭窄，适合于茶余饭后的慢生活，适合于思考潮水的诺言和星星点点的渔火。从20世纪60年代始，江塘店铺逐渐向下埠转移。从20世纪70年代开始，填塞沿塘河、塘方河、九分池、潮冲池水域，建起粮站、信用社、百货店、饭店、水产社等商用房，形成新街市。直至2000年建成标准塘，老街全部拆除，新街市就成了闻堰最核心的商贸区而留存至今。

如今的闻堰，依然像唐诗宋词的时代，清净、寂寞与落花，在巷子里，在赏心悦色的暮色里，墙头还开着红杏，香气依然，诗意依然。唐朝温庭筠的一首《钱塘曲》："钱塘岸上春如织，淼淼寒潮带晴色。淮南游客马连嘶，碧草迷人归不得。风飘客意如吹烟，纤指殷勤伤雁弦。一曲堂堂红烛筵，金鲸泻酒如飞泉。"描写了唯美的钱塘江和乘客绮怨的情怀。在这里，客轮、乘客、诗歌、老街，都成了自然世界的一部分。生活在温润如水的闻堰，你怎能没有老街的记忆？怎能没有童年的欢乐和少年的懵懂，以及成年后对远走高飞的向往？然而，再多的记忆，终抵不过岁月。不告而别，不诉离伤，那伴随闻堰人无数记忆的老街就这样缓缓驶出人们的视野，带走的，还有一段栖水而歌的繁华与落寞。

有人说，消失于历史帷幕深处的闻堰明清老街，无不象征着古越文化的落寞和现代审美的缺失。幸运的是，今天的闻堰并没有跟随一种潮流，去打造复古的味道。而是面对现实，以"钱塘七号"的名字，走"1980年代"的商业蜕变之路，塑造"江鲜文化主题街"，重现三江活码头魅力。这种改造并没有消融老街的风貌，反而在独立的空间结构与鳞次栉比的店铺相互交错中，呈现出一种孤本的精彩。

2020年10月，闻堰老街也迎来"新生"，"江鲜文化主题街"开街。综合体、房产项目，也将在未来几年呈现于世。所以说，从这个角度来讲，闻堰老街醇厚的水乡民俗味儿，并没有走丢在妩媚的宋词里，也没有迷失在"桨声灯影""花花美景"的小资生活里，而是以清晰的有价值的线条，唤醒了其内在的生命，老街忽然有了雄伟的气势。

这才是闻堰最美的时刻，这才是江南最美的样子。

闻堰老街，也许是江南的眼睛，早已看穿了明清的小说。在这样的老街，泡一杯香茶，静静地瞭望，似乎能看到，《诗经》女子出嫁后的愁思。

钩沉·记忆

105

闻堰：半城涛声，一城湖光

朱文俭

　　在杭州萧山，闻堰襟江怀湖，地理形势独一无二。即便在水乡江南，如闻堰这样风景秀丽的地方也不多见。我曾听过歌唱家吕薇的《闻堰之歌》：

> 都说你是那江南水乡俊俏的新娘，
>
> 花红柳绿坐在船上，
>
> 载来好时光，
>
> 潮起钱塘是年年的祝福，
>
> ……

　　歌声温婉甜美，听醉人心，清脆婉转中展现出一幅桃花流水、令人神往的美丽画卷。

　　歌词中的"潮起钱塘"，是指濒于闻堰之西的钱塘江，这是一条文人笔下"八月十八潮，壮观天下无"的美丽江河；而大潮坍江、冲垮房屋、淹没田地、吞噬人畜时，它又是一条恶水。为防潮患，千百年来，萧山人栉风沐雨、历尽艰辛修筑了一条起自西兴永兴闸，由西向南经长河、浦沿、闻堰、义桥、临浦，止于进化麻溪坝，全长 31.25 千米，历史上保护萧绍平原免遭钱塘江、富春江、浦阳江水患的巍巍塘堤，因其处于萧绍平原西端，得名西江塘。

闻堰在西江塘中段，正在钱塘、富春、浦阳三江交汇之处。记录西江塘盛事，闻堰镇黄山村的"水利堂"是最好的证明。"水利堂"大门门额悬挂着"黄山西南"匾额，两旁柱子上有对联："百里长堤永保萧绍民安乐，千年古迹铭记历代治水功。"进了大门，但见堂舍依山势而建，共三进。第一进是陈列室，精心保存了唐代至清代钱塘江流域图及西江、北海两塘的相关资料和图片。据萧山方志记载：历史上，西江塘经常毁决，多次加固。筑堤保塘有功的人，无论官吏还是平民，都深受一方百姓爱戴，有的甚至被立庙祀奉。闻堰镇黄山西殿为纪念钱镠修筑篓石塘，前坛庙则为纪念舍身修筑西江塘的石匠——石二、石四兄弟。而历代文人墨客对西江塘也多有吟咏，从而构成了闻堰丰富多彩的堤塘文化。

从唐宋开始，闻堰就有人定居，后逐渐发展成为一座渔浦码头，徽州、歙州、睦州、严州、婺州至临安府客船货轮在此停驻；19 世纪中叶到 20 世纪初，这里的码头商贸活动更加活跃，南来北往的商贸船只云集此地。翻开《闻堰镇志》，有一张抗日战争前及中华人民共和国成立前夕闻堰集镇主要店、堂、行分布图，上面翔实地标注了这座码头集镇林立的商号、老墙门和会所。当时，以航船码头为中心，以大庙为中界，集镇分为上埠和下埠，北从文昌阁、南到西汪桥的钱塘江江面上泊船千余艘，江岸上木行、水果行、米行、水产行、茶叶行等密集。

店铺经营者除本地人外，还有宁波、金华、兰溪、衢州、诸暨等地客商。

分布图上除了绘有商行外，还有为数众多的老墙门和会所，如磨坊云生墙门、坤和墙门、虞家墙门、来家墙门、李家墙门、陈茂隆墙门、金华会馆、豫泰酱园等。如今，对于这些古旧建筑的名称，估计连当地耄耋老人也指认不出几个喽！

在"萧内网·萧然杂谈"上有一个温暖的帖子，帖子里一张张手绘图片，记录了 20 世纪七八十年代闻堰的年华春秋：八角凉亭、老旧的墙门、长满苔痕的石板路、木门拼成的店铺、钱塘江边客船码头、供销社百货部前赶集的人们、通往闻堰影剧院的弄堂、祥大房村办钙厂、裴家村拼线厂、东江村、黄山村……

闻家堰渡口，当时没有防洪堤，江水很浅，清澈见底，江鱼成群，石子成堆在江边，小伙伴们捡起小石子比赛打水漂，看着片石掠过水面飞向江心，咯咯的笑声在水波中荡漾。

老街的小巷，回荡着孩童俏皮的儿歌声；老旧的永久牌自行车来回穿梭；盛夏，知了吵架一般，吱吱地叫个没完没了；爷爷拉只竹编椅子在巷口乘凉。

"双抢时节"是一个维系所有农家生活命脉的繁重劳动的代名词。拔秧插秧、割稻晒谷……已化成一种融入血液与骨头里的记忆，镌刻在祖、父辈的内心深处。

家在西江塘上，看火红的朝阳从水面升起，望雪白的船帆向天际隐去，听轰隆的江涛入少年梦中。

记忆中的老旧时光，被所有人惦记，不被遗忘。总有一个故事让你魂牵梦萦，总有一个地方让你记忆犹新。为整修加固闻堰三江口堤坝，闻堰老街被逐年征迁，昔日的老时光也许被永久封存进了那个年代人们的心底。

三江口水产品丰富，品质优良。据民国《萧山县志稿》记载，钱塘江闻堰河段有鱼类一百一十五种，分属二十九科。常见的有鲥、鲈、鲚、鳊、鳜、鲢、鲻、白鲦、鱼鲍等江鲜。其中，富春鲥鱼上市多在闻堰。清代王瑞履《重论文斋笔录》载："鲥鱼出吾邑，兴于富春淡水咸水交界间，渔人宵见水面有微光晃漾，举网取之便得，价较他鱼为昂，欲购者多趋于闻堰市。"鲥鱼肉质鲜嫩滑润，味道鲜美，素有"鱼味之王"的美誉。苏轼赋诗赞说："此中风味胜莼鲈。"闻堰的银鱼、鲚鱼、鲫鱼、步鱼等江鲜美味也不在鲥鱼之下。

为打响旅游休闲、江鲜文化品牌，从 2006 年起，闻堰在每年春夏或夏秋之交，举办三江美食节，以本地江鲜为主，同时汇聚全国各地风味点心、特色小吃。其间推出的菜品会让你大饱口福：酒糟蒸鲥鱼、蟹粉银鱼、猫耳小江蟹、冬腌菜蒸江鳗、干菜鱼鲍、松花麻团、江鲜麦疙瘩……

> 都说你是那江南水乡俊俏的新娘，
>
> ……
>
> 月满湘湖是天天的靓妆。
>
> 啊，美丽的闻堰，
>
> 手牵着梦想，
>
> 啊，多情的闻堰，
>
> 一路春光，
>
> 等你归来，
>
> 走进人间天堂。

钩沉·记忆

歌词中的"月满湘湖"里的湘湖，被誉为杭州西湖的"姊妹湖"，位于闻堰东部。如果把钱塘江比作狂野莽汉，那湘湖就是一位古典美人。明朝张岱在《明圣二湖》中曰："余弟毅儒，常比西湖为美人，湘湖为隐士，鉴湖为神仙。余不谓然。余以湘湖为处子，腼腆羞涩，犹及见其未嫁之时。"民国周易藻《萧山湘湖志·自叙》云："昔人云，湘湖犹处女，秘不炫人。"

闻堰旧属越地，是典型的水乡泽国。探索史书古籍和古文化遗址，可以清晰地看到闻堰湘湖区域历史变迁的轨迹：海—江—湖—田—湖—田—河—湖。如今，这片湖域出落得妩媚韵致、楚楚动人。

湘湖的美在纯净。湖面上，披着一层薄雾，柔软如纱，轻轻盈盈；湖水，虚静如镜，没有一丝涟漪；湖中，绽放的荷花散发出淡淡清香，圆润的荷叶微微摇曳，生怕惊动了荷尖上停歇的蜻蜓；湖边，远近高矮不一的垂柳，在诗意般的柔波中，梳理着秀发；静默耸立的萧然山、石岩山、越王城山、老虎洞山，投射在湖水中的山色越加青翠。

如果夜游湘湖，你就能体会到清代韩绥之笔下的妙境："于时皓魄初呈，湖光如镜，流萤历乱，宿鸟无声。萧寺晚钟，悠扬山半，远村夜火，隐约林间……歌清夜之曲，诵明月之诗，任轻舟之所之，乃徜徉而乐其……"

湘湖的美在花繁。阳春三月，草长莺飞，湘湖的第一波油菜花、樱花、玉兰陆续盛开。在贺公堤的西面有上千亩油菜花田，花开时节，一片金黄，香喷喷、乱哄哄。金融小镇二期的樱花满树烂漫，如云似霞。越王城山下有紫荆、玉兰，红似霞、白如雪。石岩山上的梨花，含烟带雨，蜂飞蝶舞。还有眉山岛的绣球花，越堤附近的垂丝海棠……

湘湖第二波观赏花为荷花，从一期到三期，大大小小的荷花种植点有三十多处：一期较为精致，二期分布点多，三期总体面积大。从品种上来说，有西湖红莲、友谊牡丹莲、雪涛、彩球、二乔、少女、睡莲等，黄、红、白、紫、粉的花朵争奇斗艳。赏荷最佳观测地推荐荷花庄、青浦问莼、十里荷香。

湘湖最别致的风景在桥上。湘湖的美有很多组成部分，点缀其上、形制各异的桥梁可以说是一大"功臣"。湘湖的桥种类繁多，有亭桥、廊桥、石梁桥、索桥、纤道、拱桥……可谓江南桥梁博物馆。2015年据有关部门统计，湘湖中有名称记录的大小桥梁有一百零八座之多。跨湖桥是一座单孔马蹄形石桥，后又加修了一座五孔拱桥，形成了一古一今两座跨湖桥，见证了历史的沧桑和变迁。四亭桥上有四座雄伟的角亭，像四个巨人守护着柔美湘湖，2018年8月27日，朝霞中的四亭桥惊艳于纽约时代广场的大屏幕之上。政和桥静卧水面，宛若游龙。长长的纤桥（古纤道）是江南水乡的独有景观。另外，像玛雅岛上的逍遥梁廊桥，湖山广场和青浦问莼景区之间的索桥等均有着不同的特色。当然还有卧虹桥、越王桥、梦湖桥、观荷桥、采莲桥、倚秀桥、济月桥、浣月桥，以及以十二生肖为主题的生肖桥。

湘湖的美在久远。这里出土了世界上最早的独木舟，这里发掘出跨湖桥文化遗址，把浙江文明史推到八千年前。两千五百多年前，这里是越国的军港——固陵港，当时越国五百艘舰船、四万七千名水军在此常驻。越王勾践屯兵城山，"临水阻道，军陈固陵"，在老虎洞山老虎洞"卧薪尝胆"，经"十年生聚，十年教训"，打败吴国。湘湖是唐代大诗人贺知章的故里，李白、陆游、文天祥、刘基等历代名人在此留有不朽诗文。"湖清霜镜晓，涛白雪山来"是李白在此送友人的诗句；"江上越王台，登高望几回"是宋之问在此怀古的诗句；"夜深宿荒陂，独与雁为伴"是一千多年前，萧山县令杨时带领百姓披星戴月兴修湘湖水利工程时的感慨；"遍历吾乡胜，湘湖景更幽。水遥青霭合，波静白云浮"是萧山先贤画家毛万龄眼中的乡愁……

　　湘湖的美，源于自然，自然孕育了白云映水、秀峰倒影的平湖美景；湘湖的美，源于历史，历史赋予了湘湖山水厚重的於越文化精髓。

> 难忘你是那记忆江南，
>
> 最美的家乡，
>
> 依山傍水守候白云，
>
> 休闲好地方，
>
> 世外桃源是种下人居梦想，
>
> 渔舟唱晚捧上美味三江……

　　最近，杭州市召开"湘湖·三江汇未来城市先行实践区"建设动员大会，并宣布成立杭州市三江汇未来城市建设管理委员会，这标志着三江新城的正式实施，闻堰正处于三江汇核心区域。"三江汇"是个大战略，是一座未来之城。

　　霞映三江红满天，百舸竞帆争上游。站在三江汇流的闻堰码头，让人不觉浮想联翩……

潮冲池

汪尚根 口述　裴浩明 整理

　　说起闻堰老街，人们必会提到潮冲池，因为它是由一次严重的西江塘决口形成的，面积大水又深，令人生畏；又变化多端，使人印象深刻。

　　年长的闻堰人提起钱塘江水灾，都会说，"同治四年，大水没屋檐"。这年五月，确实狂风大作，连续数日。大雨使闻堰老街外钱塘江水迅速上涨，西江塘危在旦夕。到了二十九日半夜子时，"哗！"一个颤抖的声音响彻闻堰，老街下埠西江塘突然决口数丈，滔滔江水汹涌而入，富春江上游的泥沙直由江水冲刷到东山陈村庄附近，足有一千米。草舍漂荡四处，瓦房被淹没数尺。三十日下午，大雨停息，江水退撤，老街下埠塘决口处留下一个大水塘，面积有三十六亩之大，最深处有四米左右。后来，人们将该水塘称为潮冲池。

　　潮冲池面大水深，久而久之，浑浊的江水渐渐被雨水清退，池水清澈，成了闻堰老街居民的饮用水源，池旁也逐渐成了人们宜居之地。

　　清同治末年，东汪崇和堂汪氏二十七世廷宝公之子金鍼率先靠近池塘东侧建住房落户。接着，绍兴丁家畈丁姓人士也迁居于此。后，闻堰本镇高桥孙氏也有人在此占地建房。民国初期，临浦蔡姓人士落户，利用潮冲池的水质酿酒磨豆腐，渐渐地潮冲池东侧到民国末期已有汪、丁、孙、韩、蔡、王等姓氏近百户，形成一个小村庄。中华人民共和国成立后，各姓氏人口逐渐增加。1950年土地改革登记，该小村庄就以池为名，称为潮冲池自然村，住户大都以务农为主。

1953年，蔡氏豆腐作坊公私合营改名为闻堰水作社，成为潮冲池东端首家集体单位。其间，该村农户还利用潮冲池的水质敷豆芽菜，成为一项收入颇丰的副业。

1971年，为巩固西江塘，增添闻堰老街营商场地，闻堰公社管理委员会决定利用钱塘江疏浚航道，用江内淤泥充填潮冲池，得到钱塘江管理局的支持。淤泥通过管道直接冲入水池，历经一年左右的江涂充填，潮冲池成为平地。

1973年春季，闻堰公社与供销社一起利用该平地举办商品物资交流会。翌年，潮冲池南端池沿先建造闻堰建筑工程队办公楼，池面部分成为构筑水泥预制品场地。池面填充十年后的淤泥经过沉淀比较稳固后，潮冲池兴起了一股建设高潮。紧靠闻堰建筑公司的土地被闻堰信用社（闻堰农商银行前身）看中，建起了营业房。在此对面，闻堰供销社建起三层楼的钱江大楼，底层开设棉百部和饭店，二层为旅社。

1982年，连着钱江大楼北端，闻堰邮电支局建造营业房。又向北延伸，闻堰合作商店新建营业房；紧挨着，闻堰粮站建起营业房和储粮仓。由此，闻堰老街下埠由南到北三百余米的街道被称为新市街。粮站东面还是潮冲池的范围。

1983 年，闻堰镇政府建了两幢三层办公楼和食堂；1985 年，在镇政府办公楼南又建起八百一十八平方米的闻堰镇联合中心幼儿园。

　　1994 年，闻堰建筑公司的水泥预制场搬迁，该地被萧山工商局看中，与闻堰镇一起建成五千六百零五平方米的杭州萧山闻堰消费品综合市场，上层经营小商品，可设摊位五百个，下层设立家禽、熟食、水产、咸腊禽蛋、水果、肉类、面食、菜蔬等十八个类别四百多商品摊位营业场，俗称闻堰农贸市场。同年，闻堰粮站营业房改建为面积达三千五百三十六点九五平方米的针织服装市场。

　　2006 年，闻堰粮站仓库场地改建为面积近二千平方米的温美鞋服大卖场，整个潮冲池的池面全成了闻堰老街繁华的商贸经营市场。

　　百余年沧桑巨变。潮冲池，因害而生，又因商而荣。它虽失去了清澈的池水，但却在民间留下千古不变的名称和深刻的记忆。

◨家住水边

陈于晓

一

　　钱塘江、浦阳江、富春江三江在这里一汇，荡漾出了粼粼波光的闻堰，也许，在水雾弥漫的日子里，闻堰的人家，都是可以叫作水居的。漫步在三江口，无来由地就想到了"渔舟唱晚"。但其实在三江口，我应该没有看到过"正宗"的"唱晚"，比如，夕阳下，渔归时的片片白帆，以及那一船一船的"鲜蹦活跳"。也许这些，都已经属于早年的风景了。如今，三江口的水面空旷着。

　　行走在三江口，我在寻找着老闻堰的足迹。据说，早在明代，闻堰就开始被誉为"三江活码头"了。想来，旧时的水面，或许比现在要更浩荡一些，只是那时船来船往，帆樯林立，看上去，视野可能会"拥挤"上许多。在旧年，人们出行，大多依靠的是水路。资料上说，作为重要的水上通道，闻堰曾经有沙渡、潭头、上沙渡、闻家堰四个渡口。

　　其中最有影响的，要数闻家堰渡口，很多年里，它都是闻堰、富阳东部和西湖区袁浦、周浦等地民众相往来的重要水上通道。闻家堰渡口，是在清雍正年间设立的，这一段渡口，江面宽阔，水深流急。我想象不出当时的渡船是怎样的，总之应该是比较"简陋"的那一种。因为经常有事故发生，在雍正十三年（1735）还增加了一艘救生船，配备了八名水手。从闻家堰渡口设立，到后来数次移建，这条往来于两岸的重要水上通道，大多由闻堰对岸的袁浦人经营。手头有个数据，也许可让人对渡口的"兴衰"窥见一"斑"：1995年，日渡客量在两千到三千人次，而到了2009年，日渡客量已减少一半。

除了客渡，值得一提的还有之江汽车轮渡。这一轮渡位于潭头自然村西江塘临江处。1992年，闻堰、袁浦两地政府和钱江航运公司三家组成"之江轮渡股份有限公司"，于1996年7月建成并通渡。通渡后，每日往来车辆达两千多辆次，高峰时曾经达到四千多辆次，足见当年轮渡的繁忙了。到2003年，钱江五桥（袁浦大桥）通车，轮渡便停运了。

二

时间如三江口的流水，总在消逝之中，也总有一些事物，被流水带走了。比如，当年码头的繁华，也早已不再。但借助想象，时光里的码头，或许在依稀之中，是可以还原一些的。

闻堰客运码头，位于西江塘大埠头处，开设于清光绪三十四年（1908）四月。当时，惠通钱江商轮公司开设了从杭州经闻家堰至桐庐、临浦的客运。也就在这一年，义桥人韩子林和宁波人郑宜亭联合，开辟了杭州经闻堰至义桥的航线，后来延伸至临浦。这之后，随着多家轮船公司和个人的加入，航线和航班越来越多了。但在抗战时期，航运受到了很大的影响。1950年，由义桥人韩复初开办钱塘机船交通商行，经营杭州经闻堰至义桥的航运业务。1956年，钱江航运行业实行公私合营，建立浙江省轮船公司钱江公司，杭州至桐庐、临浦、下山湖、诸暨的客运全面恢复通航。

从闻家堰出发，走水路，可谓四通八达。从20世纪80年代开始到90年代初，每天往返闻堰的旅客，曾经多达四千多人次。若是能够穿越到那些年，我在想，即便没什么事，我可能也会去坐坐轮船，赏赏风景。比如，坐在船头，看看钱塘江的江阔水低，抑或江阔天空低，看看水鸟如何从水天一色中振翅而来，或者，哗地从眼底下掠过，消失在水天一色之中。如果朝两边望，还可以欣赏两岸参差的人家，以及淡淡升起的炊烟。当然，这得取决于有无那种宁静的心境，倘若是为了生计在水路上奔波着，就没有这份"闲情"了。但是这些，现在都属于我的"空想"了，早在1993年，钱江客运就停驶了。

即使你能拿到一张旧船票，估计也登不上旧年的客船了。其实我挺向往的还有内河航班。说是向往内河航班，其实我所钟情的还是夜航船。旧时，从闻堰出发的内河航运，也是挺发达的，闻堰建有塘方河兜、里河兜等内河码头。据说，早在明末清初，闻堰内河埠头（塘方河兜）就有运送旅客的夜航船、埠快船，往返于萧山、西兴、绍兴之间。1949年以后，闻堰的内河航运，由萧山航运公司经营，直到20世纪90年代初期，内河航运才慢慢地退出了历史舞台。

老辈人说，在旧年，还会有绍兴人划着乌篷小船，到闻堰来揽客，有钱人可以租个乌篷，一路游玩到绍兴。我在想，也许将来有一天，或者是出于旅游的需要，夜航船可能还会回来，那样，我们就可以坐着船，看月亮或者星星，听虫啼或者桨声了。

除客运之外，当年在闻堰，货运一样地在喧闹着。各样的船只，云集在三江口。毛竹、木材、砖瓦、石灰、烟叶、酒浆、水产、土布、大米、烟糖……各种货物应有尽有。这是光与影中的三江口。1994年底，闻堰还建成了闻堰货运码头，年吞吐量在六十万吨左右。当时，杭州龙山化工厂、杭州电化厂及一些企业单位所需的工业用盐、焦炭、石油、矿石、钢材等，都在这里卸装，颇为热闹。2003年6月，出于保护饮用水源的需要，码头停止了运营。

外江船、开艄船、罾袓船、瓦泥船、机拖船、挂桨船……这一刻，我在水灵灵的闻堰走动着，想象着这些机动和非机动的船只，当年在水面之上活跃着的场景，真有些感慨万千了。

三

如今，在闻堰，内河涝能排旱能灌，坚实的西江塘，似乎也早已把滔滔的钱塘江"驯服"了。但在历史上，水利往往也意味着水患。住在水边的人们，在享受流水所带来的各种便利之时，心头也不免总存着一丝忧虑，保不准哪一天就闹了洪水。而洪水的可怕，但凡经历过的人们，往往是心有余悸的。

西江塘，因位于萧绍平原西端而名，自西兴而南，经过长河、闻堰至临浦麻溪为止，从小砾山到半爿山为闻堰段。据

钓沉·记忆

《萧山水利志》记载:"唐代中后期,西兴到冠山、半爿山江塘已具规模。"依水而生,要怎样与水相处,往往考验着人们的智慧。水利与水害,往往也是相伴随的。与其他江塘一样,屡毁屡建也贯穿着西江塘的历史。

远的不说,仅仅 1949 年以后,闻堰段西江塘还多次出现过险情,比如 1955 年 6 月 17 日至 21 日,1969 年 6 月 28 日至 7 月 7 日,1997 年 7 月 6 日至 9 日。其中 1997 年的"七九洪灾",因为当时我也在现场,记忆特别深刻。当时萧山境内连降暴雨,加上浦阳江、富春江上游,雨量同样很大,又正值钱塘江大潮汛期,钱塘江水位猛涨。记得有位水利系统的老干部说过,每到汛期,只要听到大一点的雨声,心里就会忐忑不安,看到江水上涨,心就一点点地往嗓子眼提。据闻堰水文站监测,9 日 7 时,水位已达 9.89 米,超过危险水位 0.39 米;到 11 日零时,水位一度达到 10.18 米,此时依然暴雨如注,西江塘险象环生;直到 11 日晚上 9 点之后,水位才缓缓下降,人们才长舒一口气。在这水位持续高涨期间,有多少人的心都提到了嗓子眼。江堤上,到处都有着干部群众和部队战士抗洪抢险的身影,灯火彻夜不息,大家在死守江塘。那种场面,我现在回想起来,仿佛还历历在目。

在相关记载中,从唐代开始,历代都对西江塘的修筑十分重视。如何彻底解决西江塘的水患隐忧,一代代人都在努力。随着科技和经济的发展,人们越来越有"办法"了。在闻堰,"拆建闻堰街,加固西江塘"的目标,是在 1971 年提出的,经过将近三十年的时间,闻堰先后分六期拆除了原先建在西江塘上的三万多平方米房屋,终于将街市搬迁到了江塘内侧,这为根除江塘隐患扫清了障碍。1997年"七九洪灾"之后，又一次加大了投入，1998年，闻堰境内的西江塘，建成了百年一遇的标准塘，但仍然有一些不到位之处。2008年，又采用高压摆喷水泥浆，防渗漏加固了堤身。至此，江塘就有了巍巍的模样。大堤坚固了，保了一方平安。

位于小砾山北侧的西水东引闸站枢纽工程，于2005年11月建成后，更是提高了萧山城区和蜀山平原的排涝能力，也有效地改善了萧绍平原地区的水环境。自闻堰流出的一脉清水，静静地滋润着大地与生生不息的炊烟。

闻堰有座莲华寺

朱文俭

萧山闻堰文明久远，文化古迹众多，建造在老虎洞山腰绝壁上的莲华寺当数其一。

老虎洞山与越王城山联袂于湘湖西北，山高不过二百余米，在环湖众峰之中，可谓秀而不娇、幽而不露者。老虎洞山脚有个村子叫老虎洞村，直到走近村边，越过民居屋脊才能远远望见山腰处有庙宇楼台杂然壁立，红墙黄顶或黄墙灰顶，影影绰绰。

沿着村中一条小巷走到村尾，就可以看到上山的台阶。台阶由碎石水泥浇筑而成，平正整齐，两旁树木葱茏，绿荫遮道。上山路径紧贴山壁蜿蜒而上，时陡时缓，时阔时狭。

对于极少登山的人来说，沿着山径紧跟别人的步伐并不吃力，更何况爬上十几分钟就有一个凉亭供人歇脚休息。第一个亭子题额为"觉海亭"，门两旁对联曰"佛已悟之众生，众生未悟之佛"，虽不甚工整，但人能明白。驻足品味一番，又向上攀登。台阶变陡，路径更加曲折，苍松翠柏夹道而立，抬头仰望，不远处又一亭子在前路等候。

过了三江亭，绿树梢头露出一片红黄，莲华寺就在眼前了。

天王殿扼守入寺要道，殿内四大天王如守城大将，怒目圆睁，威武雄壮。穿殿拾级而上百步，石板路忽分左右，往右有一宏大基础，上面并无建筑，同行人说此处将恢复七层千佛宝塔，与东南先照寺一览亭、西南杨岐寺三江宝塔构成遥相呼应之势。往左是钟鼓楼，紧靠山崖，凌空而架。再往左是文昌阁，曲曲折折又过大雄宝殿、圆通宝殿、李氏娘娘殿、元师殿，挤挤挨挨，分不清西东，更分不清门派。

整个莲华寺建筑群紧贴山崖，依山随势，错落有致，气势恢宏，赫赫一座"江南悬空寺"。当站在大雄宝殿前的平台上时，这种悬空的感觉越加明显。环顾四周，寺院在山腰绝壁之上，左右有山峰怀抱，郁郁葱葱的树木掩映其上，只留西南一处供人眺望。俯视其下，槛曲萦红，檐牙飞翠；又见山脚下屋舍俨然，烟火万家。极目远眺，钱塘、富春、浦阳三江交汇，岸绿沙白，水天一色；江岸至老虎洞山，高楼林立，道路四通，车流不断，一座现代化新城拔地而起。

外游者之见，莲华寺在闻堰城中，闻堰城在莲华寺下，寺和城浑然一体，是一道美丽的风景线。而内观人心，莲华寺又不仅仅是闻堰的一道外在风景，更是闻堰人心中的圣地净土，是闻堰人向往的世外桃源！

我们到访当日，正值寺内举办一场隆重而盛大的水陆法会，萧山境域众僧尼居士齐聚莲华寺，设内外坛讽诵莲华、华严诸经，为普度六凡众生，令一切有情皆得解脱。寺院上下一片繁忙景象，我们一行无缘结识本寺大和尚，但院方还是派佛缘法师在讲经堂接待了我们，介绍莲华寺历史掌故，并带领大家参观诸殿。

据佛缘法师讲述，莲华寺初建于南宋开庆元年（1259），清道光年间重建，时称莲花庵，曾兴隆一时。抗日战争时，因日本军队强占并在此筑堡，尼师逃尽，香火断绝。1986年，当地佛弟子韩根花募捐建起了圆通宝殿。其后，她行佛陀净行十三年，厉行节约，捐助十万之巨，与众乡亲逐年恢复修建了三圣殿、天王殿、大雄宝殿、元帅殿、钟楼等。其后，讲法者渐增，香火日盛。1998年，经杭州市人民政府批准，莲华寺再次开放。

莲华出污泥而不染，清净微妙，诸经论中常以之为譬喻，以其香、净、柔软、可爱四德，喻法界真如之常乐我净四德。佛菩萨也大多以莲华为座，因此，我国有许多以"莲华"命名的寺庵。

莲华寺另有一历史掌故，寺后的山崖上有一条只可侧身攀爬的石径，约百步，尽头处有两巨石上端相接，下有逼仄如斗小穴，只容十岁小孩匍匐爬入，其形如虎口，此山遂命名老虎洞山。又相传，越王勾践在此遇见猛虎，而虎大吼三声离去，越王于是就在这山洞中卧薪尝胆，训练兵马并最终复国。明代刘宗周撰联为证："此地曾传尝胆事，我来犹忆卧薪人。"

一座寺庙历经近千年，反复毁而建，建而毁，真实地见证了当地历史的兴衰，见证了传统文化的韧性。如今，我国经济繁荣，传统文化理当昌盛，而文化和信仰密不可分，文化和信仰又确立了个体的人生意义和价值标准，也成为个体毅然前行的巨大动力。

闻堰的幸运是有座美丽的莲华寺，它是三宝在世间的安住地，是佛教信众顶礼膜拜之地，是净化众生心灵、慰藉神识之地，更是俗世的人们旅游观光的好去处！

见证日军侵华历史，闻堰大艹山"藏"着五座碉堡遗址

孔吾生 讲述　谢君 整理

　　题记：碉堡是军事上的防御建筑物，大多是战争年代的遗物，在萧山境内，它们是日军侵华的见证。历史可以远去，但不可忘记。2020 年 5 月 25 日下午，为了探究闻堰大艹山碉堡遗址的由来，本人走访了闻堰街道山河村村民孔吾生，孔吾生现年九十五岁，是大艹山碉堡修建的亲历者，是现今对这些碉堡了解最多的为数不多的老人之一。以下记录，根据孔吾生的回忆整理而成。

　　这些碉堡是日本兵留下的。农历十二月里，我印象是十二月十四，阳历 1940 年初，日本兵打来，打来时正赶上大雪天，那年天气最冷，是雪下得最大的日子。听说驻在杭州的日本兵在围垦六百亩头登陆，利用大雪掩护，偷渡钱塘江，占了萧山县城。没过几天就从县城打来了，从黄昏打到天亮，天亮以后，义桥罗墓畈方向也有大炮声音传来，日本兵从后方包抄，中国兵就撤退了。中国兵死了不少，我听人讲，刚接触时，在山河

村里畈池的木龙桥头，驻守的中国兵看见日本兵，以为是自己的部队，跟对方打招呼。于是，日本兵率先开火，一下子打死了五个中国兵。

日本兵进村，有鬼子和汪伪兵，我见到了几百个，头上戴铜盆帽，腿上打的绑腿。有个汉奸翻译在喊："前面中国军队的没有，后面的快快上来。"然后，这个人找保长，叫人去通知保长，准备欢迎大日本兵。

日本兵到来之前，有飞机跑来撒发传单，让老百姓待在家里。当时门外雪白雪白，一脚跨出门，雪齐膝盖头，雪太厚了都没有办法跑，只好待在家里。听说有人跑出去，路上给鬼子遇见，当中国兵打死了。没有跑的都没有死。但鬼子部队很坏，为了抢金戒指，把当地一个女人的手指砍了下来。

日本兵侵占闻家堰后就待下来，一待待了五六年时间。闻家堰是三江口——浦阳江、富春江、钱塘江三江汇合之地，水陆交通要道，抗战期间是个大码头。日本兵侵占闻家堰后，就驻扎了兵力，闻家堰成了日本兵的地盘。中国兵退到义桥、临浦，当时小砾山以南，是中国兵的地盘。两个地盘之间，就是双方打仗的前沿阵地。

为了长期控制闻家堰，鬼子开始修碉堡，大爿山是闻堰镇东面的制高点，站在山冈上四周一览无遗，成了碉堡修造的理想地，一修修了五座，有大有小，相距不远。当时鬼子修碉堡，每保每甲都要出劳力，一户人家两个男劳力，就要抽去一个修炮楼、挖战壕。不去不行，鬼子来抓你，胆敢违抗，就要杀头。修建碉堡时，我才十四岁，也被充作民工去搬砖。一根青竹棒，两条稻草绳，挑五六块青砖，挑到大爿山最高那个山头，我们村里叫凉帽峰，在电厂那个位置的上面。那些青砖，我印象是城西湘湖那边的砖瓦厂生产的，是五分头砖，薄砖，没有现在的红砖厚。装上船只运输过来，当年鬼子挖宽了湘湖到东山陈村的河道，小河变成了大河，在东山陈修了船埠头。青砖运抵船埠头，鬼子就叫人挑砖，最初一段时间挑到山上，后来挑到山脚下，从山脚到山上递砖，一直递到山顶修碉堡的地方。山路上排队的人群，都是鬼子强拉的苦力。为了修碉堡，鬼子到处抓老百姓。

鬼子碉堡修了一年多时间，大爿山整片山沿线的荒凉山头上，修了五座，现在它们是萧山现存规模最大的日寇碉堡遗址。最高最大的一座在凉帽山峰下，从凉帽山西面下来几十步有一座，再下百十步有两座，再下百十步有一座，山上还有一座营房。现在完好无损的整座碉堡没有了，都是碉堡的残骸，上层平台、瞭望台都损坏了，一块块青砖让村民上山取走了。早些年农村建房缺少材料，上去用榔头敲一敲，砖就敲打下来了。这样就毁了，保存下来的是碉堡的下部建筑，大半个身子都在杂草丛里。有一条战壕还在，百十米长，虽经几十年风雨冲刷，但沟壑依然清晰，可见当年所挖的深度。

当年那些碉堡非常坚固，从山下望去像只大乌龟趴着，碉堡为圆柱状，直径三四米，高有两层和三层。顶上设有瞭望的口子，上下排列射击孔。黑洞洞的枪眼虎视眈眈，对准西面山下的公路。碉堡里不但有机关枪，还有大炮、迫击炮，打炮可以轰到义桥傅家山，落弹非常远。

鬼子的碉堡除了修在山上的，平地上也有，矗立在东山陈村里也有三座，鬼子语言不通，把陈字当作了城。在闻家堰街上也修了好几座，塘坎头、西汪桥都修了碉堡。当年闻堰一带，鬼子碉堡有十多座。这样，依托碉堡工事，日本兵从东西两面把守了闻堰境内的陆路交通要道。江上日本兵有快艇，也是日本人的天下。

有了碉堡，就有了枪炮的轰鸣声。日本兵盘踞在碉堡里，居高临下，监视着中国人的动静，西南面的村庄就经常遭受鬼子的枪炮骚扰。打仗时，村里很多人就被鬼子拉去做挑夫，往山上背炮弹，一颗炮弹有热水瓶那么大。我人小，一次只能背一颗。背炮弹我给鬼子拉去两回，一次在下午，一次在黄昏时。下午那次没有逃回，黄昏那次趁天黑了就逃了回来。

我当时就看到了打仗，非常惨烈，中国兵的鲜血洒满了山坡。有一次，中国兵来夺回闻家堰，夜里突进，悄悄摸来，冲到铁丝网前就吃了亏。碉堡前面有一条米把宽的战壕，拉了铁丝网，中国兵爬近铁丝网，破坏铁丝网，鬼子的轻机枪就横扫，嗒嗒地响起来。很多人都被打倒了、打死了，壮烈殉国，打到天快亮，拂晓白光出来，中国兵就只好退了。

日本兵在闻家堰几年，老百姓没办法过日子。碉堡修建后，周围有封锁线，田不能耕，人不能进，越线了就开枪打死。鬼子驻在这里，要这要那的，你说没有也要打死。村里的姑娘，不敢穿着打扮，脸上还要抹得烟灰。闻家堰这里有两个村子，一个叫东汪，一个叫华家洞，这两个村给日本兵搞了"三光"政策，村烧了，人逃光了。两个村庄都是夜里烧的，火光冲天，哭喊声一片。我们这里有句话，叫"日本佬过江，东汪泪汪汪"，讲的就是这个历史。东山陈村当年是日本兵驻军所在地，也烧毁了一部分房子。反正，那是一段中国人的黑暗岁月，没有人家不遭殃的。

　　我那时年纪还小，年年要到碉堡周边给战壕、铁丝网割杂草，还得穿上鬼子的军服，见到了鬼子还得低头鞠躬。反正，大爿山上的碉堡，都是日本人侵略的罪行，那个年代我亲身经历了。八十年光阴过去了，萧山抗战时期的碉堡越来越少，作为一段血与火的历史见证，这些碉堡留在山上应该好好保护，展示给后人，让历史告诉未来，不忘国耻，更加珍惜今天的生活。

老街剿匪

裴浩明 整理

　　闻堰老街，水陆交通便捷，商贸兴盛，也带来了人员混杂、治安复杂的弊端。尤其是民国后期战乱繁多，滋生了许多地痞流氓，形成了不少土匪组织，日夜扰民抢劫，老街百姓苦不堪言。加上浦沿、义桥、袁浦等附近乡镇的匪首也常混迹闻堰。那时，闻堰老街常有火光剑影，烧杀抢掠，甚至多次出现人头悬挂街头的血腥场景。惊吓得许多百姓只好出钱"拜先生"，讨好匪首求平安。闻堰老街人心惶惶，一派乌烟瘴气的景象。

　　1949 年 5 月 5 日，人民解放军以雷霆万钧之势由北而南到达闻堰，吓得国民党官兵屁滚尿流，仓皇逃逸，闻堰获得解放。老街获得新生，百姓脸上挂上了笑容。可是国民党残余势力不甘心退出历史舞台，总要垂死挣扎。闻堰人民新政权建立初期，隐蔽在闻堰老街活动的土匪还有"钱江南岸联防指挥部"王文熊、谈坤部，"国防部三八六一部队二路指挥部钱江南岸行动支队"，等等。他们负隅顽抗，垂死挣扎，猖狂进行秘密活动，严重扰乱社会治安。1949 年 8 月 18 日，还发生了袭击闻堰乡人民政府，杀死平民和伤害税务干部，妄图谋害乡长马道正的惊人事件。为了人民新生政权的巩固和百姓的安宁，1950年初，一场势如破竹的剿匪反霸斗争在全国范围内展开，闻堰老街也发生过一次惊心动魄的剿匪活动。

事情还得从1949年4月底说起。那时杭州即将解放，国民党国防部天目山挺进纵队，对外番号为三八六一部队（即民国三十八年6月1日组建）。该组织为在杭、萧、诸铁路沿线一带与人民解放军做最后顽抗，委派当地匪首蒋丁文、杨继震等在杭州组织了个"己丑兄弟会"。不久杭城解放，蒋丁文等见势不妙南逃广州；留下的"己丑兄弟会"这个反动组织还设有五路指挥部，其中第二路指挥部设在闻堰老街，活动范围为闻堰、义桥、河上一带。1950年农历正月十四日，指挥官杨继震潜回闻堰老街，委任当地的陆子铨（陆士荣）为二路指挥部副总指挥，并先后发展土匪成员四十七人，他们积极搜集人民政权内部情报，计划夺取地方兵和乡政府枪支、抢劫粮食。

1950年3月，萧山县公安局相继得到戴村、临浦两区群众的反映：该地有散匪活动，要求派员侦查剿灭。县公安局即派侦察员石康华、陈煜珊去了解匪情，得悉4月28日这部分土匪会集中在闻堰老街陆林浩家开会，县公安局领导决定利用这一难得的机会，派员一次全歼这股猖獗一时的土匪组织。

陆林浩家坐落在闻堰老街上埠（现闻堰水文站处）。该住房三面临江，正大门开在北面临街处，有一个后门在住房西侧。这样的地理位置，如贸然行动，会事倍功半，唯有里应外合、智取方可全胜。于是决定利用该部成员张××、邵×为关系人，派侦察员刘邦俊打入内部。4月28日上午，天晴气爽。戴村、临浦两路土匪先后来到闻堰老街，侦察员刘邦俊也扮成戴村方面的"土匪"进入陆林浩家开会。其余的公安员扮成客商，分别把守陆林浩住房的前后门，听取刘邦俊摔碗行动信号，随即闯入擒匪。起初，陆林浩对侦察员刘邦俊做了盘问，侦察员刘邦俊沉着应对，在本部成员张××、邵×的帮腔下顺利过了关。上午十时，各路人员做了情况汇报。侦察员刘邦俊发觉二十三名成员中有位杭州城来的是该组织的头头之一。十一时左右，准备吃饭，侦察员刘邦俊有意挨坐在杭城过来的匪首附近，以便控制局面。一个多小时后，土匪们都喝酒有了醉意时，侦察员刘邦俊借口上卫生间，先悄悄打开后门与守候在外的同事使了个准备动手的眼色。随即回到饭桌上，借向各位敬酒之时，侦察员刘邦俊猛地把酒碗摔在地上，控制住身旁的匪首后说："有劳大家了！"守候在外的公安员听到这一动静，迅速掏枪冲进屋内，大声吆喝："不许动，把手举起来！"仅仅十分钟时间，除陆林浩溜走出逃外，其余二十二名匪徒当场被擒。

隐藏在闻堰老街上的毒瘤圆满铲除，闻堰老街从此充满阳光，百姓闻讯拍手称好，齐声称赞：侦察员刘邦俊不顾个人安危为民除害，是"萧山的杨子荣"。

四十九年前的闻堰老街

金阿根

剪辑一段时光，回忆旧时风景，我在钱塘江边的闻堰街头徘徊，在冬天的寒风中，寻觅当年的老街和我在这里留下的足印。

闻堰老街坐北朝南，面对钱塘江，称之西江塘的堤坝，沿着堤坝蜿蜒着东西向展开。堤塘上，外侧是用长条石砌成的围栏，内侧是一座座、一排排砖木结构的老屋，青砖黛瓦粉墙，有点斑驳陈旧，店面的木排门和木栅栏，显得古色古香，充满徽派风格。青石板铺成的路，有被雨水洗涤和木屐摩擦的痕迹。虽然街面不宽，却是人来人往，热热闹闹，早年间的茶馆、餐饮、旅社、铁匠铺、木作店、缝纫店、米行、油坊、南北果品、水产鲑鲞，一字排开。街面房里的主人，在冬天没有风的日子，在门前的阳光下，沏一壶茶水，脚下放一个铜火镬，享受着悠闲的生活；夏天的晚上，阵阵江风吹来，一条毛巾，一把蒲扇，躺在竹椅上，白日的劳累早已消失殆尽。

堤内也有一条东西向的街，想必是 20 世纪 70 年代才有的吧，我也不去考证。街不长，主要就是一些二轻企业和供销社门市部。而它的北面有一条内河，河面不宽，长满了革命草，仿佛是一条界河，南岸是城镇居民，北岸便是农村农民，叫朝红大队，当时的公社卫生院也在那里。

认识闻堰近半个世纪了，1972年7月1日党的生日，女儿呱呱坠地，次日我去县工业交通局报到，分配在城厢办事处，分管城北、城南、城厢两区一镇四十多个县属集体企业。班子建设、人员调动、招工、临时工转正、劳动工资、劳动定额、企业整顿、管理制度等工作都在我的职责范围内，所以得经常下基层。

第一次下基层就是去闻堰，是我们办事处韩主任带我去的。那时交通不便，我俩各骑一辆自行车，从长河、浦沿、过潭头上江塘向东便是闻堰。夏天的早晨，清风习习，满眼景色，一路说着话倒也不觉得累，那时我还只有二十七岁，人家都叫我小金，从萧山骑到闻堰根本不当回事。韩主任对我介绍的，除了闻堰机械厂（后为滤清器厂）、被服社（后为衬衫厂）、印刷厂、船社、篷索社等企业外，最多的还是江鲜，说从钱塘江捕捉来的鱼在江边码头销售，还活蹦乱跳新鲜得很，价格也便宜，一二斤重的鳊鱼三角多钱一斤，还有银鱼、鲥鱼、包头鲢鱼更便宜，清蒸也好，红烧也罢，鲜得你掉落眉毛，如果宿一夜，早上起个早可以买了带回萧山城里，就这样一路唠叨，倒也不觉得累，只是被他说得垂涎欲滴。

办事处有五个人员，数我最年轻，又是部队刚退伍回来的，下乡蹲点的事当然最多。特别是整顿企业，调整撤并，领导班子配备，完善工资结构，实施定额加超产奖，等等，下去蹲点常常十天半月甚至一两个月。闻堰因为企业多、规模小而需要撤并和产品定位，工作量大，蹲点次数多、时间长。后来熟悉了路径，大多是骑车走湘湖，过湘湖农场向西就到闻堰镇。记得当时带着从城厢镇某厂抽上来帮助工作，和我年龄相仿，同时入伍在一个部队的战友，那次是冬季，我们在塘上老街的旅社里住宿。夜里江风吹来，一阵阵寒意袭人，只得放下帐子抵挡一番。那时的人，似乎特别能吃苦特别能战斗，好在两位上了年纪的服务员嘘寒问暖，心里也就暖和了不少。再说闻堰公社的领导对我工作的大力支持，还有品种繁多的江鲜，并未感到工作有多少苦和累。

岁月如歌，春夏秋冬，不知不觉，时光流逝了近半个世纪。苍老了人生，扮亮了街镇。改革开放后，城镇建设突飞猛进，一座座新城，一条条新街，车水马龙，热闹非凡。而我去闻堰的次数自然没有当年那般频繁。旧貌换新颜的闻堰，使我感到渐渐陌生了。对于我，轻轻翻阅尘封的记忆，打捞那些美好的往事，穿过时光的隧道，回忆中自然有阵阵暖意。那些曾经熟悉的地方，曾经的繁华和特色，以及当年的闻堰老街，永远刻印在心头……

闻堰老街话沧桑

汪新章

　　闻堰真正的老街原本在塘上，后来国家下令防汛护塘，店
铺才逐渐向塘里发展。从上埠头的木材行到下埠头的邱家绳索
作坊，中间大多是口杂店、南货店、水果店、酱园，中药铺也
有好几家，我记得的就有卫生堂，单间门脸，一个伙计，是王
先生开的。那时小孩没零食吃，进去买二分钱甘草，可嚼半天。
还有一个特殊行业叫过塘行，下游潭头也有。业务是将钱塘江
上物品转到内河运输，但两者所运物不同，闻堰转运的是货物，
潭头转运的是魂归故里的灵柩。还有两家不在老街却赫赫有名
的烟行，宝盈桥头是黄金龙，曾捐资建造了闻堰镇中心小学，
建筑物四周墙基条石上都镌刻着"黄金龙造"。下埠头离邱家绳
索作坊不远是张传雄，是个大胖子，却生了个漂亮玲珑的囡，
号称"白牡丹"，闻名全镇，这两家都是闻堰富商。

　　街头摊贩中有一个叫"阿生跷子"，手足都残疾，口齿不
清，说话似口含胡桃。左手臂挎一竹篮，手指头夹着零钱，沿
街叫卖香烟。买一盒可，买两支也可，若有人犯烟瘾，没钱，
赊也可。就是这么一个残疾人，脑子灵，精算计，会赚钱，还

放债，每天行走街头，成了老街一景。

塘里染店埠头还开着一家闻堰最大的商铺——供销合作社。中华人民共和国成立前夕，国内通货膨胀，物价飞涨，经济崩溃，民不聊生。共产党替老百姓着想，为平抑物价，解放初即在各地筹建供销合作社。农民只要出一元钱即成股东，发一本社员证，购物享受优惠。只要进供销社大门，油盐酱醋茶，米布烟酒鲞，什么都有，简直像如今的大超市。所以，供销社很受农民欢迎，生意兴旺。

闻堰供销合作社初始主任孙怀源、副主任陈来潮，都是东山陈一带人。职工有二三十个，如李汉如、倪达恩、蒋锦霖、孔永泉、孙水源、孙伯雄、孙取侯、沈幼堂、沈柏根、王行传……当时货源在萧山，采购员来连樵每天骑自行车跑一趟萧山。如进大米，从萧山水路运到供销合作社左侧的河埠头，当地有一个运输队，十几个精壮的汉子，扛着二百斤大米的麻袋包一路小跑进社里售米柜，肩一抖卸下，到大门口领一竹签，再飞跑回河埠头，一船米几十分钟卸完，大伙凭竹签到账房当场领钱，立马扬长而去，到老街喝酒。

供销合作社还定期召开股东代表大会，征求大家意见，改进自身工作，以便更好地为农民服务。那时的店铺全年无休，如同今日的大超市，但职工无休假日，这与超市职工有调休不同，而职工情绪稳定，少有纠纷，大概与当年大局逐步安稳，人们经过历年战乱，盼望过上太平日子有关。

我是1952年十四岁进社的，同进的还有比我稍大些的吴来根，是社里账房老吴的儿子，他是独子，为好养活，迷信，左耳垂穿一银耳环当囡养，人也内向、腼腆。中华人民共和国成立后，破旧规，不叫学徒，称练习生，实际干的是大人活。月工资49个工资分。工资分是一种计算单位，当时1分值是0.2385元、工资11元多，刚够伙食费，第二年加到70个工资分，有了几元零用钱，我赶紧花1元多钱买10斤米送回家。因为当年出门时祖母叮嘱我：有钱时买几斤米回来，我也算吃过孙子的饭了。还买了一只喝水用的搪瓷杯。到第三年国家搞精兵简政，我就被精简回家，只好啃老了。工资分理论上是要浮动的，《浙江日报》每天都会公布当日分值，与如今公布汇率相似，而实际上三年来工资分值一直未变，可见当时经济的稳定。到1955年我重新参加工作，1956年8月被评定为行政干部二十四级，月工资41元，工资分的名称也成了历史。

那个年月什么人都困苦，贵为账房先生的老吴也不例外，不抽烟，但好酒，酒瘾上来，花五分钱买二两烧酒，到大门外羊肉摊上买五分钱羊肉，解馋。喝一口酒，飞快手捂口鼻，怕跑气。

弹指一挥间，70年一晃即过，上面提到的人大多作古，我也从青涩少年被岁月磨成发白齿落的垂垂老者。钱塘江上早已不见从新安江以船为家顺流而下的舴艋舟和从杭州鼓满风帆溯江而上的二道桅、三道桅船，老街繁华已成过眼云烟，供销合作社业务也已式微。如今满眼尽是高楼大厦、高架大道，且不说得天独厚的老虎洞下祖居东汪村已成湘湖旅游区，即便是当年建筑杂乱而充满我儿时苦涩记忆的燕斗孙村也变成美丽的小区。广大老百姓脱贫致富，过上了不愁吃穿、舒心顺畅的好日子。

经过寒冬的人才感知春日的温暖，从旧社会过来的人才深知今天幸福生活的来之不易。以毛泽东主席为主要代表的中国共产党带领穷人坐了天下，使中国摆脱屈辱的过去，跻身世界民族之林；习近平总书记带领全国人民走上强国之路，使中国在国际舞台上有了举足轻重的话语权。我少不更事时只在供销合作社工作了短暂的三年，但一直忘不了那段初涉社会的懵懂岁月，更忘不了解放初共产党为老百姓办实事的点点滴滴。

老街漫忆

叶 权

2020 年 11 月，欣闻闻堰老街一期改造项目正式启动，重点将打造江鲜文化主题街，老街即将迎来"新生"，重现当年的繁华，心中不免充满感慨。烟雨江南，流水人家，这是多少江南文人离乡多年后对故乡销魂蚀骨的依恋和情怀。我虽从未远离过闻堰，不曾有"梦中每迷还乡路，愈知晚途念桑梓"的苦楚，但心中总是留有一方魂牵梦萦、挥之不去的地方——老街。

其实现在的闻堰老街叫"新市街"，因 20 世纪 80 年代新建农贸市场而得名。闻堰人民记忆中真正的老街在西江塘上，分上埠和下埠。塘里塘外两排白墙黛瓦的民居，中间一条蜿蜒、崎岖的石板路，便是老街。

我生于老街，长于老街。人生路漫漫且修远，起点便是童年。大抵人第一眼看见的世界，便算是全世界了吧，老街就成了我的全世界。

记忆中，老街是那样的充满着浓郁的生活气息。每天五更，在桐庐班、富阳班（往返于杭州到桐庐、富阳的客轮）的汽鸣声中，沉睡一晚的老街开始苏醒。微浅的晨曦映射在浸透斑驳雨渍的白墙上，那是新旧时光的又一次邂逅。人们拿着牙刷、脸盆，三三两两地来到江边洗漱，新一天的生活就此开始。早起的长辈已经从下埠为儿孙买来烧饼、油条和豆浆。吃完早饭，大人上班，小孩上学，老人们或买菜，或做家务，或串门，太阳每天在柴米油盐、家长里短中东升西落，循环往复着。

那时小学在学堂道地，我每天是数着老街的石板去上学的。窄窄的老街，当年可算是交通要道，挑着菜担的，骑着单车的，拉着一板车氨水坛子的，甚至还有"突突突突"冒着黑烟的拖拉机……"收鹅毛鸭毛甲鱼壳""磨剪刀、戗驳刀（磨菜刀）"的吆喝声至今萦绕耳边。老街的石板路算不上规整，甚至有些杂乱。有些石板被岁月磨砺得如玉石般光洁，而有些却承受不住岁月的厚重，已然破碎、塌陷。到了雨天，这塌陷处便往往成了水坑，我们孩童是断然要从这水坑上踩过去的，裤鞋湿不湿，似乎不关我们之事，和着"啪啪"的水声，溅起的是水花，绽开的，便是童趣之花了。每忆及此，我的两只脚仿佛又踏踏实实地踩在老街的石板路上了……

提起老街，是不得不提"洋灰塘"的。洋灰塘是一条宽约四十五公分、高约六十公分的混凝土挡浪墙，约20世纪50年代修建，从上埠到下埠，绵延整条老街。旧时中国不产水泥，老百姓把水泥叫"洋灰"，于是就有了"洋灰塘"的叫法。幼时听过长城，却从未见过长城，便觉得长城定是如洋灰塘般绵长坚固的吧。长大后不禁为儿时的幼稚想法哑然失笑，但转念一想，长城抵御外来民族的侵略，洋灰塘抵御洪水江潮的肆虐，便又对洋灰塘肃然起敬了。我念书后每次放学回家，便会搬一国字凳和小板凳，坐在洋灰塘上写作业，现在想来真有"万般皆下品，唯有读书高"之势了。洋灰塘上最热闹的算夏天，傍晚拎来江水，往塘上一冲，放上竹椅竹榻，一把蒲扇，一只茶叶缸子，洋灰塘上便坐满了纳凉聊天的人。我们孩子照例是坐不住的，年长一点的猫下身子，再猛地往上一蹿，"嗖"地一下跳上洋灰塘，又"倏"地跳下来，在年幼一点的孩子艳羡的目光中，便自觉如电影中飞檐走壁、轻功了得的侠士般英武了。

新桥头转弯处，有一爿小卖部。小店卸下的木排门，是编了号的，一块块按顺序整齐地叠靠在墙上。油盐酱醋，香烟老酒，自不必说。让我们孩子驻足不前的，是柜台上那瓶瓶罐罐里馋人的小零食——麻饼、桃酥、鸡蛋糕……让人印象最深刻的，还是老板亲手做的各种糖果——牛皮糖、生姜糖、粉笔糖……不知是祖传还是自创的手艺，竟能如此的鲜甜，现在的食品厂是万万做不出来的。特别是各色形如粉笔的粉笔糖，拿在手上，让我们一会儿扮教书育人的先生，一会儿扮吞云吐雾的烟鬼，真是趣味横生了。

往下埠走，市井气息就浓郁起来了。上了年纪的老太守着她的香烛摊。剃头师傅忙着给老汉刮脸。药店设在大庙里，黑漆漆的中药柜台高高的，我是踮起脚尖也看不见堂倌称药的，只听得中药抽屉的抽拉声和戥秤有节奏地往纸上匀药的声音。渔具店是老街的特色，青绿色的渔网、蟹笼垂挂在店门口，店主戴着老花镜仔细地修补着手中的破渔网。塘上堆满了待售的水缸和农田灌溉用的水泥管子，这倒成了我们孩子捉迷藏的乐园，我们在管中像地鼠般钻来钻去，有的孩子爬到水缸中藏匿，所幸缸中是无水的，要不然"司马光砸缸"的故事定是要重演的了。染店埠头茶馆里坐的清一色都是老头儿，一壶茶，一支烟，几句闲话，便可打发一上午的光阴了。

大庙前一带是菜市。闻堰因地处钱塘江、富春江和浦阳江三江汇合处，水产资源丰富，故闻堰江鲜是十里八乡有名的。每天早市或晚市，渔民们的渔船靠岸，各种鲜鱼儿上市。除传统鱼种外，江虾、江蟹、刀鱼、银鱼、白条、箬鳎、土步……都是特色水产。特别是银鱼，因为形如细丝，我们当地叫"银鱼丝"，倒笃菜银鱼汤、银鱼炒蛋、银鱼蒸鲞，怎么烧都好吃。可惜现在银鱼产量急剧下降，只能渐成记忆中的美味了。年关将近时，染店埠头旁的新塘上是最热闹的。江对岸的袁家浦、周家浦农民将养了一年的畜禽担着，坐着轮渡过江来，阉鸡、洋鸭、白鹅、猪肉，这些都是小镇居民们祭祖请菩萨的福礼和正月里招呼客人的下酒菜。竹笼里的乳猪们一个劲地哼哼着，等待着它们的新主人。卖主吆喝着，买主还着价，鸡鸭鹅们引吭高歌，一场虽嘈杂但不失温馨美妙的交响乐奏响在江塘上……

江边用瓦爿儿打水漂，江堤上抓毛蟹，老水文站下的框架梁上走独木桥，爬上码头看轮船，新塘上挤二十二路公交车进杭州城……关于老街的记忆真是太多太多。好了，不再忆了吧；再忆，怕是真要落下些许泪来了，真怀念老街啊！

1997年7月，钱塘江遭遇特大洪水，西江塘大庙前段发生渗漏。1998年，为保障人民群众生命财产安全，老街被整街拆除，建成百年一遇的标准塘，老街从此彻底退出了人们的视野。

老舍先生在《想北平》一文中说道：真愿成为诗人，把一切好听好看的字都浸在自己的心血里，像杜鹃似的啼出北平的俊伟。是呵，我又何尝不想作一首诗，来道出心中对老街的爱，对老街的思念！可我终究不是诗人，只能用这些拙字来表达了。

老街的逝去曾让我莫名的失落与惆怅，但转念一想，人类文明的进程又何尝不是在一代又一代先辈们的创造与再创造的脚步声中滚滚向前的呢？这样一想，心中不免释然了。那时候江潮很疾，时光很慢；如今生活亦像潮水般疾了，希望本次改造项目能让我们的生活再次慢下来。旧的终将过去，新的定会到来，老街曾经温柔了岁月，唯愿我们的新生活亦能惊艳时光。

一张藤椅，一杯茶，面对一江春水，足矣……

邂逅闻堰老街

陆永敢

闻堰老街，一条位于"三江"交汇处的老街。富春江、浦阳江、钱塘江汇聚在这儿。悠悠江水，滔滔浪涌，千百年来一脉传承。蹉跎岁月，历经风雨，留下多少沧桑故事。一方山水养活一方人，一方山水振兴一方业，"三江活码头"是闻堰老街的美称。无论时代怎样变迁，无论经济如何发展，对于老街，人们总是以一种情怀、一种乡愁，恒久地铭记在脑海里、流淌的血脉中。闻堰，又名闻家堰，或许是这片土地的原始鼻祖姓闻，或许是这里的居民多为闻姓，或许两者兼而有之。在邻里富阳人的嘴里，曾经就流传这样一句调侃："萧山闻家堰、虾皮懒懒贱。"话语中有对闻家堰地名的佐证，有对这里江鲜丰盈的肯定，也有对当时贫困的嘲弄。

走进闻堰老街，纯属偶遇，那是很早很早以前的事。翻开记忆，有些依稀。20世纪70年代末，萧山为县，城北设区。区武装部组织全区武装民兵比武，地点选定在闻堰。作为全区迎来第一缕阳光的新街，到太阳最后收敛的闻堰，在以自行车为主要交通工具的年代，二十多千米的路途可谓遥远。一大早，参赛民兵每人佩带一杆"六五式"半自动步枪，全副武装，清一式自行车，从新街出发，沿古海塘，经城北、过西兴、跨长河、越浦沿、风尘仆仆，威风凛凛，按时赶到闻堰比武现场。根据规则，按照要求，队列、投弹、射击，过实招，显身手，一切顺利进行如期完成。中饭安排在闻堰老街。

骑着自行车，穿梭于老街之中。老街的阳光，温和地照射着略显疲惫的身躯，老街的风，不急不缓地吹着，带给大家一丝惬意。错落有致的街面，一览无余。有些已经破损，磨蚀了当年的风光。有些面貌依旧，经受了岁月风雨的洗礼，保存着历史的痕迹。弹花店前，门可罗雀，一弯弹弓、一张磨盘、一个弹花槌与一条牟纱篾，高高在墙上挂起，季节因素，生意清淡。豆腐摊前，依旧排列着剩余的豆腐干、素鸡、水豆腐，等待顾客光临。自行车修理铺，师傅忙碌的身影里，留下了"永久、凤凰、飞鸽"三大名牌的记忆。白铁制品店，传出"嘭、嘭、嘭"的击打声，从落料到成品的十几道工序里，呈现出白铁水桶的轻巧与耐用。卖冰棒的木箱子开始摆上街头。伴随着"嘀铃铃、嘀铃铃"的一阵阵车铃声，不远处，传来了"卖冰糖葫芦串"的叫卖声。一会儿，一位年长者掏钱付账，完成给小孩买下一串"冰糖葫芦"的交易，小孩儿取过"冰糖葫芦"，飞快绝尘，钻进了老街深处。

不一会，车队经过"江鲜一条弄"，这是一条专门交易"江鲜"的里弄，一条盛装丰富水产品的里弄。徜徉其中，仿佛看到了渔老大踩着碧水柔波，用一张张大渔网，捕获各种鱼类的景象，仿佛听到了各式鱼儿们在网中"扑通！扑通"的挣扎与呐喊。

每天清晨，街头还在沉睡，"渔老大"们已经醒来，早早开始忙碌起来，在这里点燃三江渔火，将昨晚捕捞的劳动成果，一齐搬上里弄。刀鱼、鳝鱼、黄颡、白条、江虾、江蟹，大的、小的，鲜活的，停止呼吸的，分门别类，以不同的价格，供人选择。

几去苍山岁月流，渔家海上度春秋；女儿面向朝阳起，男子身随汐水游。在出售"江鲜"的渔老大中，有老街本地的，也有富阳和西湖外籍的，更有祖孙几代在三江口"讨生活"的，他们在江里捕捞作业，来老街出售收获，换取日常生活开销，有些还要去生产队买工分，渔民们就这样度过属于他们的时光。

曲曲折折，弯弯绕绕，自行车队来到老街一处"五楼高、三开间"的"豪华酒店"前停下。门前的一棵老柳树，碧玉妆成，叶如细眉，枝绕指柔，牵绊住这里来去匆匆的春光。"昔我往矣，杨柳依依"，含情脉脉的柳枝，曲身鞠躬、弯腰点头，像是在欢迎我们的到来。

这是一家国营餐饮店，属于供销社所有。早上提供豆浆、馄饨、油条、馒头、面条等早餐。最早，光面九分钱一碗，就是现代的阳春面，菜面一角一分钱一碗，肉丝面一角三分钱一碗。中午就餐就在厅堂。餐厅里没有圆桌，摆放着六张八仙桌，四方摆开，东西南北二位一向，一桌八人，俗称"八仙"。

中餐安排很简廉。没有煎炸烹炒，没有色香味全，更没有"心云影映蒸双鲜，馈鱼退兵显眼前"。然而，一盆笋干菜烧"鱼鲃"，洋溢着老街"江鲜"的记忆与味道，至今记忆犹新。服务员热情介绍，"鱼鲃"是鱼类世界里，维护秩序的"警察"，以食小鱼为生，肉质细嫩、鲜美。味道确实不假，有嘴共尝，感觉一致。

　　饭后间隙，饭店负责人，看我们从外地来，到老街一回不容易，热情洋溢地介绍起闻堰老街，每天清晨，学校学生列队跑步，在老街上穿梭。天才刚刚亮，整齐的步伐踏着老街的水泥地上，发出了清脆响亮的声音。伴随着"一二一、一二一、一二三四"的口令声，像是一曲节奏明快的音乐，回荡在老街上空。这里出去的学生，也有走进北大、清华的呢！介绍时，那人带着一种自豪与骄傲。时光送走了一队学生，迎来了几位早起锻炼的老人，他们步伐慵懒，略显僵硬，但精神矍铄，散迈在老街上，迎来朝阳初升，领略四季风景。从春到夏，从夏到秋，从秋到冬，一年四季，从不间断。这是一条铭刻了他们记忆的老街，感受着多少年华，从这里悄悄流逝，多少代人，从这里走过悠悠时光，成为匆匆过客。老街，犹如四季的樱花，有过繁茂璀璨的喜悦，有过落英缤纷的悲伤。

　　一次邂逅，一回偶遇，一顿中餐，使我的脑海对闻堰老街留下了深深浅浅的烙印，成为人生中永恒的记忆。

忆起闻家堰

朱振娟

　　第一次听到闻家堰的名字时，我还很小，大概六七岁的样子。那天父亲从闻家堰老街给我带来两串糖葫芦和一个爬杆的小人，说是在那里说书时，一个听书的手艺人给他的，他如获至宝，连夜赶回家送给我和弟弟。

　　父亲口中的闻家堰，我当时觉得离自己很遥远，因为那里有钱塘江，有杭州至桐庐、富阳的轮渡，还有传说中的闻家堰码头。听我母亲说，我大姑婆就是从那个码头上船嫁到桐庐后，从此多年来未有音讯。

　　糖葫芦、爬杆小人、轮渡、码头……一连串富有诱惑力的事物让我萌发了想随父亲去闻家堰游玩的念头。父亲不会骑自行车，他说闻家堰虽说在我们白马湖村的隔壁，但中间隔了包家湾、傅家池两个村，抄近路走过去，也可能要半天，他怕累着我们，就没有答应。我和弟弟吵了半天，母亲拗不过我们，说去租个小三轮车，把我和弟弟送过去。我的心忽然敞亮了起来，那个传说中的闻家堰终于要展现在我面前了！

　　父亲说书的地方是在闻家堰老街，整排的二层楼木质结构房子。因为靠近钱塘江，房子的结构看上去都比较坚固，而且很紧密，跟别的地方的老街有所不同，至少跟外婆家的西兴老街是不同的。那些木质房子的中间有一处是码头，我想可能就是闻家堰码头。父亲带我和弟弟去码头上玩，轮船是从杭州南星桥码头开过来的，闻家堰码头只是个中间的停靠站，它们最终是要开往富阳、桐庐去的，我又想起了那位美丽的大姑婆！

多年以后，回老家看望父亲，闲谈中得知闻家堰老街沿江的部分全拆迁了，主要是为了保护钱塘江大堤，这些木质结构的房屋拆掉后码头两边就没有剩下什么了。

大堤后面有几条小街，虽然规模不大，但杂货铺、五金店、裁缝店，一个都不少。这就是我们后来看到的闻家堰，也是留在许多人记忆中最久的，贯穿整个人生二十多年的记忆。现在包家湾、傅家池和我们马湖村都拆迁了，但闻家堰却因为她独特的地理位置而保存了下来，改名为闻堰后的闻家堰开发了山里人家、老虎洞等旅游景点。

闻家堰和拥有八千年文化底蕴的湘湖相辅相成，同时，依托了钱塘江、富春江、浦阳江三江交汇处的优势，闻家堰成为构架杭州新城市的核心区域。

"春风又绿江南岸"，站在闻家堰新的码头上，我看到了渔船在阳光里撒网，游客在码头上买各种各样的江鲜，那种徒步江南岸的悠闲，又是另一种景致。

回忆老街

赵志民

　　江边，一台起重机晃晃悠悠地伸着长长的手臂；屋顶上，五六个橘红色的头盔闪动着；高高的绿色防护围墙内，传来冲击钻"突突突"工作的声音：这是远近闻名的闻堰老街在翻新呢！

　　一晃，老街停业四年，人去楼空的她留下参差的建筑、斑驳的外墙、上方黑乎乎的电线和下面高低不平的路面，偶尔一辆老式三轮车穿行其间，吱嘎吱嘎声回荡在这悠长的老街，似乎在诉说着她曾经的过往，回味着她曾经的美好。

　　老街的大名叫"新市街"，真正老底子的老街原来在塘上。因闻堰地处钱塘江、富春江、浦阳江三江汇合之处，并紧靠西江塘、东邻古湘湖，这特殊的位置，吸引了大批客商的到来。清代开始，闻堰的米市、鱼市在萧山乃至杭州都小有名气，因此闻堰被誉为"三江活码头"。老街连着码头是当时最主要的交易场所，20世纪70年代后，为巩固江堤，搬迁于此，更名为新市街，但人们还是喜欢叫她"老街"。

　　印象中的老街人声鼎沸，热闹非凡。米店、花店、旅馆、买鱼的、看病的、配钥匙的、修钟表的、卖锅碗瓢盆的、卖农药化肥的……各行各业、凡所应有，无所不有。一到节假日，车水马龙，熙熙攘攘。商贩们为了兜揽生意，常常把物品摆放到门前路边，于是五颜六色，琳琅满目，让人目不暇接；叫卖声，讨价还价声，各种小吃的香气……置身其间，老街仿佛是正徐徐展开的活色生香的清明上河图，使人沉醉，让人贪恋。

老街最有特色的是鱼市。记得闻堰码头最热闹持久的不是人来车往的轮渡靠岸时，而是下午三四点钟，"嘭嘭嘭嘭"的捕鱼船抛锚停泊后。到那时，鱼贩们一拥而上，船家拎出一桶桶刚捕来的江鲜，有鳗鱼、鲫鱼、白条、螃蟹、甲鱼等，他们也不作声，只是把它们交给各自的摊主，又酷酷的，"嘭嘭嘭嘭"地把船开走了。鱼贩们哗啦啦地把鱼倾倒在一溜排沿着码头的红色大盆中，迅速地分门别类。这时，客户们已围着红盆子抢着说"我要这条""我要那个"，喧闹声此起彼伏。一天的江鲜就这些，说迟了真的会买不到。夕阳西下，半江瑟瑟半江红，常有慕名者姗姗来迟，叹息不已。

除了晚市，卖鱼还有凌晨四五点钟的早市。江水静谧江面迷蒙之际，码头上已是人头攒动。如今，闻堰尤以江鲜闻名，"鲜""嫩""野""奇"的江鲜特色使得美食爱好者流连忘返。小有名气的是闻堰饭店、新亭子饭店、钱江渔村、渔府等，其中闻堰饭店一直矗立于老街，以其专做江鲜且烹饪独特而闻名遐迩。许多人为一尝美味，不惜重金。据说清明时节的刀鱼，千金难买呢！

老街的渔具店也别具一格。它们的店门开在街市的背面，二楼，临江而望，江堤与渔具店之间是一座座凌空搭建的石板桥，桥宽约一米，长三五米；桥的左右空荡荡的，没有扶手。走进渔具店，扑面而来的是大大小小、各具样式的绿色渔网。

老街最温情的莫过于街坊邻居。卖五金的"糖茶妈妈"，卖服装的"青青妈妈"，卖鱼的"小虞"，卖粮油的"二姑夫"，儿子是在老街的街坊邻居呵护下长大的。糖茶妈妈是儿子渴时泡糖茶给他喝的，青青妈妈是经常抱他哄他的，热心的小虞经常给大家烧好吃的，年长的二姑夫常帮忙照看着店。最难忘的是夏季，一到午饭时节，相互间一吆喝，大家拿出各自的好菜，围坐一起；要是菜不够，小虞就去掌勺；酒酣耳热，谈天说地。整个夏季就这样过得如此惬意、悠长而美好。

往事只能回味……春风又吹红了花蕊。草长莺飞，杨柳拂堤。江畔宽阔处树木葱茏，亭台轩榭掩映其间，是公园。入夜，堤岸盏盏路灯如同熠熠生辉的宝石镶嵌；沿江高楼鳞次栉比，灯光璀璨，美轮美奂。此刻，疲惫的老街正沉浸在一个甜蜜的梦中，梦里她保留着 20 世纪七八十年代原有的风姿，还会拥有 21 世纪的新装束。试想，醒来那又将是一个怎样蕙质兰心、楚楚动人的她呢？

码头里的闻堰市井

葛志灿 忆述

　　"三江活码头"是闻堰的代名词，码头"活"商，商"活"码头，老底子闻堰自码头建立之后，因着这个"活"的码头，吸引了更多的商贾，码头里的闻堰贸易氛围怎一个"闹"字了得。

　　当时的闻堰街面相当狭窄而长，整街两侧只有三四米宽，从西汪桥到坛头约三里路长。整街分为上埠、大街、下埠、坛头，几乎每一个区域都有着各色商行。上埠包括新桥头、洪家洞、西汪桥至大庙前颐丰泰南货店旁墙门止。区域内有：竹木行、瑞隆木行（我岳父来光楣开，现闻水厂地址）、新桥黄金龙苏行（苏行大老板分别是黄金龙、林文龙、张源隆，俗称"三条龙"）、碗店、药店、酱园店、水果行等。大街从大庙前北开始至大埠头，包括染店埠、新当里、寅基道地、管门盛、泰康墙门、油车里、十间楼下、塘坊河斗萧绍货运码头、宝盈桥。区域内有：钱庄、典当、过塘行、林文龙苏行、药店、木器、南百货布店五金店、鱼行、纸烛炮银锭、染作坊、茶店、管门盛木器、泰康墙门孔士元医生诊所（人称小先生）等。下埠从大埠头（轮船埠头）包括：九分池、长生弄、小学、潮冲池、新塘上、文昌阁。区域内有：张源隆菸行、米行、布行、船用风蓬缆索、农用木器、箍桶等、馄饨店、茶店、酱园店、水果行、银匠店、电厂（日机米夜发电）、南货店等。文昌以北属坛头。

"细数家珍"是我这个年纪最乐此不疲的事情了。

闻堰下埠潮冲池边九分池电厂（也称机米厂），白天机米，晚上发电，但仅有钱庄、大店、大行等少数大户用，一般商户都用二百支光的汽油灯，有些小店点的还是煤乎灯。

闻堰有二爿过塘行，有华阿才过塘行、坛头过塘行。所谓过塘行，就是将外江的货物翻进里塘，把里塘货拉到江外。大庙前河塘坊河斗，是萧绍航船，货运船装卸货物，塘外就是华阿才过塘行。

闻堰有好几爿钱庄、当铺。酱园店有八九爿，如我父亲开的源祥酱园、阿田伯开的隆昌酱园店、陆原泰酱园等。茶店也有十余爿，最有名的茶店是下埠头伟铨茶店、染店埠陆店王茶店（以前老板萧山叫店王，老板娘称店王姆姆）。染店埠头还有华庆店王开箍桶店、染坊作坊、街上德昌南货店、李阿根店王开豆腐店、张浩棠豆腐店、五泰药店，郁百顺百货店，等等，不计其数。

都说"市井气息"浓厚除了贸易更离不了文娱，当时的闻堰文化生活也相当丰富。

那时候的百姓，闲暇时光爱听戏、品茶。中华人民共和国成立初期由汪谓潮、来光楣（我岳父）、王金龙、林文龙等名人出资组建闻堰绍剧、越剧团。绍剧在宝盈桥桥边的金华甘蔗会馆，越剧在潮冲池金龙店王仓库房，都是日夜场。茶店里除了品茶闲谈，还能听说书，有《水浒传》《七侠五义》等多个剧目。街上有"小热昏"，卖梨膏糖的、猜字谜的。沿街还有馄饨摊、牛肉粉丝摊、油豆腐粉丝摊等，一直到深夜戏文散场后十一二点才打烊。

老底子闻堰的兴旺绝不亚于当时有"小上海"之称的临浦，而这份"繁华"主要依托水上交通发达。因而，有商家在店堂内挂起一块金粉匾额："生意兴隆通四海，财源茂盛达三江。"

直至 1973 年，为了保护江塘安全，从下埠新塘上开始，将居住在江堤两侧街上商店的房屋全部拆迁。我家房屋 1973 年从外江拆迁到寅其道地居住。塘上的老街所有房屋统统拆迁，有迁居三江新村的，有迁移到塘下的，后又将一间楼下、寅基道地拆迁，我家经历了两次拆迁后安置在了三江新村。重新规划将潮冲池、九分池填平建造商铺，将老街移迁新地址，定名为新市街，也就是目前的老街。

风情·岁月

湘湖印记

陆建祖

闻堰是个古镇,历史悠久,宛如一颗璀璨的明珠坐落在浦阳江、富春江和钱塘江三江的交汇处。镇上老街的东边就是远近闻名的景色秀丽的湘湖,闻堰老街沿着江塘而建,街两边白墙黑瓦的房屋鳞次栉比,足有三四里路长,早上集市非常热闹,人声鼎沸。湘湖边上的村民拎着湘湖产的老菱、杨梅、莼菜、茶叶,还有湘湖的野鸭、老板鲫鱼、土步鱼等土产也被带至闻堰老街叫卖,那时的行政区划,湘湖的大部分是属于闻堰地界范围里的,外地人来湘湖玩,不认识路,常会问我们说,闻家堰的湘湖往哪条路走。

闻堰老街还是进出湘湖的交通要道,那时钱塘江上的航运十分繁忙,闻堰老街又是个重要的停靠码头,每天钱塘江上南来北往的客轮、货轮不断地停靠码头。老街的内河也有内河的航船码头,老街的大庙前就是内河的航船码头,河里停满了各种船只,船上挑板往岸上一放,就可装卸货物,上下客人。船只通过湘湖可到达萧山、绍兴等地。

孩提时代的我就生活在闻堰老街浓浓的湘湖氛围之中,经

风情·岁月

常听到人们谈论湘湖。闻堰老街这里还有一个风俗，就是新年的正月初一，要去看望先祖的墓地，而墓地大多在湘湖周边的群山上，小孩时就一年又一年，跟着家里的大人们去湘湖边山上看望祖坟。有一次去看望祖坟，走过湘湖陈家埠村后的三眼桥，这地方也奇特，桥的两头紧紧连着两座山头的山脚，带领我们去看坟的长辈，就给我们讲起了这座三眼桥的来历。说元朝末年的时候，天下大乱，群雄纷起争夺天下，当时有个叫刘伯温的文人，帮朱元璋出谋划策打天下。有一次，他带兵路过这里，一看这地势脸都变色了，他是懂风水的，测算出这山势将会出帝王，这对他帮朱元璋夺天下是个严重的威胁，于是赶快叫来会造桥的人，在这河上造起一座二个孔的石桥，破了这好风水。有时去看望祖坟后，长辈还会带我们去爬湘湖边的老虎洞山，这是湘湖最高的山峰，往下远眺，昔日湘湖的面貌还可见一斑，形如葫芦，其葫芦狭腰处，有一座桥连接湖的两岸，把湘湖分成上下两湖，湖的头靠着萧山县城，湖的底端就靠着钱塘江边的闻堰老街了，湘湖足有三十多里路长，可见昔日湘湖烟波浩渺的浩荡气势。还去爬了一个山顶上勉强能容一人擦身而过的洞，听长辈说，这里曾是吴越春秋争霸时越王勾践卧薪尝胆的地方。

20 世纪 60 年代我考进萧山中学读书，学校在萧山的县城里，当时交通不方便，如要带较重的随身物品，就要去闻堰老街大庙前的河埠头，乘坐到县城的航船。这是一种人力摇橹的乌篷木船，很慢的，像乌龟在水中爬行，大半天才会到县城，还不如走路来得快。所以平时学校周末放假，中饭后我就沿湘湖边的小路步行回家。那时湘湖的自然景色很美，两岸雪花般的芦花随风飘荡，青山绿水尽收眼底，走三个小时就可到闻堰老家。这样不断在湘湖边行走，丰富了对湘湖的认知。湘湖周边名胜古迹众多，著名的有越王台、洗马池、佛眼泉、压湖山、老虎洞、石岩山、一览亭、先照寺，有杨岐山的杨寺、压湖山的湘云寺，还有湘湖八景的传说。这期间还去爬过越王城山、石岩山等，这使我大开眼界，对湘湖风景历史文化的探究愿望更加强烈。

20世纪80年代初我到萧山电大工作，主要负责文科类的教学和管理工作。萧山电大很重视乡土文化史的教育，并把它作为学生思想教育的重要组成部分。在电大工作期间，我曾担任了一个全日制电视中专财会班的班主任兼语文老师，这个班共有三十八人，学生年龄大多在十六岁至十七岁，来自萧山各地，我的任务是针对这些小年轻的特点开展乡土文化史的教育活动，培养他们热爱祖国、热爱家乡的情怀。学校曾邀请萧山博物馆的有关人员和对地方史有研究的王炜常老师来校上课。清明节我还曾组织全班同学去祭扫民族英雄葛云飞墓等。由于受青少年时代闻堰老街浓浓湘湖氛围的深深影响，孕育探究湘湖风景历史文化的愿望已在我心中生根，因此更多的是带班级同学去湘湖搞活动，去爬湘湖周边的山，在山上搞野餐文艺活动，等等。

记得有一次班级活动是去爬湘湖的越王城山，那时上越王城山，只有一条蜿蜒曲折的小山路，台阶也高低不平，中间还有一段泥泞土路，山路也陡峭，刚爬到山顶有一池，叫"洗马池"，山上有一座冷清破败的古庙，山顶地势奇特，中间低四周高，山势险要易守难攻，四周还有人工修筑的土城墙遗址。这些遗址是什么时候的？谁修建的？我跟同学们讲起了春秋吴越争霸的故事，同学们充满了好奇，都纷纷议论起来，充满探索的气氛。可以说萧山电大与湘湖是结下了不解之缘的，而闻堰老街形成的湘湖情结也促进了这个缘的结成，这些活动极大地提高了同学们探索湘湖的知识的兴趣。因此就促成了下面这件有重要意义的事情发生。

这是我带的那个班，在乡土文化史教育过程中，在不断去湘湖开展活动的过程中，发生了一件事，我保存至今的日记里也记着这件事的经过。

这个班里，有个学生叫郑苗，十七岁，1990 年 5 月 30 日那天上午，他从湘湖家里来学校，路过湘湖跨湖桥边，看到很多人在制瓦取土的坑里挖东西，他很感兴趣，也卷起裤腿到坑里去挖了起来，并把挖好的东西包好带到学校里来。

他走到我跟前说："陆老师这些东西你看看。"一打开最显眼的是一根细长针状的骨头样的东西，这可能是骨针，虽然我学过古代史，也参观过实地的人类遗址博物馆，但这要有丰富的考古实践经验和检测手段的，只能大致推测，这可能是原始社会的原始人用来缝制衣服的工具。还有那些呈扁状的石片，有几片看起来像陶器的碎片，可能是原始人那时已会制陶了，这是他们留下来的陶器碎片。另有一只鹿角状的骨头，应是野兽的遗骨。郑苗对这些东西很感兴趣，也认识到这些东西是有研究价值的。

但凭我们的认识，要搞清楚这些东西是一件困难的事，只能交给考古专家们去研究，我意识到这些东西对研究湘湖的历史将会有很大用处。当时巫凌霄老师也在办公室，也听说了这件事，我们都觉得必须报告萧山文管委，于是巫老师就去打了电话。

郑苗就把挖到的东西全部交给了萧山文管委，而且第二天还带领萧山文管委有关人员去了挖出这些东西的砖瓦厂取土坑现场。听说现场一片狼藉，还可看到零星散落的陶片兽骨等物。

萧山文管委非常重视，将这一发现报告上级文管部门，后经各级文管部门和考古专家的辛勤努力，这个被埋藏了八千年灿烂文化的宝库逐渐被揭开了神秘的面纱。这是杭州地区发现的最早的新石器时代的文明遗址，比闻名于世的河姆渡文化还早。2019 年萧山电大隆重庆祝建校四十周年时，在 11 月 26 日的《萧山日报》上，萧山电大全面完整正确地公布了电大人提供跨湖桥遗址宝贵线索的过程。

我也是提供跨湖桥遗址线索的亲历者，这个线索的发现，推动了跨湖桥遗址的进一步探索和发掘，这个遗址是我国人类文明最早期的发源地之一，也是萧山历史文化悠久的实证。这个线索的发现是萧山电大乡土文化历史教育的成果，其中也有闻堰老街浓浓湘湖情结的深刻影响，湘湖畔的闻堰老街是生我养我的地方，一方水土养一方人，早年生活在闻堰老街的我，早已烙上了老街呈现出来的不可磨灭的湘湖印记，而这种印记也会影响到我的行为取向。

风情·岁月

小先生

孔芝芳 口述　裴浩明 整理

　　小先生，名叫孔庆福，字仲良，号仕元，属孔氏儿科第十一世传人。方圆百里的人们叫他小先生，不是因他个儿不高，或是年纪小，而主要是他这个中医儿科医师医术精湛，能有让病儿起死回生之技。因而，自1934年至今近百年，小先生这称呼总被人叫得响当当的。

一

　　小先生，生前居住在闻堰老街宝盈桥居民区泰康墙门，祖籍义桥孔家埠。他八岁读私塾时就熟知了在闻堰行医的祖父对他早晚授教的《诸中药性赋》《本草备要》《汤头歌诀》等医书。十二岁脱学，专读《医宗说约》《医学心悟》《医宗必读》《时病论》《温病条辨》《湿热经纬》等中医基础理论书籍，并熟读祖传的孔氏儿科医书《稚幼心传》《准绳儿科》《麻痘汇补》等。十五岁开始跟随祖父坐堂闻堰下埠"存德堂"药店看病开方。1945年9月的一天，二十七岁的孔仕元出诊到闻堰对江的钱塘老沙，看到茅坑边有一个孩童，双目紧闭、奄奄一息。他听在旁的孩童父亲说是吃糠粥起病，日夜烦躁，腹泻不止。孩童父亲正准备锯板钉柜，下葬了事。小先生抱起孩童，一看瞳孔未散，切脉徐缓，口含黏痰，身体虽凉，尚有一息之气。小先生随即从路旁摘来艾叶揉成几团，又从附近菜地拔起了四个大蒜头捣烂，贴于孩童中脘、关元两个穴位上，并用艾绒连灸三团，孩童即有啼哭之声，并吐出了黏痰。孩童父亲喜出望外，即将孩童抱回家中。小先生跟随其后，到家又用生姜、葱头煎汤一杯，亲自将药汤徐徐灌入孩童嘴里，孩童又吐出半碗黏痰，才听到小孩腹中肠鸣之音，身体随即温和、眼目徐开。小先生觉得孩童虽已脱险，还需用药调理，离开病孩家前又为小孩开上健脾胃中药二帖，还将随身带的一斤红枣和十元钱送上，嘱咐孩童父亲好好调养喂服。四天后，孩童日渐康复。该孩童名叫孙庆根，后长大成人，成家后有了两个孩子。此事一传扬，百姓都说小先生医儿病，真有救死还阳之神。从此，萧山、富阳、袁浦等杭州市郊一带病孩都赶到闻堰求医，泰康墙门门庭若市。

二

中华人民共和国成立后，小先生兼任闻堰联合诊所负责人。他一直牢记祖辈的医嘱——"生我者父母、养我者病人"，尽心尽力为病人解除疑难急症。那时，富阳、桐庐病人均是乘杭桐班客轮来闻堰求诊，每天到埠总是中午十一点半左右。为便于病人当日下午一点可乘杭桐班客轮返回，减少病人费用，别的医生下班了，而小先生就一直在医院等候，悉心诊治好全部病人才吃中饭。当时跟随他的三个徒弟觉得拖到十二点多吃中饭吃不消，采用隔日轮流跟班。

1958年春，闻堰境内儿童麻疹患者突然增多，从农村到街道先后发病三百余起。作为闻堰联合诊所负责人的小先生，立即安排医生分头下村，指导大队医务人员使用紫草、甘草煎成预防药，分发给儿童服用。他自己负责离街镇最远的定山大队。可街镇到该大队要过一条河，河上架的是座毛竹桥，下雪后毛竹桥很滑，直立行走危险，小先生将身子扑倒在竹桥上爬行过河到村庄。由于对病儿诊治及时，闻堰这次流行麻疹治愈率领先于其他乡镇。

1963年5月，临近闻堰的山河公社沿山孔大队有四十余人突发伤寒症，小先生又率领闻堰公社卫生院医生，由杭州市第四人民医院配合，立即腾出生产队一间仓库作为临时医院，采取中西医结合的治疗措施予以控制。除了儿童流行性时症疾病，小先生有十分把握诊治外，其治疗其他儿科疾病也非常灵验。如杭州转塘里桐坞村的黄福康五岁时腹泻加痉挛，杭城多家医院治疗无效，赶到闻堰老街找小先生，五帖中药喝下就痊愈，从此，他家大人、小孩有病均来闻堰由他诊治。富阳里山镇王觉明咳嗽气喘，小先生用祖传秘方三帖治愈。由此，富阳渔山、里山孩童有病均乘杭桐班到闻堰请他治疗。

三

小先生医术高明，他经常说，病症千变万化，医术也不能故步自封。自20世纪50年代开始他就订阅了《中医杂志》《浙江中医杂志》《上海中医杂志》等医药书刊十余种，在晚上研读，还千方百计抽时间向一些乡间医士求教。一次听病人说杭州有个草头郎中对孩童初期肾炎只用一种草药贴敷就有效。小先生立即追记起祖父曾说烂迷藤有消炎利尿作用，可自己并未使用过。于是他利用星期天专门乘车拜访。到了以后，他告诉草头郎中自己有个孩儿肾脏不好，想用草药医治。草头郎中听后即到后院采了一束草放在粘臼中捣糊，用油纸包好给他，说拿七分之一按在肚脐上即可。为了验证自己的猜想，小先生回家即到野外采来烂迷藤，同样捣糊，然后拿草头郎中的一点药和自采的烂迷藤分别放在两个碗中，加满水摸开观察叶子形状，果真是烂迷藤。日后他就用此土方诊治小儿肾病，不仅见效快还给病人家属省费用。

四

小先生一生正名收徒四个，个个成为当地的名医。大徒弟来泽民，满师后就被湘湖农场请为场医，其医术誉满湘湖周围各乡村。特别是小先生独传给他为孩儿手掌剖疳医术，在 20 世纪六七十年代，治疗农村小孩营养不良等引起的疳积病症非常灵验。三徒弟彭汉长，1962 年到浦沿卫生院坐诊，1979 年任浦沿卫生院院长。他善于运用中医理论用药施诊，有许多疑难疾病经他治疗总能得到治愈。四徒弟孔万成，是他的侄儿，1987年 10 月跟随他在闻堰医院坐诊。他悉心传授，徒儿也苦心努力，在诊治心、肝、肺方面的温症颇有见长。2002 年 7 月，闻堰老街对江的袁浦龙池缪家十二岁的袁狄锋高热后突然全身抽搐，昏神不语，其父母急送到杭州儿童医院治疗，住院十九天未见效。转到省第二人民医院治疗，诊断为病毒性脑炎，住院治疗五天仍未有好转迹象。又送上海华山医院诊治，八位专家会诊，认为治愈很难，病孩可能要瘫痪。这时，有邻居建议说闻堰卫生院有个小先生的侄儿是他的徒弟，可以去试试。9月4日，病孩被抱到闻堰医院求诊，中医科医师孔万成见到病孩神志稍有意识，反应迟缓，间歇抽搐，舌苔白腐，肌张强硬，当即采用小先生传授给他的辨证施治方式，平肝熄风，镇痉泄热，当天先开方三帖，回家煎服。病孩服药二帖就见有效，第三帖被家人煎煳了，急与孔万成通话要求补方。9月6日病孩抽搐停止。9日又到闻堰医院复诊，家人要求住院治疗，孔万成毅然收治。每天根据病情开方用药。住院十二天后病孩喜笑颜开，饮食正常，大小便有序，基本无病症。9月21日出院，带上五贴温补药调理。10月初，家属们十余人敲锣打鼓送锦旗到闻堰医院，感谢孔万成医术有方。2013年，孔氏儿科被批准为萧山区非物质文化遗产。孔万成被认可为孔氏儿科第十二代传人。

小先生孔仕元虽于1994年8月逝世了，可他的名声和医术永远流传在民间。

闻堰老街与我夫妻俩的深厚情缘

徐幼眉

闻堰老街是我的青春驿站，曾经留下我上山下乡的足迹；闻堰老街是妻子拜师学艺的地方，有过深厚的师徒情缘。

1964 年 10 月，我作为萧山首批知识青年，插队到许贤公社磨刀大队（现今的义桥蛟山村）。31 日那天清晨，我们二十个男女青年佩戴大红花，从萧山汽车站出发到闻堰转乘轮船去义桥。热情的闻堰村民在码头边撑起横幅，敲锣打鼓夹道相迎。锣鼓声激励着我们每个人的心，使大家感到启程的光荣。我坐在船舱里，望着锣鼓队，心里有说不出的激动，从那时起，就对闻堰老街留下了美好的印象。

闻堰街不长，总程不过五百米，为石板道。老街依塘而建，面临宽阔的钱塘江。店铺密布——百货店、五金铺、肉店、面馆、理发店、农资部、信用社……鳞次栉比。北面的一块空地是卖菜的集市，每天早晨摆满蔬菜和江鲜，人们提着篮子往来不绝。街后是居民集居地，小河沿着村子缓缓流过。闻堰街南接义桥，北连杭州，水上交通便利，自古有"活水码头"之称。钱塘江鱼类丰富，老街一年四季都有美味的江鲜。

邻近三江口的老街有自身的繁华，村民有多种手工作业，编织草包是其中之一。1965年晚稻丰收，我们几个知青结伴到闻堰镇上去卖稻草，卖掉稻草得了钱很开心，走进饮食店花九分钱吃一碗光面，然后在街上逛一阵，买面小镜子，高高兴兴回家。

离闻堰街四里地有个龙山化工厂，生产队每年都要去买化肥。当年，我跟着队员们几十里长途跋涉，途径老街饥渴难挡，无奈向店家讨口水喝，想不到店家好有盛情，让我们进店内歇足。他们认出我是个知青，夸奖我劳动锻炼肯吃苦，今后必定有锦绣前程。

1971年我上调至萧山铁合金厂当了工人，1974年在闻堰办理了结婚登记，妻子随我调到闻堰印刷厂，师从当年闻堰公社书记陈马水的夫人徐彩珍。铁合金厂距闻堰仅三里地，工作之余我经常去看望妻子，我与徐师傅同姓，妻子与她的师徒关系很融洽。有一次在她家里吃饭，徐师傅一家招待非常热情，满桌鱼肉和精细小炒，其中一条清蒸鲈鱼和一盘银鱼丝豆腐尤为上品，不觉使我记起了"江上往来人，但爱鲈鱼美"的诗句；徐师傅还给大家讲了孟姜女的故事：秦始皇鞭笞孟姜女抛入大江，感动了上天，她身上被鞭子抽碎的嫩肉变成了银鱼丝……

徐师傅爱看电影，当年流行一部优秀的日本故事片《望乡》，那一天萧山放映队在闻堰村放露天电影，我早早地在村口荒地上摆放好凳子，到时与徐师傅一家人一起欣赏。天空里的星星不时地眨着明亮的眼睛，习习江风在暮色里吹过老街，送来一阵阵夏日的凉爽。阿崎婆的悲惨身世激起老街村民的良知，他们都为建设美好家园携手奋进。

八月金秋是小镇最好的季节，堤塘边的桂花开始吐露芬芳，老街如梦幻般笼罩在迷人的秋色里。江滩、河塘的青菱相继成熟，满街叫卖老菱。星期天，我在徐师傅家的后院乘凉，坐在小凳子上一边看公社简讯，一边品尝菱角。那一年，徐师傅的小女儿小英考上初中，豆蔻年华的她懂得读书是一件要紧的事，新学年的功课她还陌生，我帮助她一起温习古典文学《曹刿论战》。微风转过墙角轻轻吹来，夹带着丝丝青菱的芳香和桂子的馥郁。"风波不信菱枝弱，月露谁叫桂叶香"，老街是人们眼中的"小上海"，村民幽静的栖身之地。江湾温馨的睡梦里，埋藏着多少闻堰儿女的相思？

徐师傅是一名优秀的中共党员，她的家庭是一个团结和睦的家庭。她育有两男两女，丈夫敬业守职，工作热忱，在我的记忆中，老陈伯衣着简朴，为人正直，办事公道，不谋私利，是个称职的好干部。

徐师傅装订工作出色，在技术大比武中屡获第一名。妻子在她的指导下进步很快，赢得领导和同事的信任，年年被评为先进生产工作者。

1981年，我与妻子先后调到城厢镇工作，从此告别闻堰。

在城厢镇的日子里，很少遇到闻堰的同事，其间曾经提起想去看望徐师傅，但始终没有下决心。直至看到这次征文，我心中仿佛拎着一块大石头：这么多年了，徐师傅，你还健在吗？

我于元月20日下午去实地采访，正巧遇上一个她家的亲戚，言陈马水书记已于十余年前去世，徐彩珍师傅则早在二十年前就离世了，我闻之大惊。

我似乎觉得人间红尘简直就是一列飞驰而过的列车，一次人事调动就是其中的一个站头，加上工作的繁忙和家庭的琐碎，不经意间昔日的人和事就会被遗忘在脑后。从 1981 年到现在，屈指算来已经四十个年头。四十个春夏秋冬，竟没有去探望过徐师傅一次，也早已忘了她的年龄，真是糊涂。"一万年太久，只争朝夕"，我至今没有读懂伟人的这一句名言。

徐师傅，你待我们夫妻不错，而今天，已无法再见您一面，我只能把这篇文章作为唯一的礼物相赠，望你泉下有知，你的恩德将会溶入奔竞不息的钱塘江水，一代又一代地感化后人，实现我们的中国梦！

江堰上的老街

金柏泉

有一条老街，建在江堰上；江堰是老街的根，老街是江堰的魂。

江堰瘦长，容不下老街的整个身躯；两旁的店铺，乖巧地将后脚伸入江滩或堤内，留一弄狭长幽深的石板路在中间，望不到头。街檐的雨水，跌落在石板上，滴滴有声，凿刻出一行青灰色水痕。

走在街上，两旁是平层的粉墙黛瓦，清一色被漆刷得油光锃亮的木板排门，除了渔具店特别多这一特色，与旧式街面的标配并无二致。沿街店铺好像会变戏法，不同的方位能看出不同的模样：要是从堰内堰外看，适才的单层瓦房忽然变成高高的双层小楼，遮挡住东边的旭日、西边的江景；如果找个合适的方位由侧面望去，则活像是一对背靠背坐在江堰上的老人，一个守望堤内的村落，一个将两腿伸入江中，以滔滔江水冲刷一天的疲惫。

老街起得早，人们刚刚从梦中醒来，远远地就能听闻已经开张了的鱼市：有船靠码头的碰撞声，有鱼盆秤棒的叮当声，有商贩渔户的笑谈声……渐渐地，吆喝声、打铁声、车轱辘磕碰石板路的咯噔声，五花八门的声响从江堰那头传来。无须睁眼，就能从这些嘈杂而和谐的声音里，闻出老街的忙碌和繁华，似乎还能闻见，红彤彤的太阳照在渐渐褪去了雾气的江面，好一幅日出江花红胜火的壮丽图画！

"闻听江堰上的繁华"，难不成，这就是闻堰之名的由来？

"不对，闻堰置镇于民国中期，起名于闻姓人家择江堰而居，当地人多称'闻家堰'。"——可是，你说的是"闻家堰"，"闻堰"两字，似乎更能反映这一方水土的灵动和生机。

闻堰姓"闻"，老街却属水。无论是催生老街的钱塘江还是其所依托的江堰，还有那码头、航标、江鲜，无不与水有关，甚至连若明若暗的渔火，也似乎是在江水中泡大的。

自古秀水多浪漫。一江碧水自仙风道骨的黄山悠然而来，清粼粼带着奇松异石的仙气，蕴涵徽州文化的墨香，浸润富春山居的妩媚，奔波八百里梦幻新安、画中富春，蜿蜒曲折，在这里与淙淙浦阳江汇合，一起投入豪迈奔放的钱塘江怀抱，演一出高潮迭起的甜蜜与苦涩、清纯与浑浊的三角恋大戏。

老街沿线这段水域，作为"钱塘江尽到桐庐，水碧山青画不如"的起点，让你得福的何止是眼饱，还有纯纯的江鲜美味。

三江交界的特殊水质，繁育着肉质特别细嫩、鲜洁的鲈、鳗、鳊、鳙、鲥等百余种鱼类，其中以鲥鱼最为珍稀。

鲥鱼系海水、淡水两栖鱼类，平时栖息于海水，春夏之交溯游至淡水内河产卵，幼鱼在江湖生长。此鱼肉质油、润、嫩、香，特别是它的鱼鳞，油香鲜脆，异常美味。相传，旧时有一渔翁捕得一条草鞋垫大小的鲥鱼，欣喜万分。因为十分难得，舍不得卖，带回家中给妻儿尝鲜。婆婆让儿媳将鱼拿到河埠剖洗，儿媳不知鲥鱼鱼鳞的鲜美，将鱼鳞刮下抛弃，婆婆见状惋惜得双腿跳到三尺高——此故事足显鲥鱼的金贵。后来由于滥捕、水质污染等，原本就稀缺的鲥鱼更加难得一见，最后听说有人捕到鲥鱼是在 20 世纪 80 年代初，之后几十年都不见它的踪迹。

诱人的江鲜美食吸引远近食客慕名而至。每当夜幕降临，江堰上品味江鲜的灯光与江面上若明若暗的渔火相映成趣，男女老少一边饮酒作乐，一边欣赏江上美景，逍遥自在。此情此景，如果再来一曲《渔舟唱晚》助兴，还有谁能挡得住这雅俗同揽的诱惑！

若将此处仅仅作为吃喝玩乐的据点，那就太小瞧这个有着"三江活码头"之称的水路名驿了。新安江大坝建成之前，新安江、富春江、钱塘江一线一直是皖浙交通的水上要道，尤其是中华人民共和国成立前，对于闭塞在大山深处的徽州地区，这是唯一通往江浙沪的山水走廊。一艘艘扬着风帆、斜拉纤索的航船，将外界的米、盐、布等生活必需品源源不断运往山里，又带回大量的徽州茶叶、木材以及宣纸徽墨等当地特产；由上而下的商船，结束了平稳的内河，往下就是潮水汹涌的钱塘江，都要在这里歇息中转。就这样，看似平常的江边小镇，自然成了得天独厚的货物贸易集散地，由此带动这一方水土人口稠密、经济繁荣，"小上海"的名号越传越广。

徽州商人以及萧绍地区的锡箔师傅经由此水路到杭州、屯溪等地经商营业，成为当年的时尚，不少人背井离乡落户当地，见证着那段悠远的历史。

往事悠悠，江堰上的老街实体留存已经不多，但作为一个文化符号将长久传承，她代表着那一段让人留恋的岁月，具有浓郁的怀旧情趣和史料价值。只不过，建在堰上的街面，毕竟与现代社会的发展和理念不相适应，渐渐地湮没在滚滚历史长河之中，也无须太过遗憾。好在老街的优秀文化元素早已刻录在一代一代闻堰人的脑海；当代建设者们潜心将老街的灵魂植入她的新建上，一所集文娱、餐饮、民宿、游乐于一体的大型休闲娱乐中心正在落成，要不了多久，相信无论是寻旧梦的老者还是现代派的年轻人，都可以在这里找到属于自己的喜好。

最近传来一个喜讯：随着环境的改善，三江口的水质越来越清纯，作为鲫鱼繁殖的极佳之地，度消失的鲫鱼又出现在这一带水域。

江堰上的老街，像一棵曾经枯萎的千年老树，在温和适宜的环境下，再度发出新芽开满鲜花，以最美的新姿展示在世人面前。

老街新开，诚邀各方来客投入她的温柔怀抱。

闻家堰的鲜与香

半　文

　　闻堰，"闻"是姓，是一个家族，是一个家乡。闻也是"听见"，闻过则喜，闻鸡起舞，举世闻名。闻也是嗅见，闻香识人，闻臭知香。堰，是名。姓闻名堰，称闻堰，也称闻家堰。堰，是挡水的堤坝，是西江塘。闻氏家族来到西江塘堰，听见江风起伏，闻见钱塘江的鲜香，决定在此定居。于是，有了闻堰；于是，有了依江而兴的活水码头；于是，有了闻堰老街；于是，有了一条街的鲜与香。一条街的鲜香，来自一条江。站在闻家堰的江边，面前，一条绵延的钱塘江，就像一条瘦长的江鲜。

　　要吃江鲜，就到闻堰老街。熟悉江鲜的吃货都清楚，江鲜，就应该像钱塘江一样清瘦。因为钱塘江的江底很硬，是铁板沙，江上一天两潮，一条江的鱼，都是运动员，因而，身材好，腥味少。若吃到一条身材肥硕之鱼，则必为假冒。

　　江中鱼很多，常见为鲻鱼、鲈鱼、白条、舌鳎鱼、鲫鱼、鲢鱼、鳙鱼……其中刀鱼身材最好。苏轼当时也是一个有名的"吃货"，他有诗赞刀鱼："溶溶晴港漾春晖，芦笋生时柳絮飞。

风情·岁月

还有江南风物否，桃花流水鳜鱼肥。"鳜鱼即刀鱼。《山海经》即称刀鱼为"鳜鱼"，《说文解字》中说"鳜，饮而不食，刀鱼也。九江有之"。宋元时叫"白鱼""银刀"等，到了明代江南地区才普遍称为"刀鱼"。刀鱼之名，主要形似，银色，薄俏，似一把锋利的银质小刀。刀鱼名气大，不仅因身材漂亮，关键是肉质细嫩，鲜洁美味。

"宁去累死宅，不弃鳜鱼额。"是说刀鱼浑身都是美味，连鱼头也好吃无比，宁肯丢掉老祖宗的房子，也不愿放弃只有瘦骨的刀鱼头，刀鱼之美，美到骨头都想吞下去。

江鲜，可吃鲜味，亦可尝香味。清人袁枚有吃刀鱼二法："刀鱼用蜜酒酿、清酱放盘中，如鲥鱼法蒸之最佳。不必加水。如嫌刺多，则将极快刀刮取鱼片，用钳抽去其刺。用火腿汤、鸡汤、笋汤煨之，鲜妙绝伦。金陵人畏其多刺，竟油炙极枯，然后煎之。谚曰：'驼背夹直，其人不活。'此之谓也。或用快刀将鱼背斜切之，使碎骨尽断，再下锅煎黄，加作料，临食时竟不知有骨：芜湖陶大太法也。"

用现代人的说法，一种是清蒸，一种为油炸。袁枚是个妙人，诗文俱佳，尤好美食，在《随园食单》序中自言："每食于某氏而饱，必使家厨往彼灶觚，执弟子之礼。四十年来，颇集众美。"每每吃到好东西，就派家里的厨师去对方家里做学徒，学习蒸煮之法。如此，下功夫四十年，集天下美食于一体，撰成《随园食单》。

袁枚的食学成就不在诗学成就之下。民以食为天，人生与国家大事莫过于饮食。袁枚把饮食生活修至艺术化境，对肴馔的制作追求极致，他说"作厨如作医"，达到艺术化操作境界的肴品制作，不是一般意义的厨师烧菜，而是如治国、治军一样的"治菜"。随园食单中，单设"江鲜单"，第一味，便是刀鱼。

刀鱼清蒸，尝的是一条江的鲜味。袁枚身为清代文坛性灵派主将，强调诗味真实自然、自我适意却又不乏超然韵致与生趣的文学审美。其小诗《苔》："白日不到处，青春恰自来。苔花如米小，也学牡丹开。"寥寥二十字，让人过目不忘。其治诗意味，也与治菜相融，极喜菜之自然真味。刀鱼的两种吃法，袁枚说："如鲥鱼法蒸之最佳。"加酒、加酱，清蒸，一条江的鲜味，便都在一条鱼的肉与骨之间了。读元人王适《江边竹枝词》中的"如刀江鲚白盈尺，不独河豚天下稀"有些感叹，江鲚即刀鱼，当时刀鱼盈尺，可惜现在钱塘江里很少能打到盈尺的刀鱼。以江边人的习惯，大鱼，盈尺，可清蒸。刀鱼刺软，虽多，亦不伤其美味。现亦不会如袁枚所说，"用钳抽去其刺"，不说抽取十分麻烦，若真无骨，刀鱼便不是刀鱼之味了。

以现江边人习惯，一斤有八条或更大的，清蒸为好。小的，油炸为妙。油炸刀鱼，脆而香，正如袁枚所说"临食时竟不知有骨"，"咔咔"大咬，满口留香，十分爽朗。

去闻堰，可以有很多理由。尝江鲜，是很重要的一条，因为吃，实乃人生大事。何况，是充盈着一条大江的鲜与香的江鱼。江的鲜味，在清蒸刀鱼，也在春笋土步鱼、芥菜汪刺鱼。江的香味，也在剁椒鳙鱼头、红烧江鲴鱼。近日经闻堰，又尝一菜，称"八鲜过江"，以江蟹、江虾、江鲫鱼、江鳗、土步鱼、蛤、笋片、干芥菜头为原料，加姜片、绍酒、盐，炖煮而成。满满一陶盆，实在是鲜得让人掉眉毛。

所以，也实在是不敢再往下写了，写得人坐立不安，很想立马起身，驱车，去闻家堰。但是实在又不敢去闻家堰。去一次，便让人终生难忘，因其鲜香，去了，还想再去。身在闻家堰的人，此生怕是走不出去了。因为无论走多远都会被一条江的鲜与香牵着，像一根坚韧的绳子。

此鲜香之味，我称之为家乡之味、闻堰之味。

再"读"闻堰

陆亚芳

很奇怪，萧山沙地人只要不是工作的原因，一般不大会去城厢镇以南的上萧山走走逛逛，甚至连湘湖边都不太记得去玩；亦不会跑到滨江或闻堰去荡一荡，往西，就直接去了杭州主城区。

前后算起来，我已去过闻堰七八次，但是每次都是去参加政协、人大或党派组织的活动的。人坐在公车里，下来，就是闻堰街道或下面村里的办公楼前。开完会（有时吃个便餐），再上车，即回萧山城区。

仅有的一次，是在湘湖边老虎洞码头上了游船，视察湘湖第三期。因当时第三期是新建的，绿植还不够丰茂，但浩渺的水面和几十座造型古朴、富有江南水乡风格的桥梁，以及时不时从船头掠过的水鸟，还是给我留下了很美好的记忆。

然而总的来说，我在闻堰实地亲眼所见的景致和风貌，其实还没有通过湘湖人家、南岸花城等房地产的宣传广告了解得多。

喜欢去闻堰开会，是从前年开始的。在闻堰街道黄山村，有个省人大代表联络站，我们坐着车子从萧山城区出发，走湘湖路先到闻堰街道，再与街道人大办的同志一起去黄山村。汽车会在湘湖路上行驶十多分钟的样子，从车窗外掠过的波光潋滟、古桥相衬、水鸟轻飞的湖景，恍若仙景般美妙养眼。

有人说中国最美景观高铁是杭黄高铁，因为一路上风光无限，会经过许多著名的美丽风景区。而我觉得在萧山，最美景观路线是从萧山城区到闻堰街道。那会儿就希望汽车在湘湖路上开得慢些，再慢些。

再"读"闻堰，其实应该说是细"读"闻堰，是在今年5月份，区作协组织的一次作家采风活动中。如果有时间，我是很喜欢参加作协活动的，因为宽松、活泼，不受任何拘谨。大巴车开动后，我和旁边的散文家郑国芬一直聊着天。关注到车窗外的风景时，发现车子已行驶在一条荫凉幽静的马路上。路两边都是墨绿色或葱绿色的树林，间或绽放着一丛丛、一树树或红或黄或白的花。再扭过些头来，透过树林的缝隙往远处望去，居然望见微波荡漾的湖面、拱形的石桥和三三两两的游人。

"啊，也是走湘湖路的呀？"我不由叫道。

"是越王路吧。"国芬说。

我细辨了下，说："是的，其实我们刚才应该自己骑自行车过来，在湘湖边骑着骑着就到了，多美呀！"

汽车在湘湖景区北岸线停下。这里就是老虎洞村，一抬头，老虎洞山就在眼前。

山势平缓，树木葱茏。如果爬此山用来健身刚刚好，我可以咬咬牙一口气爬到山顶。大部队一起爬，中间只是歇了一小会儿，无论胖瘦，也都一起上去了。上去是莲华寺，但许多人

（也包括我）之前都以为此寺名也叫老虎洞。

　　快到莲华寺山门口，有一凉亭，一个四十岁左右的男子在亭子里摆摊看相。他坐在那里，微笑着朝我们看看，并不像以往遇见的看相术士那样热情地招徕。倒是我跟他开了几句玩笑。他依然只是略有些腼腆地笑笑，不吭声。

　　跨进莲华寺的山门时，我身上的衣服几乎都已汗湿。很久没有这样大汗淋漓了，感觉特别舒服。寺里正在举行盛大的佛事，据说是已十年未做了的水陆法会。厨房里有许多善男信女在做帮工。院子墙角边、栏杆旁，都怒放着一朵朵碗大的绣球花和深红色的木本月季。

　　我们进了厨房旁边的"三慧堂"歇脚。一位法号叫佛缘的法师和另外两位师父忙前忙后地招待我们。佛缘法师给我们讲佛法前，特地把台上的椅子搬下来，坐在中间过道上。当他讲到"佛不是万能的，比如一个不爱读书的孩子，你想通过烧香拜佛，使他考进清华北大，那是根本不可能的事，是真正的迷信。要取得好成绩，主要还是靠孩子自己的努力……"时，我顿时对这位法师刮目相看。这些年也接触过不少僧人，多是方丈住持类的，但像佛缘法师这样能把话说到我的心坎里去的，极少。

　　后来在私底下的聊天中得知，佛缘法师出生于1978年，陕西西安人，中国人民大学硕士研究生毕业，在高校里教过书。出家后，独自在终南山上苦修了三年。他说，一个人在山上，住的是茅草棚，方圆十里是没有人烟的，只是和鸟兽为伴。每天连话都没得人说，就念佛、诵经、学习、打坐修行，还要自己挑水做饭。做一顿饭得花两个小时，因为要把柴晒干，再引

风情·岁月

183

火烧。修行生活虽然艰苦，但心情也是很愉快的。

那天是今年5月份最炎热的一天，据说最高气温有34摄氏度。近中午，佛缘法师还带着我们参观了寺里的每一个殿堂，并一一给我们仔细讲解。爬楼梯时，我目睹到他身上的长衫僧袍许多处的颜色都已变深了。

爬上三圣殿，可以望见数里路外的钱塘江、富春江和浦阳江三江交汇处。三江周边，亦见楼盘林立，这片土地隶属于闻堰街道。很少有一条街道，能拥有三江水，还有一个能与西湖媲美的湖。萧山最美街道，说是闻堰不为过吧？

从三圣殿再往上是圆通宝殿，乃莲华寺的主殿，里面供奉着如来佛。著名的老虎洞就在圆通宝殿后面的山崖上。站在洞口往下望，老虎洞其实很小。相传越王勾践因兵败被俘，给吴王夫差当了三年马倌后被放归。某日在闻堰这座小山上遇见猛虎，而虎大吼三声离去，勾践遂在此洞中卧薪尝胆，修炼兵马，最终雪耻复国。

狭小的山洞，我小心翼翼地爬下去时，心里做好了探险的准备。没想到一下去，就出洞了。如果此处"卧薪尝胆"的故事属实，那么当年勾践复仇的决心该有多么大，该有多么的一心一意，才能放弃滚滚红尘中的各种享受，藏身于如此狭小的洞中，卧薪尝胆奋发图强多年。

返回莲华寺时，我问随缘法师，是否每年都会回老家探望？法师说，刚来萧山时，头两年会，但是后来不太回去了，因为每次回去，家里人都会劝他还俗。他们一直都无法理解也不能接受他出家的选择。

在莲华寺山门口作别佛缘法师，下山时，过凉亭，又遇见那个看相的男子，笑眯眯地望着我们，用萧山话低低地说了一句：相看一个去。

我们笑笑，没有理会，下山了。

这次采风，细"读"了闻堰老虎洞山这一"章节"，我们都有许多感慨：人要有舍，才能有所得。打开手机相册，再看刚才在三圣殿所拍的照片，感觉位于三江口的闻堰，如同站在人生十字路口的某个青年才俊。

闻家堰的渡口

马毓敏

对于东片沙地人来说，闻家堰这地方不啻是诗和远方。

沙地人散居在诲路两侧，十七八间草房松松垮垮，不成村不成片。瓜沥是沙地的一处大镇，但同质性太大，想要买一些诸如草绳、毛纸的东西，还得到闻家堰，因为闻家堰有个渡口直通对面的西湖区袁浦，那边的农人会挑着土产品来赶集，卖掉之后，会买些倒笃菜、萝卜干回去。

父亲他们去闻家堰，往往是黎明时分，太阳还没有挣脱夜的怀抱，一路鸡鸣相伴。

一条新市街，一条滨江路，三五条里弄小巷，这就是当年闻家堰的全貌。

闻家堰看着不大，其实不小。闻堰地处钱塘江、富春江、浦阳江交汇处，坐拥六点五千米钱塘江岸，又联结着萧山、富阳两区，特殊的地理位置吸引了上下游大批客商，在历史上素有"三江活码头"之称。

新市街是父亲他们的目的地。一辆永久全钢载重自行车，平时被父亲擦洗得锃光瓦亮，是家里最耀眼最宝贵的东西，骑出去后它就成了工具，譬如这次上闻家堰，书包架子上捆绑着实实在在的两大坛倒笃菜，足有七八十斤。新市街上有各种面店小吃店，八分钱一碗阳春面，五分钱一副烧饼油条，似乎都在觊觎父亲的口袋。其实父亲的口袋里并没有钱，钱在那两个坛子里。只有卖掉了坛子里的倒笃菜，口袋里才会有钱。

远处江面上，一簇黑影越来越近，不一会，汽笛响起，渡船靠岸。

闻家堰渡口是热闹的，来来往往的人们除了买卖特产，还兼走亲访友。富阳山里人家，最喜欢把女儿嫁到江这边来。送亲的队伍就从那里一个叫老渡埠的地方上船，吹吹打打往江这边来。一年之后，有年轻妇女抱着婴孩，边上是提着糕点果饼的夫君，欢欢喜喜坐船到富阳娘家去。

更多的船队从上游新安江、兰江、寿昌江过来，这些从上八府来的船只，装着毛竹、木材、茶叶，有的直接把货卸在闻家堰渡口，再把食盐、布匹、南北百货带回去，有的则在渡口暂驻片刻，继续往下三府方向驶去。

渡口是闻家堰的名片，也是闻家堰的命脉，没有渡口，闻家堰"三江活码头"的称号就形同虚设。

我父亲骑行两个多小时，从萧山沙地区赶来，只想买回价廉物美的草绳和毛纸。按他的匡算，直接来闻家堰买东西，至少比买小贩送上门的，要便宜三块钱。三块钱值多少？小孩子一个学年的书费，或者，一套过年的新衣服。父亲还另有打算，他去年做的倒笃菜也要找销路，一举两便，保不定可以在闻家堰卖掉。

对岸过来的渡船让他心生希望。

渡船甲板上堆放着各种农副产品。青菜萝卜茭白茄子，这些是常见的杜园菜，沙地里不少；竹笼内几只鸡鸭睁大眼睛，好奇地打量着这一方新的天地，这也与沙地区无甚两样。倒是那一筐筐雪白的稻米，从进入父亲眼帘那一刹那起，他的胃部立刻发生剧烈收缩，喉咙里仿佛要伸出手来，掬一把稻米入口。来自棉麻产区的沙地人，这么白的稻米还是头一次见，更何况早上出门时只喝了一碗薄粥，此刻早已化成汗水浸渍了衣服。所幸稻米边上还有别的物品，那一叠叠黄黄的毛纸，那一捆捆搓好的草绳，勉强转移了父亲的注意力。闻家堰此行，目的就是卖掉倒笃菜，买回去毛纸和草绳。毛纸是必需品，谁家少得了，何况家里有四个女的呢。至于草绳，可以编织成草包和草鞋，草包用来装土筑塘，下半年挑七号围垦，草鞋也是必备的。

新市街随着渡船的到来顿时热闹了，大家见缝插针布置摊位。

父亲是做倒笃菜的好手。开坛的倒笃菜黄蜡蜡香喷喷，引来许多闻家堰主妇。在瓜沥，倒笃菜没有市场，沙地区的农民，哪家不做倒笃菜啊。到了闻家堰，父亲的倒笃菜每斤卖一角三分，还行俏。因为父亲还教给他们如何吃出倒笃菜的美味："大姐，倒笃菜烧土步鱼，吃得还要添。""大姆，倒笃菜滚豆腐，眉毛都要鲜落咯。"一位端着早饭碗的街坊，来父亲的摊位看热闹。父亲用手指撮了一撮倒笃菜，硬要他尝尝。那街坊吃完早饭之后，用那只碗装了一斤买走。

两坛菜卖完一坛半，父亲的心稳落来，便开始去买他想要的东西。

一块毛纸有廿刀，价格是三元，父亲专挑那光洁的拣。

拎着毛纸，父亲去买草绳。

卖草绳的摊位不少，父亲一家家看过去。好草绳的标准，一是色泽黄亮，表明用的是今年的稻草，二是匀称紧实，摸上去光洁无毛刺，编成草包或者草鞋就耐用耐穿。在一个摊位前，父亲蹲下来，一顿摸看闻之后，与摊主讨价还价起来。对方开价每斤二角，父亲还价一角五分，价钱相差太远，一个不肯让，一个不肯加，买卖双方一时无话可说。

太阳升到头顶，估摸着有八点多了。父亲摸出一个五分的钢镚，要了一个烧饼，啃得狼吞虎咽又心满意足。

吃完烧饼，见街上大部分人已经走散。再看那些卖草绳的，也差不多都已经出手，只先前那位还剩下两大捆。父亲再次走过去，问摊主一角六分卖不卖。那人见父亲每斤加了一分钱，连说三个"卖"字，欢天喜地，忙着过磅。买卖成交，父亲与摊主都松了一口气，两人开始说起话来，不知内情的人还以为是熟人见面。那人帮着把草绳捆上父亲的自行车，得知父亲卖的是倒笃菜，就把坛子里最后几斤都买走了，说是晒干后同笋一起蒸，开胃得很。

新市街的日光影里，一个男人驮着草绳与毛纸，骑上自行车向萧山县城的方向驶去，他的家在离县城四十里地的东沙，骑两个多小时到家。

同样在新市街的日光影里，另一个男人扁担梢头挂着一袋倒笃菜，一手拿着烧饼油条，转身上了滨江路，朝渡船码头走去。他的家在江对岸的富阳，从这头到那头，十五分钟。

风情·岁月

小巷里的广播声

黄国松

　　闻堰老街的小巷狭窄而短，我依稀记得在文化路上的长生弄，只能过一辆电瓶车，邻居间相隔只有几步之遥，今天谁家来了儿女，谁家来了亲戚朋友，谁家的厨房炒着佳肴，都听得明了，而对我来说，印象最深的是小巷里的广播声。

　　小巷很小，很简陋，也可以说有点破烂不堪，但是这里却充满了浓浓的人间烟火味。古老的墙壁，厚重的石板路，仿佛造就了一只天然的音响，于是脚步声、车轮声、风声、雨声、广播声、孩子们的欢叫声，这些不同的声源，在不同的时间里，或是轻，或是重，或是远，或是近，交缠在一起，显得嘈杂而不乱，又仿佛被瞬间凝固，随后又被扩音，传向更远的远方，又如同醇厚的酒，香满四溢，却永不枯竭，永远被藏匿在这小小的小巷里。

　　"张大伯，你家的广播今天有没有响？"隔壁汪大妈站在门口对着正在晒太阳的张大伯说。"今天我家的广播也不太响，叽里咕噜的，像是在说悄悄话，听不清啊！一定是坏了，等会儿我打个电话给广播站，叫黄师傅来修。"张大伯家我很熟悉，在文化路一百二十六号，三户人家并排着，矮矮的两层楼，夹在中间，房子只有老两口住着，平时张大伯喜欢听广播，觉得听比看省力多了。我记得去维修广播的那天碰巧是农历八月十五，打开纱窗门，我对着屋内说了一声："张大伯，我来了。"只见里面没有点灯，显得有点昏暗，他坐在泛黄的藤椅上欣喜地说："这么快就来了，好，好，麻烦你了黄师傅，我们这些年纪大的人，一天不听广播，耳朵就会痒痒的。""修修快的，张大伯。"我先检查了张大伯家的广播，电位器开到最大也没有反应，问题并不在这里，于是走出门，背着长长的梯子开始一段一段地细致排查，不到半个小时，就查出了故障点，小巷里很快又传出了洪亮的广播声，再回到张大伯家，把广播的声音重新调整到合适的位置。广播修好了，张大伯很开心："黄师傅，谢谢你了，留在这里吃中饭好了。"我说："张大伯，太客气，不用了，现在回单位刚好吃饭。"这时候在厨房的张大妈箭步走到门外，拉住我说："黄师傅，那饭不留你吃了，这两个月饼你一定要拿着。"我推辞着不能要，反反复复好几回，最后只好收下了，走出张大伯家，我摸着口袋里的两个月饼，那原本很短很短的小巷，我却走了好久好久……

如今，老街正在如火如荼地改造中，张大伯家也早已经搬走了，小巷的广播声也已经销声匿迹，但是我相信经过改造提升后的老街一定会更美，更加光彩夺目，更希望张大伯张大妈健健康康的，等老街改造好了，再来闻堰看看！

风情·岁月

三江口水歌

陈于晓

一

闻堰人喜欢把闻堰叫作闻家堰，我也喜欢，仿佛一个"家"字，把时与空的距离一下子拉近了。此时再望三江口，在水光的潋滟里，粼粼荡漾着的，仿佛都叫往事了。若有水雾淡淡漫起，这淡淡的腾挪着的雾气，仿佛就叫乡愁了。还会有渔船，在水面上出没吗？时而鱼贯而入，时而鱼贯而出。一江春水不会倒流，但时光也许是可以回去的。

"君看一叶舟，出没风波里。"我有时会想象我就是那舟中的渔人，轻轻地划动着渔舟，但浪花不是我荡起的，江面辽阔，无风也会有三尺浪的。浪花一起，鱼儿也许就会配合着，从浪花里飞出来，像浪花里飞出的欢乐音符，接着又掉入了另一朵浪花中，潜入水中。此刻，鱼是浪花的制造者。而捕鱼人，有时网住的是浪花，有时是鱼，更多时候网住的是三江口的流年。

在我眼里，汇流在三江口的三条江，各具特色。富春江旖旎，人行明镜，鸟度屏风，是活脱脱的仙境；浦阳江从两岸烟火中来，又来到了闻家堰的烟火之中，浦阳江充溢着的多是人间烟火；而钱塘江，则有起起落落的潮声，有奔腾着的气势，是要奔向大海的，有着辽阔的象征与寓意。三江口的日出与日落，都有着云蒸霞蔚的韵味，即便不捕鱼，就在江边走一走，你也会觉得，闻家堰的一天是完美的。

"江上往来人，但爱鲈鱼美。"在闻家堰，无论江上的往来人，还是江边的往来人，爱的也许都是闻家堰的江鲜美。自古以来，闻家堰都是以江鲜闻名的。比如，闻家堰的鱼市，就在江边，早晨和傍晚，渔老大们收了网，就在江边一字儿摆开鱼摊，摊摊都鲜蹦活跳着。令闻家堰人骄傲的，也就是去一趟江边，就可以拎几条鲜鱼回家了。有时，渔老大们的打鱼船还没靠岸，鱼就被在一旁等候多时的客户采购了。鱼自然是特别鲜活的，连渔老大的身上，都还滴着新鲜的江水。

这些年，爱上闻家堰江鲜的人们都知道，闻家堰有众多的饭店酒家，都以江鲜为特色，光听听这一道道菜名，就让人垂涎欲滴了。比如，钱潮思鲈、八鲜过江、红焖江鳗、醋溜鱼头、红汤甲鱼、腌江白条、钱塘江米鱼……在三江口，何以闻家堰的江鲜最美，闻家堰人会自豪地告诉你，那是因为三江口的流水，到了闻家堰有个拐弯处，水的流速、温度和水质，都恰到好处，特别适宜鱼类的生长，这儿的鱼，长得最嫩最美……

如果说江鲜是舌尖上的乡愁，那么一幅"渔舟唱晚"的画卷，则是流水之上的乡愁了。夕阳的余晖铺张一江，或者半江瑟瑟半江红也可。打鱼人归来，仍在江边宿。现在，我想走到过去某一年的时间里，比如在一盏渔火的闪闪烁烁中，听一位老渔民，缓缓地叙述闻堰老街的故事。

二

　　写下坐落在光影深处的闻堰老街，这些光与影，就鼎沸或者鲜活了起来。在旧年，不用说这两点肯定是老街的标配：一是熙熙攘攘的人流，不绝于耳的叫卖之声；二是三江口的风，把光与影都吹拂得湿漉漉的，连同影子都滴滴答答的。闻家堰坐拥着六点五千米的钱塘江江岸，在历史上素有"三江活码头"之称，人称"小上海"。旧年有许多古镇喜欢称作"小上海"，不论大小，能找到个"上海"的影子，就意味着此地的交通便捷与南北货物应有尽有了。而当年的闻堰老街，无疑是这"活水码头"中，最具烟火味的篇章。生活中的各种所需，大抵只要入了老街，就可以"一网打尽"了。

　　其实在运输基本上依靠水路的旧年，地处"三江"，就意味着四通八达，生意通达。这么想着，仿佛有汽笛声声，在时空的深处响了起来。如今，闻堰码头还在，但肯定不是当年的那一个了。这码头肯定已被改造过，或者还挪动了一下地方。但当年水路交通的繁华，还是可以想见的。据老辈人回忆，那时的码头有两条停靠的航线：一条杭州南星桥往返桐庐，走钱塘江与富春江；另一条杭州南星桥往返诸暨湄池，走钱塘江与浦阳江。两条航线，都由浙江省钱江航运公司经营，上午和下午对开两班。坐船的平时以做生意的人居多，到了逢年过节，就以走亲访友的客流为主了。抛开那份奔波劳碌之苦，在我今天的想象里，坐着轮船在碧波中行进，看着两岸的风景，竟觉得挺有诗意的。或者，人在回忆时总会将那些艰辛的"部分"滤净，只剩得美好了。而替我回忆着当年情景的老人，也忘记许多水路的故事了。他似乎只记得当时的票价了，闻堰到南星桥是二角，到桐庐是一元零八分，行李若是大件，还得加点钱。至于这个价格记得是否准确，他也用了个"好像"，终究，记忆以及记忆中的轮船，早已是一会儿清晰，一会儿模糊了。值得一提的是，当年的闻堰，还有通往南星桥的二十二路公交车，乡镇通公交，这在当时是极为难得的。

这些，大多是 20 世纪七八十年代的事儿了，有的还要更早一些。老人们回忆说，更早时候的闻堰老街，其实不是现在这个位置，而是紧邻着现在的闻堰码头。那时，老街是在西江塘上的。在 20 世纪 90 年代末，为了钱塘江的防洪安全，西江塘上的老街被拆除了。我们现在所看到的老街，虽然依旧是沿着江的，但已经在塘内，是 20 世纪七八十年代建造的。只是 20 世纪七八十年代的闻堰老街，依然是喧闹着的。那时，江对岸一带的居民，就靠着一艘艘渡轮，渡过钱塘江，从闻堰码头上岸，来闻堰老街赶集。而老街，也一如既往地迎送着南来北往的客人。

<h1 style="text-align:center">三</h1>

如今，这 20 世纪七八十年代留下来的老街，又开始了新的改造。我是通过一些留下来的照片走进老街的。按照现在的眼光来看，也许照片中的老街，显得有些杂乱无章。摊位有些凌乱，车辆似乎也乱停着。不过这"乱"，给人的感觉却是浓浓的"市井"和"烟火"味，闻堰老街的"魂"，不就在于这份浓浓的

人气吗？

老街其实也不长，从这一头到那一头，走得快的人，也就一支烟的工夫。但昔日的老街，各样的货物都有，各样的服务也都有。日用百货、五金电料、服装鞋帽、粮油米面、烟酒糖茶、瓜果蔬菜……以及那些年所特有的"摩登"与"时尚"，仿佛都还在流动着，碰撞着，喧嚣着。煤球、煤炉、热水瓶，以及叮叮咚咚的锅碗盆瓢，想起来是那么的亲切和熟悉；卖服装的个体户，把花花绿绿的衣服，晾了一摊，耳畔仿佛还响彻着当年的那些流行歌曲；走过粮米店的时候，也许还可以想见更老的光阴里，那热热闹闹的米市，水乡之地最让人遐想的就是"鱼"和"米"；驻足种子店，就想到了瓜果蔬菜的种子，可以把田园种得青青绿绿，花花草草的种子，可以把庭院打扮得五光十色……而要留住记忆的，非照相馆莫属。拍一张证件照是必须的，拍一张全家福也是一种好选择，布景简陋，光线也不怎么样，笑容却是最真实的。把留不住的瞬间用照片定格，在日后就是一种悠长悠长的回味了。有了对于亲人的思念，或者对于远方的向往，就找一张漂亮的信笺写下来，塞进绿色的邮筒，让投递员送到远远近近的地方，然后等待着那信件像雪片，从那个地址上飘回来，或者石沉大海了，在当时也许是一声沉沉的叹息，过后也就化作了云淡风轻的一笑。

还记得在电影院，悄悄地牵了牵心上人的手，至于电影里演的是什么，早忘记了。还有，老街上都卖些什么，或者也只能记个大概了，却记得逛街逛得大汗淋漓时，那赤豆棒冰挺好吃，或者柠檬汽水也很好喝。再有放学的时候，特意拐到老街去，买上一个热乎乎的油墩子，边吃边走回家的味道，也蛮不错，不能忘记的还有某一天偶尔尝到的银鱼丝炒蛋。镶牙的、配钥匙的、修自行车的、算命的……还有，谁家的狗，一路小跑，或者吠上数声，稍远处，又有谁家的鸡跟着叫了起来。相熟的摊贩，生意来了各忙各的，生意空下来的时候，就三五成群，在一起聊聊天，说说家常，吹吹牛，仿佛也其乐融融。更有二十四小时不打烊的渔具店，一整个深夜，像一盏渔火，守着热闹或者冷清的老街。如此，卧在人间岁月中的闻堰老街，全叫了"生活"。

后来，你长大了，或者离开了闻家堰，有一天再回来看看，老街还是没长大。再后来，你忽然地发现，老街真的老了，已渐渐地走出了我们的生活，忽然变成让人心心念念的乡愁了。

四

于是你觉得必须留住这乡愁，如今正在改造的闻堰老街，也许就是为了最完美地呈现这条老街，这份闻家堰人心上最柔软的乡愁。老街的一期改造区块，包括原新市街两侧以及沿江板块。依据规划，这里将打造成国内首个"穿越1980"江鲜文化主题街。是的，或许与别的老街不同，闻堰老街的房子，多是20世纪七八十年代建造的，比起其他老街的那份"沧桑"来，闻堰老街，则要年轻得多，但这也正是闻堰老街的优势所在，"1980"，那个充满了盎然生机和蓬勃活力的时代，仿佛又被唤醒了。那一幕幕的光与影，又生动着，鲜活着。

"大庙前看潮水，潮冲池学游泳，甘蔗会馆看戏文，学堂道地看电影，轮船埠头买江货，渡船埠头黑市米，甘店埠头茶店茶，塘方河斗十间楼，最高不过二层楼，人民公社乡公所，墙门办公新桥头，镇上小学仅一所，初中要去长河头……"这是我从网上找到的打油诗，说的就是旧年闻堰老街一带的概况。如今走在这一带，时过境迁，许多的，已经找不到痕迹了。时光一直在往前走，时光当然没有停留过。

隐隐地，我听见了潮声，这是"八月十八钱塘潮"的声音，也是在我们身边响彻着的时代的潮声。我不知道，被改造后的闻堰老街，在骨子里，是旧的，还是新的？但我想，它既是传统的，又是时尚的。潮文化、江鲜文化、码头文化、船帮文化、大庙前记忆、二十二路公交记忆……它们中的一些，将替人们留住记忆，另一些，则将为人们抒写出新的江景。比如，我还希望着，在升级版的"钱塘鱼市"的一角，我还能寻觅到旧年的鲜活记忆。比如，在改造后的老街，我可以找到一个观江景的最佳位置，一边品尝江鲜，一边欣赏江景，凉风一阵阵从江上吹来，吹得我心头湿答答的。而此刻，一道半是回忆半是想象的"富春鲥鱼"，正在从"江鲜一条街"游过来……

"一堤芦花半岛月，三江烟色满渔舟。"依水而生，因水而兴，地处三江口的闻家堰，终究在一曲娓娓的绵长的水歌里生动着。而闻堰老街，是安静或者喧闹在这曲水歌中的一个篇章，"钱塘七号"则是一个嘹亮的音符。这一刻，我在老街上走动着，身与心，都被水声淋湿了。

汽笛声声

凌金全

　　清晨，嘟嘟的汽笛声响彻云霄。闻堰老街人就知道这是早上头班轮渡刚刚靠岸。当人们向码头眺望时，只见码头上行走着一支队伍，队伍中有的挑着担子，有的手提篮子，在拥挤的人群里，有的关照地说："当心，慢慢走……"

　　坐轮渡过来的人，闻堰人都称他们是"钱塘人"，其实在袁浦、周浦生活的不少是萧山人。因为曾在战乱时期，有不少萧山人逃难到了闻堰对岸，那里地理位置比较特别，陆路交通不便，三面临江，地处浦阳江、富春江、钱塘江三江汇合处，成半岛状，相对安宁一些，因此有些萧山人（祖先）就在那里安家住了下来，日复一日，便成为"钱塘人"。

　　从闻堰到对岸分别设有两个轮渡码头和一个桐庐—杭州的客运码头，因此三个码头的汽笛声此起彼伏，有长声、有短声，短声是在示意人们船起航了，要注意安全，长声意味着船来了，船上和码头上工作人员要做好船只靠岸的准备工作，同时乘客们要做好上岸的思想准备。

　　汽笛声声，说明轮渡、客轮是正常通航的，用船员的话说：

"是平安声声。"如果听不到汽笛声，就说明有大潮或大雾天气，会暂时停航。近邻码头的人们都会听得到汽笛声，于是它自然而然地成为一种信号，人们便用不着赶到码头来碰头。

汽笛声声，也给闻堰老街人带来一种信号。知道"钱塘人"送来了新鲜蔬菜、鸡蛋等农副产品，因为自产自销质量相对靠得牢，老街人很有经验，无须到农贸市场上购物，轮渡上来就被老街人拦下做交易。所以，"钱塘人"也很乐意到闻堰老街做买卖。这样缩短了时间，马上能回家干活，何乐而不为。

老陈是袁浦镇东江嘴生产大队的人，他家除了参加生产大队劳动，利用工余时间，起早落夜地在房前屋后种地，搞些农副业生产，贴补家庭日常开支。他曾在与笔者的聊天中透露，他的祖先是萧山人，距离码头仅三里路程，到闻堰就等于返回故乡，对故乡有一种亲近感。再说闻堰老街是个"活码头"，人流量大、农副产品销得快，当年五分钱的渡船费用划算。

袁浦镇人小赵，头脑活络，身体棒，能吃苦，善经营，是做生意的料，"钱塘人"都称他为"肉老板"。

刚开始，他图着离家较近，就在袁浦街上摆了肉摊。一次，在闻堰山河村走访了原老亲戚，偶遇一位同行的（肉老板）姓孙的人谈起自己卖的肉销售情况较乐观，小赵心想，闻堰毕竟是个"活码头"，必须改换经营地点，决定把自己的肉摊搬到"活码头"。

从此，他每天从家到摊位，都伴随着汽笛声声……

小赵刚搬到闻堰经营肉食生意，人生地不熟，但他知道诚信是立足的根本，于是，他在点点滴滴中做起来，以获得消费者的信任。

一次，轮渡随着嘟嘟的汽笛声声之后，慢慢地靠岸了，因早上人多拥挤，小赵招呼老人注意安全，让老人先上岸。来到市场大门口，小摊小贩占道，小赵好言好语地打招呼。在摊位上，遇上老年顾客，耐心地介绍肉类价格，有礼有节的言表，有时真能感动"上帝"呢。

　　又有一次，在春季的一个上午，天气晴朗，一位老年顾客在小赵摊位上购买腿精肉，准备去亲戚家做客。可是春季的天，小孩的脸，一会儿就下雨了，老人说有人在等着他呢，站在一旁正在发愁。一向机灵的小赵见这位老年朋友没有携带雨伞走不了，便主动地把自己备用的一把雨伞借给老人，小赵说："大伯，你什么时候有空顺便把伞带来，你现在拿去用就是了。"

　　日复一日，月复一月，老街人对这位"钱塘人"有了良好的印象。小赵每天在轮渡的汽笛声声中快乐地来来回回，就连船老大也与他很熟了，并对他有较好的口碑。

　　有一天，那位借雨伞的大伯笑眯眯地走到小赵摊位前，等他生意空闲下来说："小伙子，我有一个侄女介绍给你，等一会儿写一个电话号码给我，抽空给你仔细聊聊……"

　　说来真的有缘分，双方经过一段时间的接触、了解之后，喜结良缘。说起来，两人的缘分，离不开这汽笛声声呢。因为互相往来只有坐轮船最方便，时间最短、路线最近。

　　一个雪花纷飞的腊月廿六的上午，从桐庐至杭州的客轮，随着嘟嘟的汽笛声声，接近闻堰客运码头，身穿呢大衣的宋女士从桐庐娘家回杭，途经闻堰老街买些江鲜返回夫家。她走上码头，不一会儿来到老街，只见各种江鲜应有尽有。宋女士说："闻堰江鲜刚从渔船里拿上来的，渔民们直接从江里捕捞起来，减少中间转卖环节，价廉物美，是杭州城里买不到的江鲜。坐上闻堰到南星桥客轮很方便的。"

20 世纪，宋女士和她城里的家人，成了到闻堰老街买江鲜的常客。因为水陆交通便捷，汽笛声声成了连接着城乡的通道。

可不是吗？闻堰有多个楼盘开盘之后，不少有眼光的城里人都乐意到闻堰买房定居。仅三江花园就有 90% 以上的购房者是杭城人。当然，宋女士也不例外啰，她说："回想起在坐轮船回娘家的岁月里，观看江面上的风景是一种享受，坐船平稳又相对安全，随着嘟嘟的汽笛声回到了娘家，非常开心呢。"

贴心为农的营业员

裴浩明

　　中华人民共和国成立后，闻堰供销社是闻堰老街上主要的经商单位。

　　1971 年 7 月成为闻堰广播电视站编辑的我，一直追踪着闻堰供销社职工华水富的经商活动。因为他是一位贴心为农的营业员，我曾写过的多篇报道被《萧山日报》《杭州日报》《浙江日报》和萧山广播电视台、浙江人民广播电台采用。

　　华水富其貌不扬，说话慢条斯理，一看就是个头脑灵活、善于打交道的人。他 1934 年 2 月出生于闻堰老街下埠黄山潭头村，小学毕业后成为闻堰老街同仁堂药店的学徒。1956 年公私合营进闻堰供销社成为南货部的营业员。1975 年，在那"以粮为纲"的年代，喷雾机、拖拉机成了农村的主要生产工具。为此，闻堰供销社建立了一个农机配件门市部，将华水富从南货部调到该门市部为负责人。华水富到岗后，他想农民所想，急农民所急，先从农民口中了解农机的使用和破损维修情况，将柜台供应的农机配件品种由起初的五百多种增加到一千五百多种，以满足农民的购买需要。得悉农村夏收夏种季节，为赶季节耕种，有许多拖拉机晚上采用换人不换机的操作，他与另两位营业员商量，延长门市部营业时间，做到日夜二十四小时不打烊，以方便农机手购买。并且他还与闸堰全公社（镇）的农机手说，你们需要配件，给我打个电话即可送货。

1979年，供销社经营机制转换，农机配件门市部改为承包经营后，华水富更是放开手脚，将农机配件门市部更名为农机服务公司。同时，摆脱只从县供销社进货的单一渠道，为确保农机配件的质量，将进货渠道拓展到外省、市农机配件生产厂家。1980年，闸堰供销社农机公司与江西、福建及本省金华、嘉兴等地十多家生产名牌农机配件厂家连锁经营，既降低了本公司的经营成本，又使农民买得放心。与此同时，华水富看到闸堰全公社农机修理只有黄山一个大队有修理点，其他十三个大队（村）农机修理有困难，他公司出资雇佣农机修理员专设立农机修理部，日夜为附近大队服务。1981年，农村实行家庭联产承包责任制，农机需求量扩大，华水富又将公司农机零配件供应扩展到拖拉机整机供应，与全国二十一个省市的两百多家农机生产企业建立业务联系；同时，采取了整机拆零出售和农机以旧换新等新型服务方式，服务范围由本镇拓展到附近乡镇，甚至绍兴、诸暨等县市；使闸堰一个镇的农机供应店的营业额超过萧山全县的农机销售额。由此，周围农民把闸堰农机公司称为"贴心店"。华水富在1981年、1983年被评为浙江省供销合作系统先进工作者。1990年，他又被中华全国总工会授予"全国优秀业务能手"，荣获全国"五一"劳动奖章。1991年他被评为萧山市（现杭州市萧山区）劳动模范，1993年被评为浙江省劳动模范。

闻堰老街的骄傲

裴浩明 整理

    闻堰老街历史悠远，人才辈出，除了经商有好手，从军、务工的也有佼佼者，其中我的一个小学同学，出生于闻堰老街下埠的葛志康，1990年荣获全国"五一"劳动奖状，成为闻堰老街的骄傲。

    1946年10月出生的葛志康，只有初中文化，1971年4月作为"知青"抽调进杭州汽轮机厂当钳工。他工作认真负责，刻苦钻研技术，在生产中多次提出的合理化建议获得一、二、三等奖和QC质量管理奖，因而进厂不久就被评为杭州市级先进工作者。由于他技术过硬，被厂领导多次委派参与多项国家重大工程项目。如1976年至1978年，在上海先后安装调试我国第一套国产化三十万吨合成氨、五十二万吨尿素大化装置，葛志康作为杭州汽轮机厂技术方与另两大汽轮机厂人员合成压缩机、冷冻剂、二氧化碳压缩机，结果一次性试车成功。他获得钳工技师职称后，1985年1月远赴大庆油田，负责国内最大的工业汽轮机二万五千千瓦高温高压机组装配安装调试也顺利成功，为大庆油田大化余热按时发电创造了运行条件。后来，

风
情
·
岁
月

205

葛志康又为大庆成功安装调试了我国第一套国产化四十八万吨乙烯装置中高温高压高速合成二氧化碳汽轮压缩机。之后，由于用户操作不当发生重大事故，厂领导安排他带技术小组去处理，不仅很快予以修复而且使其重新高质量运行，甲方认为他的技术水平优于德国西门子三系列机组技术，因而葛志康被聘为大庆人的荣誉职工。与此同时，他在一次军工事业的汽轮机叶片断裂重大事件中能迅速查出原因，并尽快修复机组，获得军方和国家七院研究设计院的赞赏。1993 年 5 月，广东发生了杭州汽轮机机毁人亡事故，领导派他进行处理，他为甲方认真分析事故原因后，不仅获得用户的赞同，同时挽回了公司的知识产权和质量荣誉。1994 年，他分管的车间在与德国西门子合作生产十台汽轮机组中，夜以继日地忘我工作，接连义务加班一百七十八个日日夜夜，不拿一分加班费。

葛志康精湛的技术和高尚的品质，获得公司领导和职工的一致肯定。公司曾五次要奖励他杭州城区新房子，均被他推辞，连大庆油田给他的两万元奖金也分文不取上交给公司。葛志康有功都不受禄，真的难能可贵。因此，其先进事迹曾多次刊登在《杭州日报》《浙江日报》和《工人日报》上，也多次获得政府部门的表彰：1986 年、1987 年连续两年被评为杭州市劳动模范；1988 年、1990 年两次获得浙江省劳动模范称号；1990 年荣获全国"五一"劳动奖状；1992 年获得浙江省"七五"时期劳动模范；1989 年起连续四年评为杭州市级优秀党员，并先后被推选为杭州市七届、八届政协委员，杭州市八届党代会代表，浙江省九届党代会代表。人们都说，闻堰老街出现葛志康这样的人难道不值得骄傲吗！

江边有条回忆的老街

汪华良

我是个随性外加点懒散的人，机缘巧合入了台索尼半画幅微单后，立志当一名摄影师的规划就在心中若隐若现了。买了没多久，果不其然，和大部分人一样，按不了多少快门，就被装进了相机包，没挎在肩膀上，而是丢在了塞满干燥剂的柜子里。

我琢磨着，一个人做事肯定没一群人做事有意思，于是支付五毛，加入了一个"付费"摄影群，认识了很多摄影好手，也见识了很多好作品。起初我什么都拍，在尝试了多种类型的"流派"后，套用《飞驰人生》里的一句台词就是"一顿操作猛如虎，定睛一看原地杵"，于是我开始总结自己到底喜欢拍什么，最终选择了"扫街"这类偏向人文的摄影题材。

自此，没事就去镇上走走，拍点生活，拍点老得不能再老的东西，把这些东西用照片的形式封存起来就成了休息日的习惯。我不喜欢大城市的喧嚣，灯红酒绿于我，就像直视着刺眼的霓虹灯，让人不得不把眼睛眯起来，仿佛要躲进灯下的小巷才能苟且，而去熟悉的镇上走走，熟悉的商铺，熟悉的人，让我如鱼得水，我贪婪地举起相机，用小小的取景器去品味这个小镇的人生百态。

去镇上，我爱步行，"11 路"这种最原始的交通工具，正好用在这条具有跨时代意义的江堤柏油路上，这条路承载着 20 世纪 90 年代的自行车流量，也经历过 1998 年的洪水，可谓是一条见过世面的路，比起下边那条时代大道的车水马龙，更有一种门可罗雀的荒凉。我喜欢走这里，车很少，人更少，走着走着，就会想起小时候坐在父母自行车后座去上学的场景，江堤是慢节奏的小时候。下了江堤，就是快节奏的现实，我的家乡，变得越来越年轻，而这座被钢筋混凝土取代的江边小镇里，唯一的宁静，就在这条面临整改的老街上了。

老街的起点，是几家日常用品店，若你现在住的是商品房，那就很少用得到了。左边店里是一些煤炉、热水瓶、瓢盆瓦罐等，右边那家则是竹扫帚、缸甏等大件生活用品。而这两家店中间，常有巡逻员走来走去。店门口的那两只狗，悠然自得，对你爱理不理，若是靠近了，也会象征性地吠叫几声，颇有一种买就买，不要摸的意思。

往前走，是一家粮米店，店门口会摆出很多蔬菜种子，店家是对老夫妻，长期住在这里，如果你想凑近拍点照片，老爷子会对你摆摆手，似乎老街起点的店家，都是一群上了点年纪，又想趁着还有余力，补贴家用的中老年人，按理说是安享天伦的时候，他们却闲不住，而平时不忙的时候，就一起打打麻将，嗑嗑瓜子，远远看着他们，又让我产生了羡慕之情，自以为他们身上有一种知足常乐的仙风道骨。

一条街上怎可以没有理发店，这家门口摆满绿植的店对面，就有间小得不能再小的理发店，陈旧的外观，住着一位陈旧的理发师，专门给这些陈旧的老人理发。店门外是一台陈旧的电瓶车，就连晾衣杆上挂着的毛巾，也泛着洗白后的陈旧，小屋后边的烟囱似乎在告诉你，只有陈旧的地方才能看到这炊烟，理发店坐落于这条拥有几十年历史的闻堰老街上，所以一切的陈旧，似乎又变得那么合情合理。

走两步，就到了"80后"闻堰人都会进去的地方了，没错，照相馆，承载着几辈人回忆的地方，周岁照、全家福、证件照，都可以在这里拍，拍出来的照片没有现在的大光圈那样的糖水，没有婚纱照那样的奢华大气，只是古板的背景，几条凳子，然后大家坐好，摄影师叫看镜头，一、二、三，一张全家福就拍好了。

走着走着，就到了闻堰菜市场，印象中七八岁的样子，市场改建，从此，一楼就是吃的，二楼就是用的，我们要的生活就全在这市场里了。平日里放学了，坐在妈妈的后座，跟着她来市场了，我喜欢问她要五毛钱，买个油墩子，然后守着自行车，十几分钟后，吃完了，我妈也买完菜了，而我，还对油墩子意犹未尽。周末的早晨，喜欢跟着老爸来菜场里边的面馆吃面，他总爱去厨房拿几个油渣，要一碗老酒，就着一碗面，吃得津津有味，而我，总是一碗馄饨，加个煎包，加起来，也不超过十块钱。

过了市场，马路的另一边有个体商户，衣服、日用百货、炒货蛋糕等，寻常人家要的，都能买到。因为从小是个买衣难，特别不爱逛衣服店，不过身体在长，还是得跟着父母常来，因为这里是一个圈，一边进去，一边出来，所以女人们逛街的功力，也从这里练出来。而路边，是各种小商小贩的聚集点，当季小菜，江里抓来的小鱼，大三轮拖来的时令果蔬，通通都有，这里也是最人头攒动、砍价声最密集的地儿，时不时还传来些许吆喝声，一边证明自己卖的东西童叟无欺，一边给自己捧场。

生活嘛，总有点破事需要修修补补，配个钥匙，修个自行车，镶个牙齿，这些店铺就在老街尽头的另外一边，这些琐事不像市场那样一到清晨和傍晚就忙，反而是休息日的时候老板最忙，平常时间，老板、老板娘们拉拉家常，八卦下哪个店铺的谁谁。大家都是市井小民，你是，我也是，闲时还都爱吹点小牛皮。

这里有一家我特别爱光顾的小吃店，店里主打特色烧饼，还有豆浆和牛肉粉丝搭配，依稀记得第一次来店里的情景，我问老板，做一个烧饼大约要等多久，老板略带腼腆，说："要稍等会。"我就上下打量着这家店，店面不大，摆完了必要的设备，就只能放下两张小桌子，不过还好，因为烧饼都是现做要等，所以现买的主顾少，而我就不用排队了，吧台时不时传来：您有新的美团外卖订单。此时老板从柜子里掏出几个面团，开始擀，撒了点料，问我，要辣吗？脸上还是那种不敢直视你的腼腆。我说微辣，仔细看了眼老板，他蓄着胡须，但是带着一丝初入江湖的稚气。做烧饼的时候，他并没有那种师傅大开大合的霸气利落，而是一种有条不紊、慢条斯理的从容。店里东西多而不杂，整个格局小而不挤，就像与闹市隔绝的又一个世界，每次来，都会让我的思绪在这里停歇片刻。

老街尽头的分叉点，能顺着往上走，到达江堤，走不了多久，就能看到闻堰的特色——"鱼市"。自从码头不让摆摊后，渔民们就自发组织了一个集结点，大家相约在此处，每到下午三点左右，渔归，等客。从起初的寥寥数人，到现在江堤上停满各色车辆，这块鱼市也算是打出了些许名堂，除了饭店掌勺的大厨，更有从城里赶来的食客们，食客对食材的挑剔，犹如大厨蒸一道菜时必须精确到秒的把控，每买到称心的江鲜，食客们总会挂着自己察觉不到的微笑，慢悠悠走进车子，点火，悠然而去。

虽然俗话说靠山吃山靠水吃水，可如今，这些老营生，已经鲜有年轻一辈继承了，年轻人对于这些传统老行业，更多觉得是一种文化，而非解决温饱的方式。而渔老大们，都是些四五十岁甚至上了年纪的大叔大妈，捕鱼归来后，静等客人上门，倒也惬意。现如今，移动支付时代，大家兜里的钱也越来越少了，变成了扫码支付，于是，大叔大妈们也开始学习如何使用支付宝，还有微信，我在船上称重，你在岸上打开支付宝，支付宝收款声不绝于耳。

每到周末，不同于工作日，大家会早早过来采购，于是渔老大们收摊也会更早，常常伴着夕阳，拉响发动机，在江水和山峦的映衬下，回家，与收钱时候享受劳动果实的喜悦不同，到家后脱掉一身腥味的工作服，舒服地洗个澡，跟家人一起吃个热饭，才是一天当中最幸福的时刻。

老街的回忆太多太多，而现在出生的娃娃们，已经是另一个时代了，不知道等他们懂事后，会羡慕起那时候的我们吗？没有电脑，没有手机，却有小霸王，有影碟机。没有各种变着法子调制的饮料，却有健力宝，有北冰洋汽水。没有耐克，没有阿迪，却有飞跃、回力这些国货鞋。庆幸自己，还未在完全

风情·岁月

改建前，走了几遍老街，也逛了很多次那里的鱼市，有时候翻翻照片，嘴角也会微微上扬，继而再摇摇头，叹口气，多想和那些光阴永远住下来，又多想和时光一样潇洒地离开，但我不能，也没能。而老街有新街的更替，真正老的是我们，那些回不去的时光乐土，回不去的都写满面孔和青春一起褪落。

我怎么舍得和她说再见

阿 江

　　鸽子在天空划出白色，老街有了风。老屋在左，钱江在右，这里是二十五年前闻家堰的西江塘。

　　在窄窄的是塘也是街的青石板上晃悠着长大，这个临江小镇的每一条路我都熟悉，每一盏路灯我都认得。从儿童到少年，从年少到青春，她将我紧紧包围。可是岁月不饶人，我知道她终将会离去变得模糊。于是在 1997 年的秋冬我携了夫人，一次又一次抚摸她沧桑的容颜。

　　摆好三脚架，卡上相机，调光，对焦，屏住呼吸，按下快门。我知道这些照片将承载我深深的爱，很重要，所以我不断地按下快门，按下快门。如今，老街不在，相机遗失，唯留当年旧胶片！

　　第一张照片是 1997 年 12 月 7 日下午拍的，用的是我的第二台相机——美能达 500。记得那天是周日，阴天，窄窄老街的左边一个做女红的妇女，是我洪同学的隔壁邻居，右边房子的高墙上有巨大的"恒茂"两字，让我想象出昔日这街头的车马喧嚣。"恒茂"下的木门口，走出一个穿花衣的小女孩，好奇地向来路张望。

刻着"17"字样的西江塘路碑右边下了台阶，是一片空地，空地和里河隔了一排矮房，和塘上连在一起，地方就很大了。小时候，那是孩子们玩"中国美国"的好地方。路碑是我们男孩的跳马，女孩拉皮筋的佳处。

夏天傍晚的江风正徐徐吹来。

老街来来往往的热闹如今早已消失，照片里泛着雨后亮光的凹凸不平的石板、盘旋的白鸽、倚门的小女孩、背手的邻居现在在哪里？呵呵，太遥远的爱了！此刻，我闭上眼睛：暮色降临，青石板上传来你的脚步声，一声，一声，敲在心坎上，从旷古年深到不可追及的地方。

我似乎不时会和自己的昔日去纠缠一下，所以对闻堰的拍摄记录一直在进行着，包括现在已成残砖断瓦、芒草萋萋的土地。

2020年10月31日，是闻堰"老街"（此"老街"是20世纪80年代建，替代了西江塘"老街"）封街改造前的最后一天。我起了个早，在人声鼎沸、熙熙攘攘的早市中穿行，直到九点一过，城管出现，人群顷刻散去，一街垃圾留给保洁员。

那天我又和"中国发廊"的老板郭欢泉聊上了，他经营着闻堰老街上最后一爿理发店，地点在从前面店埠头下面。其实这店只和老街隔了一层墙，老闻堰人说的"老街"仅指塘上一带，以大庙为界分上埠与下埠。从前地方小，分得也细致。

和郭师傅说着从前的事。生意清淡，设施简陋，来剃头的皆是街坊邻居，便宜点儿也无妨。他不停地打哈欠，在理发椅上躺下又起来，门口看看，又去躺着。

郭师傅的隔壁也住着一个闻堰名人，此人姓杨，身材矮小，貌不扬，腿微疾，靠诚信做钱塘江上的沙船生意发财致富。他和我闲扯了几句：封了街也封住了我的屋，已经签了字，政府总会有安排的。我按快门的时候，他正好转过头又去仰看身后的房子。

　　现在闻堰政府有意重现老街旧貌，虽然"旧"是无法重建的，但依然可以一解相思乡愁，让民众精神愉悦，值得点赞。

　　在距最初的拍摄二十年后，我撰文、编辑了《老街碎片》图册并开始在朋友及坊间流传。前年，图册照片被闻堰政府购藏，老街照片也有了新的外延，成为重要的规划参考资料。这是这些老照片最好的归宿，她的旧貌由此可以永现在诸君眼里。

　　回不到过去，我们可以在梦里逆水而上，听江水流声，寻少年倩影，那是理想家园。

风情·岁月

街上的趣味事

凌校铨

　　从三江名苑出发，一路走来，一路观光，不知不觉中走到了老街。在我的记忆里，老街的东端，叫作上埠头，原来这里商店林立，车来人往，熙熙攘攘，素有"三江活码头"之美称。回想起当年，是老街给了我一些有趣味的故事。

一

　　故事发生在茶店里。这么多的商店当中，让我印象较深的是茶店。回想起我年少时，逛街逛到上埠头是常有的事。一天，路过茶店门前，只听到店内有谈笑声、倒茶水声，我便停下了脚步。抬头瞻望，上面悬挂着"茶店"的牌匾，向内侧耳细听，是一位长辈在讲故事，他边喝茶边讲述着，一天，他见到河里有几条船停靠着，有几人正在为沉船的事而发愁，因为当时没有吊机，无法捞船。他走近一看，原来是为一条沉船想不出办法。这时，他想了又想，想出了办法，由两条空船停靠在沉船两旁，并装满水，用两根长木头横放在前后船沿上，再用绳子把三只船捆绑起来，然后把两边船舱内的水一勺勺地舀出来，船舱内的水干了，中间沉船就会跟着浮上水面。结果，捞船成功了，大家有多么的兴奋啊！一会儿，河道畅通了。

事后，船主要请这位长辈吃饭。心直口快的长辈说："请我吃饭就免了吧，我只是出个主意而已。"

说来也巧，出主意、讲故事的这位长辈，后来成了我的老丈人。一次，在他家做客时，笑哈哈的他提起捞沉船的事，大家又乐了一阵。

二

由东往北行走一段路，就是老街的中心位置，也称大埠头。在当年的岁月里，大埠头是个繁华地段，进出口相对开阔一些，人流量较大些，各种信息也相对多些。因此，两侧墙面自然而然地成了张贴广告信息的主阵地。

在当年，只要墙上有张贴着的信息，路过的人们就会停下脚步观看一下。大多数信息是来自供销社的，例如新农药上市、新农具介绍、新票证发放期限等，人民公社、居委会的信息不多见。

一次，我走到老街（大埠头），只见好几人围观着信息栏，我被这一情景吸引住了，便上前细看，墙上有好几则信息，其中有一则信息很合我的胃口，讲的是生资部有一批价廉物美的小木板可供。我转身来到生资部，找到了那一批小木板，同时又询问了熟悉的木匠师傅，认定可以制作楼梯台阶。那年我家正需要新做一个楼梯，从价格到规格都比较合适，第二天就买下了小木板，择日做好了新楼梯。

后来回想这件称心的事，感到老街上的信息还是挺实用的。

三

曾记得，在我退伍那年，闸堰老街仍不减当年勇，充满着无限的生机，称它是"小上海"也不过分呢。因为这里物资丰富、购销两旺。

那年三月的一天上午，阳光普照着整个小镇，卖草包的队伍像一条长龙。我挑着两件草包，早早地排在了长龙的头部，在春意盎然中汗流浃背。只见有一位姑娘肩挑着两件草包，匆匆地赶来，她很心急的样子，说是要去公社里开会。我说："你就插在我前面吧，我反正不着急办事。"同时说服了旁人，姑娘非常高兴。后来，她向我投来敬佩的目光，并向我和旁人打了招呼离去。

很快到了"五四"青年节，公社团委召开庆祝"五四"青年节大会，我和那位姑娘——两个生产大队的青年坐在邻近的座位上。会议结束后，她向我借支笔，说是要写几个字。在归还笔时，她把我叫到一边，聊了几句，还约我去她家玩，问我是否有时间上街一趟。我答道："爹当家，娘做饭，又没有其他事，就去老街吧！"

我一边走，一边想，到老街干什么呢？在言谈中了解到，姑娘是单亲，从小失去母亲，这几年担任生产队妇女队长，看她的模样，已经有一定的当家能力了。

一会儿，来到了老街，两个人慢慢地迈进了一家日用品商店。光顾了四周商品之后，她选购了一只有机玻璃杯、一根牙刷，放进了一只事先自备的小袋里。两人走出老街，她停下了脚步，硬要把杯和牙刷送给我。我说："我怎么好意思收你的礼物呢。"她微笑着说："我是买给你的呀。"让来让去，最终还是被我拒绝了。

后来，曾见过一次面。那时没有电话、没有手机，双方失去了联系。我虽知道她的村庄和姓名，但我对她没有多少感觉，所以没有去主动地追她……

另有一次遇见，还是在老街的北端，毕竟是同一个镇的人。我知道她嫁给了一位帅气的村干部，自己从内心为她高兴呢，因为这位姑娘很能干，为人很宽容。见面时，她表现得稳重、真诚，还是很热情地向我打招呼。我以为她会生我气呢。

现在回想起来。此事好像就在眼前。

我坚信，我们的政府正在努力，闻堰老街就像老树发新芽，定会再现"活码头"的生机，同时续写更多人的友谊故事。

闻堰的江鲜

冯学光

说起闻堰，还真的与我有点缘分。

很早的时候，我就知道在我们萧山有个叫作闻家堰的小镇。我的老家在萧山东部的一个小镇，而闻堰在萧山的最西端，相距约九十里路。我是很喜欢逛老街的，只是一直没有机会去闻堰游历。

1968年，我参军入伍到了部队的驻地——江苏淮阴市，当初叫作清江市。我们被分配到连队的第一天，连队就开欢迎会，领导和老兵们热情地向我们问候，问长问短。当我们介绍到我们来自萧山时，有几个老兵就说，哎呀，我们是浙江老乡啊！我们来自富阳。真的是有点巧啊。其中有一个富阳老兵高兴地说，我知道萧山，还知道萧山花边。另一个说道，我还知道萧山萝卜干呢。我们都开心地笑了起来。这时还有一个富阳的老兵说，萧山花边和萝卜干这么有名，谁都知道，我说出来的你们不一定知道。大家说，那是什么呢？他说，我们富阳人都说"萧山闻家堰，鱼虾烂烂贱"！说得大家都哈哈大笑。我说，我这个萧山人倒还不如你们富阳人对我们萧山了解得这么详细呢！更想不到的是，小小的闻堰竟然也名声在外。

从此，"闻家堰"这个地名也始终印在我脑海中了。至于闻堰的鱼虾为什么是"烂烂贱"，我猜想是因为闻堰坐落在富春江、浦阳江和钱塘江三江交汇之处，渔业资源十分丰富，所以，鱼虾就便宜了，对于卖家来说，就要哀叹"烂烂贱"了，但"鱼虾烂烂贱"对于消费者来说，却是十分值得高兴的事。

几年以后，我退伍了，分配到新建的省地矿厅机械厂。巧的是，我们厂就在当时的长河公社与浦沿公社交界处，离闻堰也不远，后来新建的一个车间还建在闻堰公社的瑛珠桥大队的地界上。我们厂离闻堰街上也不过五六里路，骑上自行车，穿过瑛珠桥村，就更近一些。厂里有一些家在临浦和浦阳的同事，喜欢到闻堰坐轮船回家，因为闻堰小镇还有客轮码头。

由于离得近，所以就有机会去逛闻堰老街了，心中还念想着去体验一下闻堰的鱼虾是不是真的那么"烂烂贱"。

到了闻堰，立即被江塘外的大江所吸引，富春江由西往东顺流而下，浦阳江由南向北，两江在它们的下游处与钱塘江相汇，在三江口即小砾山排灌站这一带形成三江汇的独特风光。江面上有各式的船驶过，有轮船也有帆船，波涛声和汽笛声随着江风送入耳中，"三江活码头"的美称也真的不是浪得虚名。

闻堰老街是倚塘而建的，街市就是千年江塘中的一段，也是大道，这大道往南通义桥，往北连接浦沿。整个街市上都铺有石板，高高低低的并不算平整，但越发显得古朴。

在萧山，街市建在塘上的不仅仅有闻堰，还有瓜沥、党山等，但建在一线江塘上的还真只有闻堰镇，因为像瓜沥、党山那些塘，已经是"退休"的老塘了，在这老塘的北面还有"退居二线"的南沙大堤，在南沙大堤北面才是直接面对滔滔江水的标准堤塘，从一工段起一直到十九工段，它们守护着萧绍一大片沃土。

在塘的里侧，店铺一家连接一家，卖渔具的店家特别多，有长长短短的钓鱼竿，有各式各样的渔网、海兜；面对江景的小饭馆也不少。挨近江的那一侧，店铺少一些，断断续续的，但江塘外，在堤塘边或者江滩上，有许多渔家在卖江鲜渔货，走近一看，都是鲜活的江鲜，特别值得一提的是有其他地方难得一见的银鱼、刀鱼、钱塘江鲚鱼以及江鳗。这儿的银鱼特别大，通体银白，呈半透明，像玉雕般可爱。

银鱼一般拿来炒蛋吃，非常鲜美，而且感觉不到鱼刺，给小孩吃是最合适不过的了。我以前见过的银鱼相比之下只能称之为银鱼丝了。

因为资源丰富，闻堰的江鲜比附近几个小镇上的要便宜一些，但像刀鱼和江鳗这些高档江鲜也是便宜不了多少的，绝不是"烂烂贱"那么夸张，但总的来说，闻堰人真的是有口福的了。现在的闻堰不再是"鱼虾烂烂贱"的年代了。有好的食材还得有好的厨艺，闻堰在这方面做得很有声势，打出了"吃江鲜到闻堰"的品牌，形成了"江鲜一条街""三江美食节"等特色品牌。2010年，闻堰被中国烹饪协会命名为"中国江鲜美食之乡"。为打响闻堰江鲜特色品牌影响力，2020年12月，萧山区商务局和闻堰街道主办了中国·杭州（闻堰）三江汇美食"十二道江鲜味"评选活动。来自三江汇区域的十四家酒店现场烹饪三十二道风味佳肴，经三位国家级专家评委品尝后，评选出十二道最具特色和美味的江鲜美食。昔日的"萧山闻家堰，鱼虾烂烂贱",华丽转变为连续举办了多届三江美食节的特色小镇,使闻堰的美食文化有了很大的创新与发展,如今,闻堰的十二道江鲜更加声名远播,必将成为闻堰新城的一张金名片。

小摊岁月

凌小兵

　　一次，在车间，一位员工说："我们能拿到你这样的收入就好了。"这位沈姓车间主任回答道："我这点收入算不了什么。跟我父亲的豆芽菜摊相比，收入还差得远呢。"这话是在20世纪80年代讲的。

　　另有两位是馒头摊主，一位是老街人士，一位是安庆人士，他们凭借闸堰老街的平台，发挥着自身手艺之优势，一家子过着其乐融融的生活。

　　还有一位是鲜肉摊主，能吃苦、有智慧，创业中曾有过失败，后来在老街摆肉摊获得成功。

一

　　在当年，你若迈进老沈的家园，会看到满园摆放着大大小小的坛子，坛口向上的是空坛，是备用的豆芽菜坛，轮番使用，坛口向下的是正在圃芽的豆芽菜坛。老沈说："圃豆芽菜一是有巧力，及时掌握时间，闷在坛内时间过长过热会发烂；二是要出苦力，凌晨2时多起床，4时多赶到街里上市；三是要有耐力，如遇上讲粗话的顾客，你不要与对方争吵，争吵会妨碍做生意的；四是要有长力，长期坚持做下去，必有收获。"

他家离老街很近，一坛坛搬到摊位上很方便。于是，就看到他从坛内取出来的一把把长长的、白白的、粗粗的、嫩嫩的豆芽，让人见了就有购买的冲动。

老沈的夫人主管摊位，他自己跑杂差，有空也会坐摊位。一次，一位男性顾客随便说了一句："斤两足不足？"老沈回答："请放心，缺一两补十斤，我们的豆芽菜自产自销，成本小，不需要在秤上做文章。绝大多数都是'回头客'。"那位顾客不好意思地说："我是个粗人，就是随便说说，不要生我的气。"说完就离开了。

老沈所在的村庄，原名叫朝红生产大队，大家常称他们是街边人，意思是街边人会做生意，以做小生意谋生的居多，也有人会开玩笑地说他们是生意精，别人赚不到钱，生意精可以赚到钱。为什么这样讲？因为他们常在街上，行情懂，信息快，离街远的人赶到市面接近散掉，地理优势很重要。

在改革开放之前，老沈与同村人一样，把买卖豆芽菜当成一项副业。在当年被当作割资本主义尾巴，在家偷偷地围豆芽。在街上，也是打游击式的交易，寻找合适的位置，不易被市管员发现做买卖。尤其是"打办"人出现，要尽可能回避一下，摊主见到"打办"人就像老鼠见到猫。

党的改革开放政策在城乡得到贯彻落实之后，小摊主们像鱼儿得水般活跃了起来，脸上笑颜常在，心里像迎春的百花。老沈家园的一坛坛豆芽菜也源源不断地长起来，提供给广大的消费者。一位提菜篮子的大娘说:"现在天天吃鱼吃肉,吃腻了,我家的豆芽菜滚咸菜,上桌后,一扫而空,小姐模样的孙媳妇尝了之后连声说不错。"

二

20世纪70年代,一位和善脸庞的来姓知青姑娘,下乡来到距离老街较远的小山村。生产大队的王大队长开玩笑说:"今后要吃馒头,就找这位姑娘,因为她的父亲会做馒头,热气腾腾的馒头可好吃了,有甜的红豆沙馅子,有咸的鲜肉、鲜菜馅子。"在过去,我们小山村人很少吃馒头,除了上梁喜庆,在平时连馒头气味也闻不着。社员们听后都乐了一阵。

一次,父亲领我到那个馒头摊前停下了脚步,给我说这就是知青小来姑娘父亲的馒头摊,他是街上有名气的摊主,专业制作各式各样的面粉制品,馒头是主品种,馅子足、馒头大、销售多,说完就买了两个。因为那时要凭粮票和钞票,在钱粮紧缺的年代,想多买几个也买不起,所以在半年中能上街品尝到一次馒头就很幸运了。在生产队一天挣十个工分的强劳力,工价才值几角钱。有些农户到了年终会出红字(倒挂户),根本不好与现在的年代相比。

随着时代的进步和消费水平的提高,闻堰老街的馒头摊多了几家,有内地人开的,也有外地人开的,当地政府部门只要求手续齐全,合法经营,都可以到老街上经商做生意。

一天,笔者在老街上购物,只见一块"安庆包子"的牌匾悬挂在门面上方,因我在部队时有安徽的战友,就上前去探望了一下战友的老乡。只见柜面上摆满了面粉制品，一阵阵香味扑鼻而来，在部队就喜欢吃面食的我，就掏钱购买了一笼小馒头。我同老板聊起我的几位战友是肥东、肥西、阜阳人，双方就拉近了距离。老板娘面带着微笑给我端来了汤料。老板说："我们把家乡的特色经营搬到闻堰老街，一来让顾客尝鲜，二来摊主受益，两全其美。"

现在，回想起老街增添了省外特色美食，实属一件美事，在此要点赞政府为活跃老街献计出力。

三

2005年初的一天，笔者走进老街农贸市场，只见各类摊位一个紧挨着一个，分类设摊，井然有序。

其中有一个鲜肉摊的主人身材魁梧，年纪最轻，口嘴活络，他称呼我为长辈。他问我："今天怎么有空闲？"我答道："退休了，相对来说空闲一些，今天，来到市场走一走，想寻找一点写作素材。"

这位摊主是我的晚辈，自然了解他啰，他学历不高，身体很棒，他父母早就给他找到出路，学徒做泥工，这行当在本地声称是八家师傅。虽然工资比普工高一些，但他觉得在改革开放的年代，应该闯一闯，做点更有出息的事情。

于是，碰到了一个机会，从事养殖业，曾在20世纪80年代末，在自家责任田里养殖牛蛙，一个时期下来，牛蛙不但养不大，而且一只只地死去，因缺养殖经验，创业没有成功。

他十多岁就有梦想，二十出头仍在找方向，盼望着自己能实现有较好效益的创业理想。他善于交朋友，一次，有一位比他大六岁的男性朋友，愿意收他为徒弟，在双方之间有一个尊称，不呼师傅称阿伯，师傅呼他是大名，互敬互爱，相互关心，开始在老街上摆起了鲜肉摊。

他在师傅面前一次次地跟、一点点地学，日复一日，慢慢地掌握了卖鲜肉的一些基本规律。也就是说要学会收购毛猪，不能失眼，要从猪的几个部位判断出能杀多少折头的白肉。还要看猪身的大小，太胖的猪肉价格难提高，俏瘦的猪能卖个好价钱。还要会分类，全身的猪肉要分类定价，例如条肉、前身、后蹄、猪腿、猪爪等，价格大不相同。肚内大有文章呢，大肠、小肠、猪心、猪肝、猪肚等。有的消费者爱吃排骨，热门货要抬高些价格。摊主说："鲜肉分类有学问，懂学问，效益就好些。"

他能吃苦，有力气，有本事。一次，他的老丈人跟笔者闲聊时透露：他从诸暨收购来两只大生猪，捆在摩托车上，长途骑到自家门前，生猪倒在地上时，丈人女婿扶起来都非常吃力，叫来三人才扶起。

或许有人会问，为什么从那么远的地方买回大生猪？因为本地猪肉非常紧缺，本来农户家中都养殖生猪，后来都不养殖了，所以，摊主才出远门收购生猪。想想有多么不容易，要懂行、会分类、善经营，还要有力气、有智慧、有口才、会想办法、会计算等，学问多多呢。

鲜肉摊主经过多年的苦心经营，有了一定积蓄，早就建造起了新家园，那是被村里人刮目相看的一幢住宅——洋房。

蝶变：三顾闻堰

项彩芬

　　那么空旷，漠漠的水田，一望无际的庄稼，绿得诱人，农民在田间劳作，小狗儿在阡陌处懒懒地睡觉。钱塘江江面泱泱，偶有白鹭展翅飞翔，如一朵朵洁白的花朵在低空恣意绽放，江中有水泥船或徐徐向前或停岸歇脚，一个不知名的闸口旁有渔民傍埠收渔网，在夕阳下，镀上了一层金色，光和煦，云轻移，时光仿佛静止一般，非常难得的自然佳境。小砾山闸口附近的老房屋和树木还是我们小时候的样子，墙面露出斑驳的色彩，沿江有一排卖渔具的小店，兜、网、锚、篷一应俱全。

　　这是我第一次来到闻堰钱塘江边玩。与单位同事闲谈，偶然获悉，她老家闻家堰，既靠山又沿江，多数村民靠农业和打鱼为生，还有很原生态的乡下景观，让我很向往，于是择日前往。很多年了，记忆有些模糊，好像那时还是靠公交车，又走了很多路，才到了同事口中的三江口，看到有好几条渔船在江埠头卖鱼，一盆盆大包头鱼还在张嘴吐气，虾蟹、白条鱼、背上有黑点据说是钱塘江特有的刀鱼，鲜活现货与黝黑的渔民，呼呼的风夹着浓郁的鱼腥味，扑面而来的渔村气息，让我觉得仿佛来到了大海边。吹着风，在江边的石滩上走，我一直玩到了傍晚。

我第二次去闻堰，是刚买了相机时，湘湖二期还没建设完成，到处是工地。穿过工地我们来到了老虎洞山，村口有两棵大树，螺旋向上的树干上面覆盖着厚厚的青苔，村道比较窄，两旁是密集的民房，那时还鲜有开店的，也不是农忙时节，有好些村民赋闲在家，听到他们在聊拆迁的话题，好奇地看着端相机的人。莲华寺山脚处有一间20世纪80年代的小平房，房子里挂满了腊肉熏肉，房子主人在那里养蜜蜂，密密麻麻的黑黄影子在箱子旁翩跹飞舞，男主人全副武装忙碌其中，不知名的野花也烂漫地开在路旁，风里夹着蜂蜜和青草与野花的馨香，孩子们满身淤泥，在家门口无忧无虑地玩耍，偶然被正用大脚桶搓衣板洗衣服的女人呵斥悠着点，彼时的情景似一支久违的歌谣在我的耳畔响起，有我们儿时的印记，非常亲切，回来时还特意买了两瓶蜂蜜。

接着又去了趟三江口，钱塘江里商船依旧来往，白鹭还在那里翩跹，但两旁已经有了变化，农田在消减，取而代之的是一个又一个的建筑工地。那里好像还有一个废弃的化工厂，应该是拆迁了吧。偌大的厂区里面是一排排被遗弃的大型设备，也不知道经历了多久，斑驳的油漆都已经爆开了皮，上面落了厚厚的灰尘。工厂里面犹如电影《终结者》里的探险场景，一片死寂却盖不住昔日的繁华。彼时，它不会想到有一天，自己会在城市化进程中慢慢消亡，淡出人们的视线。不过也有可能，它是到另一个地方崛起。

我第三次去闻堰，是在某个周末以一个红十字会老师的身份去闻堰街道某个小区做应急救护培训。时间仿佛跨了一大步，闻堰这里已经完全城市化了，镇上几乎没有了民房。到处是很高很高的小区楼，蓝天白云下错落有致的现代化建筑，有欧式的也有古罗马式的，时尚洋气。走进小区，眼前的景象非常让人惊讶，门口大大的景观池，石青蛙张着大嘴在咕咕地喷水，孩子们在喷泉旁骑着滑板车；一旁的亭子里，音乐爱好者在拉着二胡吹着箫，如泉水叮咚般动听，身着靓丽民族服的居民载歌载舞；广场上也热闹，有两人下象棋对弈，一群人围观做军师的，有结对贴耳伴着丰富表情窃窃私语的，有儿孙绕膝共享天伦之福的，一派和谐的景象。小区也不是那种水泥森林式的单调小区，这里绿植丰富，有成片成片的绿地，青草花朵的味道掠过脸面，环境还是很怡人的。可以看到小区活动室里面，还有图书馆、健身房、游泳馆，配套如此完善，一个小区就是一个小社会。工作人员说，这里除了本地拆迁户，还有很多杭州城市里的人来这里安家落户。

闻堰这几年的变化，只有"蝶变"两个字可以形容，一个江边靠农业及渔业支撑的农村小镇，变成了拥江发展、风景靓丽、高楼林立的城市小区，大拆迁完全改变了这里的生活。有在闻堰工作的朋友说，由于拆迁及当地房价的飙升，现在厂里本地员工就算是扫地的大妈也是千万富翁，一线车间流水线上的甲乙丙丁，座驾都是奥迪宝马起步。

长期在外的游子回家是否有贺老"离别家乡岁月多，近来人事半消磨。惟有门前镜湖水，春风不改旧时波"的感慨。蝴蝶的破茧重生是个漫长的蜕变过程，你看到了在它们重见天日时轻盈美丽的翅膀，但是这背后又有多少努力与付出。一如我朋友所说，我很感激我生于此，因为我经历并见证了从贫穷到富有，所以格外珍惜，当下，应知恩。

关于闻堰

笑青天

那天傍晚，遇见老同学，邀我去散步，我们从小区的和茂药店旁出发，经过七一六路公交站点，向闻堰老街方向走去，沿途江边夜色很美，风景这边独好！由于老街正在改造，闻堰这边的老房子几乎被拆光，唯独在公交站的西边，留下两个老墙门古建筑的房子：一个是孔家墙门，一个是韩家墙门。我触景生情，小时候熟悉的生活场景历历在目，记忆揭开了尘封已久的往事。我对同学耀祥说："这个墙门的东边的房子，是我小时候居住过的，房子外面，有一棵很古老的香泡树，沉甸甸的香泡常年挂满枝头，压得树枝弯了腰，随风摇曳，时而飘来一股芬芳的清香。东家姓孔，我们都叫他'舅舅'。""老孔"，我爸常这样称呼他，他这个人应该说是个乐观开朗的人，但有点固执，命运多舛。听说他早期读过湘湖师范，后来参加革命，在金华某地当解放军，做过狱管班长。退伍后，不去教学，而是选择在闻堰街道搬运公司工作。20世纪六七十年代，搬运是个体力活，搬东西，运物品，主要工具是人力拉的双轮板车，肩扛手拉，舅舅是个肯吃苦的人，他常常和伙伴们把闻堰码头的货物运往萧山、杭州各地。长兄如父，他靠勤劳的双手把弟弟拉扯大，并培养弟弟参军成材。从他的形象中，我似乎看到了骆驼祥子的影子，那时整天的忙活也只能图个温饱，更没有像现在的运输那样便利和物质方面的富足啊！后来搬运公司解散，舅舅也待家照顾一个大块头妗妗，骑一辆三轮车送她到杭州电化厂上下班，听说他舅佬是该厂的厂长。再后来舅舅进了本镇一家乡镇企业做后勤工作，在仓库管理员岗位上，他严格遵守规章制度，就连人家问他要一只空纸板箱放衣服，他都不给，生活中他就是丁是丁，卯是卯，按章办事的人。

　　小时候我在这里度过童年的一段时光。1963年，国家正值三年困难时期，我们家为响应党的号召，减轻国家负担，舍小家，顾大家。母亲带我们下放农村。离开这个朝看白帆，晚听渔歌，潮起潮落，波涛汹涌的江边小镇。那时在襁褓中的我也随母亲一起回到了老家。

　　闻堰老街的结构呈丁字形，沿钱塘江两岸建造的街面分上埠头和下埠头，两个部分构成，街的中间有一头门，后来留下一座门框，街上面馆、茶店、杂货店等货铺应有尽有。还有一座庙，这座庙坐落在街中央的塘上，中华人民共和国成立后曾开过新华书店和药店，庙面朝钱塘江，前面是滔滔的江水，后面有一个很大的潮冲池。潮冲池顾名思义应该是外江潮水来时决堤后，冲刷出的大坑吧！后来利用这个缺口，用条石筑堤，用石板建水道、造水闸，成了连接钱塘江至内河的重要水利灌溉枢纽，使外江水通过塘上的水闸，"哗哗"流入内河，因此闻堰有了"活水码头"之称。当然闻堰这个活码头，是由闻堰本身所处三江口的地理优势位置决定的，它与钱塘江航运水系密切相关。今天的 716 路公交车旅客下站点，就位于由原来闻堰内河流域的主河道填建改造而成的公路上。这条在时代改革洪流冲击下消逝的河流，曾经有过它的繁华和美丽，以前河的两岸杨柳成行，柳枝依依，蝉声萦绕。河对岸田野稻花飘香，蛙鸣一片。河里小鱼游弋，时而有人驾驶一叶小舟在河里摸鱼、扒螺蛳。在生产队里，在河里运送农用物资的都是人摇橹桨的木头船，有的船在河里夹河泥，有的装满农家肥的船悠哉、悠哉地在河里划过，溅起水面一朵朵浪花拍打岸边，在河埠头里洗刷的村姑农妇连忙纷纷避让。后来出现水泥的机帆船，速度是快了，可少了那份原始古老的情趣了。河的这边是闻堰人民大会堂，是特殊年代的产物。会堂旁边有个闻堰印刷厂，与街上的老房子连成一片，除两个老墙门外，还有闻堰卫生院等建筑，都是引人注目的。走过宝盈桥就是闻堰中心小学，它的前身是闻堰朝红小学。小学附近过去还有一个机械厂，以前的闻堰老街是比较热闹的。闻堰的交通原来有 22 路的公交车，从塘上开往杭州南星桥，也有途经闻堰码头的钱塘江的航运公司的轮船开往杭州南星桥六公园码头的。说起闻堰轮船码头，我想起了十岁那年的一件囧事。那天我和爸爸送妈妈从闻堰坐轮船到临浦。我爸爸帮忙挑着行李，他刚一上船，哨子就响了，船开了，我爸爸、妈妈都在船上，把我落在码头上，急得我直喊："爸爸、爸爸！"眼泪夺眶而出。过了半小时以后，正当我一筹莫展、左顾右盼时，老爸奇迹般地站在我面前，我惊喜地问："你怎么回来的？"他说："我在义桥下船，在路上遇到一辆三轮卡车，司机正好同路，他听了我的情况后，就顺便带我回闻堰了。"老爸又说："当时的情况，我真想跳下水去游过来。"听了这话，我又想起了他以前说过的一件事情，有一次他在塘上行走，雨伞被风刮进钱塘江里，他下去捞回来了。他随意这样说说，可家里人听了都很担心。要是我就有不同的选择，那年我在钱塘江边轮渡码头，一顶太阳帽被风刮到钱塘江里，我干脆不要了。人生有很多东西都是身外之物，要拿得起，放得下，如果懂得舍得，也是为人必修之道和人生智慧乐趣所在。看到父亲安然无恙回来，我年少沉重的心如释重负，有时人与人之间相互的关心与帮助，会使情暖人间，爱满天下。

　　闻堰老街地处钱塘江口，水陆交通发达，内河的潮冲池码头装有一辆老式的大吊车，旁边是煤球店，闻堰老街是沿着钱塘江和内河两个方向发展的，主街道因水而生，自然形成了一个丁字形结构。在内河装货码头旁，最有名的是一家烧锅炉的开水店，一分钱，打一瓶开水。小孩最开心的是从家长那里要了一分钱，在这条老街的一位老先生开的小杂货店里买一颗糖果或一块糕点吃。那时的煤球、绍兴黄酒，还有萝卜干，腐乳坛大多是从内河河道运到街上，再销往各处村落、各家各户的。闻堰的商业发达取决于外来的货源的大量涌入。在中华人民共和国成立以前及20世纪七八十年代，上江人通过金华江、富春江、钱塘江把大批甘蔗从水路运往闻堰销售，成就了闻堰商界传奇人物"两条龙"的传说——黄金龙和凌文龙。黄金龙是开明绅士，他致富不忘教育，原闻堰小学老街宝盈桥边的校舍就是他创办的，一直沿用到20世纪70年代末，真是商贾奇才，回馈乡梓的典范啊！容纳百川方能涓涓成河，一方水土，养一方人，历史上闻堰依托钱塘江成就了商业传奇，值得当今市场管理者借鉴，以重振闻堰老街，造福乡邻，惠顾民生啊！过去

风情·岁月

235

老街新华书店旁有一家饮食店，主要有肉丝面、菜面、盘面等各种面条，还有烧饼、馒头和油条卖，不过当时都要用粮票买，我们走了十多里路，每到闻堰都要去吃一碗面，来犒劳自己。当时的肉丝面是二两半粮票，一角二分一碗；盘面也是二两半粮票，八九分钱一碗。肉丝面就是面里除了肉丝以外还有咸菜或鲜笋等，感觉那汤特别鲜。盘面也称光面或拌面，是用油炒潮面拌上酱油，再撒上些小葱，在营业员的"来一碗拌面"的吆喝声中，一碗热气腾腾、色、香、味俱全的拌面就端在你面前。在那个物资匮乏、滴油难见的岁月里，这些面吃起来特别香，令人回味啊！

闻堰老街原本由平整的石板路铺成，但我们看到的却是些高高低低不平的石板，街上人说："那是日本佬开坦克压坏的。"日本鬼子在闻堰街的东边塘上岔路口原造船厂旁建造了一座碉堡，它和东山陈、老虎洞碉堡群连为一体，构成一个严密的军事堡垒，残害中国百姓，祸害闻堰人民。鬼子在孔家老房子里的道地上，搞烧烤，害得舅舅、姐姐和另一位姑娘躲在阁楼的夹板上，大气不敢出一口，也不敢吱一声，连泡尿都得憋着，那日子真难熬！国破哪有家？

日本鬼子的罪行罄竹难书，在半爿山上，随意开枪杀死山脚下干农活的老百姓，甚至连小孩也会成为他们的活靶子。有一次湾里张的阿根不听话，他娘教训他，说要把他拖到河埠头淹死，七八岁的童养媳倪虹琴跟着看热闹，这时碉堡里的鬼子，就把他们当靶子，开了两枪，一枪子弹从阿根娘的左胸骨下肚皮飞过擦破了点皮，另一枪子弹打中了小女孩的右臂，使她终身失去了右手。该村的张於根、丁妙林等老人，他们生有小圆桶那么粗的腿，很可能就是鬼子在湘湖大地上施放的毒气遗留造成的。抗战时期闻堰老虎洞、石岩狮子山上等地都有鬼子的碉堡，那是日本鬼子侵略残害中国人民留下来的铁证。

20世纪90年代，闻堰的乡政府，就在老街的粮站旁边，塘上二十二路汽车站下面，乡政府有个联防队，联防队里，有位队员叫张叶良，他在这里刻苦自学，参加函授取得了中等专业警察学校的文凭，并立下一个要当人民警察的志愿。后来他辞去老虎洞村支书，成为杭州市萧山区分局一名治安民警，任萧山区治安大队副大队长。2004年1月在执行解救萧山某宾馆非法被扣押人质的任务中，与歹徒英勇搏斗，不幸壮烈牺牲，时年42岁。他被追授为全国公安系统一级英雄模范，被批准为革命烈士。

闻堰是由闻家堰简称演变而来的。这个最初由闻家的几户渔人，从在西江塘边聚居生活开始，经过漫长岁月的变迁，形成有厚重人文历史的集文化旅游为一体的小镇，希望她在城市化的进程中，越变越美丽。

风情·岁月

237

心中的绿洲

王杏芳

　　说起"闻家堰"这个地方，那里有我的表姑，今年七十岁了，因为是远亲，所以不常去，只是有重要的事才会拜访。我一直很向往那种生活："渤澥三江口，秤砣日夜浮。三水相吐纳，浩瀚不觉流。"那种浩瀚一直让我向往，所以，每次到那里走亲戚我都要跟着。每次去都要去闻家堰附近的钱塘江边走走，顺便去江边的闻堰老街溜达一圈。这次因为我母亲想去探望中风多年的表姑，我便一早驱车送她来。

　　表姑坐在靠窗的轮椅上，看到我们自是高兴，握着我妈的手，连着皱纹一个劲儿地笑，还一个劲儿夸我这么大了，都不认识了。老人脸颊饱满，脸色红润，气色还好，就是坐在轮椅上走路不便，还跟我们说，这是租的房子，因为以前住的那条老街要拆了，要重新改造，具体造什么，她也不清楚。表姑跟老伴相依为命，孩子在外省做生意不常回家，前段时间回来帮忙一起搬家，安顿好他们后又回去了。

　　窗外，一缕清冷的阳光在窗台上徘徊，满眼的钱塘江景。表姑租的房子靠近闻堰江边，我还是再去走走吧，留下两个老人好好地唠唠家常。

记得小时候，我也跟着母亲来过表姑家。那时从表姑家出来没走几步就到了闻堰老街，柔和的阳光洒在老街古朴的建筑上，在地上画下檐角厚重的影子，老人们乐呵呵地聊着家常，晒着太阳，沿街各类商品和店铺应有尽有，烟酒糖果、油盐酱醋、瓜果蔬菜、五金电料、日用百货、服装鞋帽、照相馆、渔具店……琳琅满目，老街也就几百米长，但麻雀虽小，五脏俱全。让我印象最深的还是北门的闻堰菜市场，穿着蓝底白花的衣服，有着厚密刘海的妇女拎着一块豆腐、一把青菜，日子平淡得像手里的豆腐、青菜。菜市场边上一路全是卖衣服的摊子，母亲还给我在那里买了一件棉袄，天蓝色的，当时的流行色。老街的另一头就是闻堰宾馆，在宾馆楼下的 V 字形路口人头攒动，聚集着各种小商贩，有卖菜的，售江鲜的，砍价声、吆喝声此起彼伏，热闹非凡。然而，不长的一条街的天空被天线割得支离破碎，电线杆上的电线犹如被猫咪玩过的线团一样凌乱不堪。

母亲还告诉我，真正的老街是沿西江塘两侧而建的，塘外的都是木制的吊脚楼，人走在上面，还时不时听到"吱吱"的踩楼板声音。中华人民共和国成立后，为加固西江塘，防止塌塘，1971 年提出"拆建闻堰街、加固西江塘"，将闻堰街市搬迁到江塘内侧。所以，我们现在看到的就是搬迁后的老街了。

沿着钱塘江边走边想着回忆里的老街，不知不觉下了江堤就走到了北门老街的菜市场，曾经商贾云集、热闹无比的老街，如今人去楼空、面目全非。老街只有几个施工人员，偶尔碰到一个戴眼镜的年轻人在那里拍照。我问他是不是跟我一样是个路人。小伙子说这里是他的老家，趁拆除前赶紧来拍照留念。我问他对拆迁有没有想法。他兴奋且滔滔不绝地跟我"侃"起来：这条街将规划建设成"三江活码头"，届时它会以崭新的姿态回归我们的视线。我问：怎么规划？小伙子道：统一规划，划出中小学用地、公园绿地、工业区、商业中心、金融贸易中心等，这条街将成为"江鲜一条街"，打造"拥江发展先行先试的标杆""杭州城市潮人聚集地与杭州城市夜生活新地标"。我一想到表姑这样的一辈人，忧心再问：那么这样改造，政府想过老一辈人的感受没有？这老街可是他们青春美好的记忆，承载着他们浓浓的过往啊。小伙答，这一点不用担心，改造后的老街更适宜人居，比如，老街狭小拥挤，平时有个车经过经常会堵得水泄不通，万一有个火灾之类的，连个消防车都很难开进来，而且线路老化，雷雨天安全隐患很大，还有其他污水排放等设施都不够完善，老街各方面都跟不上时代步伐了。政府这次的改造就是要消除这些弊端，"能保留的保留，能改建的改建，能修缮的修缮，尽可能恢复和保留古建筑原有的面貌"。毕竟，老街见证了岁月的变迁，是历史的见证。生活总是越过越好，我们总得向前看，不能生活在故纸堆里啊。以后，这里有钱塘江滨水景观带，有江滨公园和江鲜一条街，有游览步道，有休憩景观厅，等等，一个凸现沿江风貌与三江美食特色的古街将在这里绽放……小伙子边说边指手画脚。听得我都跟着他的思绪飘到了那未来之城里。

小伙子憧憬着未来，描绘着他心中的一片绿洲。是呀，一切向前看，生活亦如此。"为了传承记忆和乡愁，老街改造还将充分挖掘闻堰的历史文化资源，融入其特有的江鲜文化、码头文化、船帮文化、潮文化、大庙前记忆等。"时过境迁，跨大步行走已是人类必然的趋势，但还是不要远离我们人类发展的本义，让那片绿洲充满笑容，焕发光彩，让表姑在有生之年能到那处菜市场去重温那段经典的美丽偶遇。

回到表姑家，午饭尚早，我坐在表姑对面把今天的听闻细细讲给她听。因为，我知道那里有表姑美好的记忆，那里是她心中的绿洲。表姑和表姑父就相识在那个菜市场，她经常去买菜，他是船家的孩子经常在菜场卖鱼，她每次都会特意经过他的摊位。后来，他家人来提亲，他们就这样在一起了，听说，他们是一见钟情的。

此时，我看到表姑的微笑里泛着晶莹。一缕阳光正照到表姑慈祥、温和、平静的脸上。表姑望着窗外，那三江广阔的江面上，一叶小舟向这边驶来，应该是新鲜的江鲜要上岸了吧。

老虎洞山上有座莲华寺

漫天彩云

　　莲华寺位于闻堰镇老虎洞村，老虎洞村在集市东二点五千米，南面被美丽的湘湖风景区包围，西面是钱塘江、富春江、浦阳江三江汇合处，北面被老虎洞山环抱。小村目前还没被拆迁，用彩色琉璃瓦钢砖建起来的农家别墅，既没有明清老宅白墙灰瓦的古朴，也没有现代排屋洋房的规整宏伟，如一块彩色的毯子占据湘湖一角，流淌在明媚阳光中，保留下来的 20 世纪 90 年代的萧山民居成为湘湖的一道独特风景。

　　老虎洞山海拔二百多米，山上有两块畸形巨石，上端相接仅容一人出入的洞穴，洞穴下就是莲华寺。说起这个"莲华寺"，据说与越王勾践"卧薪尝胆"的故事有关，但是大部分传说无法验证，所以这个故事到底发生在何处，始终是未解之谜，就看你能不能利用传说锦上添花了。老虎洞村的这个传说流传已久，传说越王勾践在城山"馈鱼退敌"后，带随从寻找安全之地苦研复兴大计，至老虎洞山的山腰时，突见一猛虎从洞中跃出。老虎洞内青草碧绿，时有细泉渗出石缝，坐于洞中清风送爽。于是越王便选此洞为栖身之地，卧薪尝胆，最终战胜吴国成为春秋一霸。明代刘宗周游老虎洞后留下对联："此地曾传尝胆事，我来犹忆卧薪人。"

紧邻湘湖的风水宝地，闻堰镇在越王路附近建了老虎洞游客服务中心，吸引着大批的观光客及户外爱好者爬山赏景和祈福。过桥穿过农村小别墅群便来到了老虎洞莲华寺山脚，从山脚到寺庙要经过长长的台阶，台阶被树林遮掩，满目幽绿，只有丝丝缕缕的光线穿叶而过，加上江南水乡温润的气候，台阶处处青苔斑斑，大有"曲径通幽处，禅房花木深"的味道。从山脚拾级而上，半道上有个观景亭，可以歇脚看三江美景。

远眺闻堰三江口，"岁月消磨人自老，江山壮丽我重来"，钱塘江中古老的马达运货船还在缓缓地行驶着，看似灰色的滔滔江水，在太阳下白波闪闪，晨光氤氲水烟浩渺，如一幅复古的江南水墨画。低下头钱塘江边一座座高楼如积木般镶嵌在湘湖风景区，那里到处都是植物，令人目酣神醉。苍翠挺拔的树木，嫣红似锦的繁花，绿草如茵看不到裸露的泥土。各种植物、亲水平台、亭阁水景组成的颇具设计性、现代化的休闲式湘湖风景区成了人们放松游玩的胜地。

这里还可以看到莲华寺整体建筑，黑瓦红墙的殿阁倚山而居，根据山势及落差而建，层叠有序，如镶嵌在青山之中，被茂密的树林环抱。莲华寺格局虽然不是平面对称的，但功能布置是完整的，山门上面是钟楼、鼓楼、天王殿、主殿大雄宝殿、圆通宝殿、三圣殿、元帅殿……

穿过山门，遇到一位同行，某家医院的中层，闲聊几句。她每年都会一个人到老虎洞莲华寺祈福，雷打不动。说实在的，在医院见惯了生死，照理应该是最不受外在虚幻力量暗示的，但是现在医院里每年去祈福的人还真多。

几次前行有差别，第一次去的时候，看到那座精美的塔，特别激动，古塔结实挺拔，塔身自下而上逐级缩小，红色塔身与碧蓝天空相得益彰，塔檐翘角吊着一个个古铜铃铛，在微风中轻闪。

我一直觉得老寺庙是很美的建筑，尤其是摄影时，那种年代久远的感觉和黄与红的独特色彩，夕阳西下亭台楼榭的组合质感，很容易出片。

大雄宝殿门口有和尚在解签，挺像中医看诊，一个女人坐在对面，面色苍白头发稀疏，连说话都失了力，细看手背布满了针眼，原谅我的职业敏感，这应该是一位重症血液病患者。中年和尚轻声细语，女人吃力地点头。

生活总是在不断变化中前进，下山之时，一个僧人在擦洗拜佛的脚凳和一辆黑色轿车，另一僧人拿着手机在打电话，莲花座太阳能播音器咏诵着佛经……时代发展，现代智能化产品，已经渗透到了佛家角落。

老街，是一道乡愁

祝美芬

　　一说起闻堰，就会想到江鲜。闻堰的江鲜是一直以来有名的，在萧山老百姓心目中，想尝美味地道的江鲜，那闻堰肯定是一个好去处。闻堰素来有"三江活码头"之称，富春江、钱塘江与浦阳江三江在此交汇，浩渺的江面上舟船往来不息，旧时闻堰老街就在这里沿江而建，在当年算是一处相当繁华热闹的所在。据《闻堰镇志》记载，约从清乾隆初起，闻家堰北从文昌阁、南到西汪桥的钱塘江江面上泊船千余艘，江岸上木行、米行、水产行、水果行林立，商贸繁华。因街市常遭洪水、潮汐的侵袭，到了 20 世纪 80 年代，老街居民整体搬离，这条依江而建的老街便随之淡出了历史舞台，闻堰择地另建街市。但在闻堰人心中，尤其是在老一辈的心中，这条老街曾承载着他们大半生的生活阅历与体验，于是它便成了挥之不去的一道乡愁。

　　这几年，闻堰老街改造提升项目提上了议事日程。2020 年 5 月 26 日那天，在闻堰街道办事处的会议室里，召开了一场闻堰老街文化设计专题研讨会，我有幸亲临会场近距离了解了这一关乎民生的重大项目。

闻堰老街改造提升项目的总体定位是将它打造成"钱塘之心",成为三江汇的一个时尚坐标。一期的沿江老街旧址区域将改造成为一条江鲜文化主题街,传承江鲜记忆,同时注入年轻人的潮文化元素,让老街焕发出新的生机。

研讨会邀请到了好几位闻堰的老一辈,请他们谈谈对老街改造的设想。他们在讲述时,每一位都是那么激动,那么饱含深情,仿佛老街是他们心中的一块宝。一位叫老裴的老人说:"闻堰的码头文化最突出,要体现出来,要反映出老街的历史特点。老的商号要再现,比如韩氏、老茶店、老的饮食店等。此外,要体现出闻堰的人文历史。比如可以有闻堰名人展示、闻堰抗战记忆等。"

一位父亲曾在老街开水果行的老蔡激动地说:"我家就在老街上,我对它实在是太熟悉了。我家三代水果行,清朝时期太爷爷手里就开了。我认为老街改造要体现一个'土'字。要呈现从中华人民共和国成立前到20世纪80年代的老街历史风貌,不要都改造成现代化的样子。我认为还要在老街留点人,有一些人生活在此,这样就更好了。"

一位曾是闻堰水利负责人的老前辈说:"我觉得大庙前这一处遗址的历史要好好挖掘,还有江鲜这一特色要体现出来。闻堰码头这里以前有鲥鱼的,虽然鲥鱼很少,但以前闻堰码头偶尔会有售卖的。二十多年前我曾很难得地吃到过一回鲥鱼,这鲥鱼的味道真是鲜,当真是鲜得掉眉毛!后来,鲥鱼就慢慢少了,现在基本没有了。还有就是闻堰老渡埠(老码头)要保护起来,现在轮廓还在,就在水文站旁边。"

大家打开话匣子,纷纷建言。一位被大家称作老葛的老人建议："要把'三江活码头'体现出来，里面设的摊，开的店，要考虑到市民的购买力与购买需求，有了店要有人来买，这样经济效益才会好。以前这里有鱼市，对江人（江对岸的袁浦人）过来设摊。现在由于环境整治，这一鱼市改到另外的地方去了。如果有可能，是否能考虑适当放宽对江人前来设摊。"如果说消失的历史记忆是静态的话，那么当年这个鱼市就是活态的地域文化，老葛想到的是能否让这一活码头的民间交易场景得以再现。不论现实的可行性有多大，但从他的言谈中，不难感受到码头边曾经的热闹与繁华真的是在他们这一辈的心中打下了深深的烙印，成了一道无法割舍的风景。

八十二岁的王凤佩老人接过话茬，动情地说道："老街改造是我们这些老同志一直以来的期盼、梦想。我们虽已年迈，但还是期盼着老街重生，到时候也想去走走看看。希望改造后的老街仍旧保留它的历史特色。当年老街有五十七家店铺、十四家行。过塘行、木材行、茶店、米店、布店、油烛店、药店、理发店等应有尽有，卖油条烧饼、馒头馄饨、汤圆粉丝的小摊满街都是。真是农商鱼水一家亲！整条老街还有两家旅馆。老底子的闻堰老街，人来人往，市场繁荣，活而有序，吸引了八方来客。老底子闻堰这个'三江活码头'，活得无法形容。"

这些老前辈激动的话语似乎还在耳边缭绕，时光如梭，转眼间闻堰老街的一期如今已经启动。这改造提升后的老街，将以怎样的面貌让这些对它寄予厚望的老一辈为之惊喜？

在一个细雨蒙蒙的春日下午，我驱车前往闻堰码头，想去一睹老街以及三江口的风貌。到了那里，我下车徒步途经老街旧址，只见一期的改造工程正在紧锣密鼓地推进中，有些建筑的轮廓已初显。走上江堤，举目望去，浩渺的江面上船只往来，对岸据说是杭州的袁浦。路过之江水文站后不一会儿，就来到了闻堰码头，这是一个轮渡口。恰好有一艘对岸来的渡船即将靠岸，只见轮渡码头有十来个中老年人挎着包、提着袋悠悠地在埠头等候。等船一靠岸，他们便麻利地上了船，没停几分钟轮船便马上开动准备返航。我快步走上去急急地问船老大："你们现在要开到哪里去？"他笑着告诉我是去"双浦"。他说的是方言，这个地名我听得不是很清。看着摆渡轮船掉头驶向对岸，我便折身返回。看了一下码头边上的一块"渡口守则"标牌，只见上面标注有渡口名称——"袁浦渡口"，最后署着"杭州市双浦镇人民政府"字样。这一下，我总算弄清了刚才船老大告知我的这一地名。

再次走到江堤上，迎着初春的江风，望着江堤边柳树发出的新芽，我不由地浮想联翩。不久后，地处沿江岸边的闻堰老街将变身为一处承载记忆的时尚地标，到时候的三江汇，将是何等的热闹与繁华！想到这，我不由地心生向往，等到老街重生那一天，我定要前来好好体验一把！

去闻家堰做人客

木　瓜

　　在萧山一说起闻堰，人们就会想到吃江鲜，被人称为"活水码头"的闻堰，老百姓习惯叫作闻家堰，它位于钱塘江、富春江和浦阳江三江汇流处。

　　我第一次去闻家堰还是在 20 世纪 70 年代初的一个夏天，那一天我起了个大早，赶着去老孙家做客。从萧山坐十五路公交车到联庄，然后转乘从南星桥三廊庙开过来的 22 路公交车，坐到最后一站就是闻家堰。车站就在西江塘上的下埠头，下车后看到的第一间大房子就是老孙的家，那时候的老孙还是一位正在插队的知识青年。

　　他家的房子很气派，坐北朝南傍水而建，南面临闻家堰老街，北面窗外便是江声盈耳、波光迎目的钱塘江。三进的院落，每一进都有一个小天井，第二进比第一进要低两个台阶，第三进则已退到江滩之上，打开后门便是他爷爷在江滩上开垦出来的菜园子。早年间钱塘江闻家堰段的水位并不高，后来由于下游围垦海涂，水位才慢慢升高；再后来，江滩时常被潮水淹没，老街靠近钱塘江一侧的房子都在江水的威胁之中；再后来，遇

风情·岁月

上了西江塘拆迁，老孙他们的老宅连同整个老街都被分批拆掉了。

老孙家的家具和摆设还是非常讲究的，一看就知道是有底子的人家。过了十几年后我才晓得，原来这个院子是他的三伯孙斐然出资建造的。孙斐然当年在闻家堰也是大有名望的商贾，早年经营木材行，后来与同镇的富商林文龙一起在杭州兴办了一家卷烟厂，取名"友合"，该厂在中华人民共和国成立后并入了利群烟厂。他还在杭州、上海置办了不少房产，与他的四弟联手开办了上海的老大房，又与几位乡贤一起在家乡捐资建校。可想而知，当年的孙家还是很有实力的。

那天上午，老孙带我去"大庙前"买鱼。我们从下埠头出发，走过江面开阔水天无际的轮船码头，走过石阶窄弄甬路相衔的石板老街，走过小窗低户错落有致的民居和各色店铺，来到叫作"大庙前"的地方。这里原本只是一座小庙，当地的百姓却叫它大庙，不知因为何故荒废已久，以至于从前庙里供奉着哪路神仙老孙他也说不清楚。

大庙前东边的护塘坡下面就是"塘方下底"，它的东面是一条连通萧山城区的内河，北面是内河码头，码头的左手是一老宅十间楼，再过去一点就是陆家墙门。这个内陆码头在闻家堰有着举足轻重的作用，从明清时期到20世纪六七十年代，它一直是沟通内河与外江相互贸易的集散地，听说当时这里商船云集，一派繁荣景象。那时候的闻家堰只要你想买的东西这里都有，而你想卖的东西也都可以在这里卖掉，"活水码头"的称号也由此而得名。

在塘方下底的旁边还有一个占地面积一百来亩的水塘，当地人叫它潮冲池。池里养了很多鱼，每年过年之前都会搞一次清塘捕鱼，捕上来的鱼不对外卖，而是分给闻家堰的四个自然村（洪家洞村、邱徐埭村、潮冲池村、水田坂村）的村民。

那个年代环绕着闻家堰老街的四个村庄还保留着古朴恬静的田园气息，白墙黛瓦，树墟田畴，水满坡塘，陌上轻尘。老孙家后来也搬迁到了邱徐埭村。

在塘方下底转了一圈之后，我们又回到了西江塘上。其实闻家堰的鱼市就在大庙前的庙门前。这里每天天还蒙蒙亮就热闹起来了，到了下午三点还会有一个让人惊喜的小高潮。此时出去捕鱼的渔民已满载而归，纷纷将刚打上来的新鲜鱼虾拿出来卖。老孙说这个时段鱼的数量最多，买回去又正好能赶上做晚饭。鱼市里卖的鱼品种很多，全都产自钱塘江水域。最美味的是鲥鱼、鲈鱼、银鱼丝、虾、蟹，还有鳗鱼、鳊鱼、包头鱼、鲑鱼、鲫鱼……什么叫作"得天独厚"，什么叫作"近水楼台"，逛了鱼市后我方才明白，原来闻家堰人爱吃鱼都是让大庙前的鱼市给培养出来的。

那些卖鱼的人，老孙几乎都认识，这位是孔家埠头的某某，那位是对岸袁浦公社的。距离闻家堰不远处的小砾山附近有个村庄叫孔家埠头，那里有不少村民是捕鱼的。袁浦那里也是一样，有不少的渔民，他们捕到鱼后，都会坐船拿到闻家堰来卖，难怪闻家堰的鱼市永远不缺的就是江鲜。

那天老孙在鱼市上买了六七两虾，买了一条鲈鱼、一大盘银鱼丝，还买了两斤黄蚬，在那个年代这应该算得上是江鲜大餐了，至少我是第一次吃到如此丰盛的午餐。

午饭后，没有一丝倦意的我，静静地坐在窗前，任往来的江风热情地吹拂，江面上的灵动波光，缓缓东去的一江水流，漂泊作业的点点渔舟，近水远山的云烟氤氲，时间仿佛静止，而我不无感慨。闻家堰真的是一块风水宝地，不仅有古风诗意的市井风情，那秀丽温婉的钱江景致也着实迷人。

自从那次去了老孙家，没过多久，我与老孙都被招进了同一家单位工作。

后来的十几年中，我几乎每年都会去闻家堰老孙家做客。除却贪恋江边美丽的景色，对于江鲜的引诱我更是毫无抵抗能力，当然还有老孙待人的热情与他烹饪江鲜的厨艺。

塘上旧事

李以轩

　　一条闻堰老街，一份独有记忆。在那儿，有故事、有琐事、有趣事，还有许多旧事，且听，咱家祖孙三代对老街的闲聊事。

　　塘，属闻堰段，正名叫作西江塘。老街段"塘"的界线大致有两条，一条区分了外塘与内塘，旧时仅有大体上呈东西向的一米左右宽的小路，带着土黄色的地，镶嵌着不知历史的石板；时至今天，已经被重新建设的标准塘覆盖了。另一条区分了塘上和塘下，残留的建筑，依稀中还能回想，曾居住在这儿的人们的往事。

　　南边是外塘，俗称外江水，临江而建的房子，有点如苗族的吊脚楼，可以听到江水轻轻击打的声音，沿着外江水靠塘一侧，总也有着十数米吧，接续不断的菜地上，偶尔冒出一棵树。

　　北边则是内塘了，沿塘而居的原住民，从东边上埠头一直到西边下埠头，绵延几公里。"上埠头、下埠头，大庙前头看戏文"，最有名的建筑就是大庙了。大庙是一幢颇具古色的老房子，据爷爷说，以前啊，这里很是热闹，太爷爷更是喜欢在大庙前的茶店里喝茶。

内塘，也可以说是另一条界线的"塘上"部分，区分了塘上和塘下，一上一下，还真的挺形象的。"塘上塘下两层楼"，在塘下是看不到江面的，若要去江里洗衣洗菜或者挑水，要走上二三十个台阶，方能走到塘上。连接着塘上塘下的，是无数个狭窄又曲折的台阶。

塘是热闹的，沿塘一路，客运码头、轮渡码头、水文站、渔具店、药店、杂物店、钟表店、理发店、饭店、茶馆、菜市场……应有尽有。听爸爸说，他儿时也算街上最靓的仔，一天起码走四趟，是"吴家道地上学校"的必经路之一，店也真的是多，有看头，有玩头，啥都有，这大概是爸爸的童年乐趣所在吧。

塘下的新市街，之所以称之为新，有别于塘上那一些店家商铺。改革的浪潮，席卷了祖国大地，老牌的供销社、粮油站等，有点儿不景气起来，周边冒出了各式业态，也着实让老街更热闹了。新市街两边，卖酒的依然还在卖，衬衫厂异军突起、火热运营，照相馆门前还是需要排队的，伴随着手持式闪光灯，"咔嚓"一下，可赶潮儿了！码头对面的闸堰饭店不时和渔民在交易，新华书店闸堰分店里总有小孩子进进出出。西段的街上，馄饨店内外总是热气腾腾的，小菜摊贩摆满了新鲜的自家菜在出售，粮食收购站前，钢丝车上装了好多袋粮食，准备缴纳或者出售，我的爷爷和爸爸就是其中之一。

老街在改造了，今年一期范围能恢复并开放，到时又能如曾经一样，去逛逛喽。或许，"爸爸带我坐摩托车去老街"的镜头，又能重现了。尽管听爸爸妈妈说，那时的我，还不到两岁，但这感觉，一直深深印刻在记忆中。

闻堰江鲜

徐国宏

第一次品尝闻堰江鲜，算来已经有十几年的时间了。记得那是一个闻堰朋友请的客，地点是在当地一个装修得古色古香的酒店里，参加宴会的人员有近二十个，上的清一色是闻堰当地的江鲜和土菜。正当大家推杯换盏、酒酣耳热之际，只听坐在主桌的闻堰朋友高声说了一句："大家静一静，葱油刀鱼来了！"

一众人立即停住了自己的手和口，纷纷把眼神盯到了刚上桌的那一大盘热气腾腾的葱油刀鱼上。有朋友见那刀鱼个大肉嫩，鲜香扑鼻，忍不住伸筷要夹，坐在主桌的朋友又发话了："大家小心一点，先把刀鱼上面的那层肉吃了，千万不要把鱼骨头弄散架啊！"

众人不知道闻堰朋友这话是什么意思，但主人既然这么说了，大家遵照执行就是。

转眼，所有刀鱼上层的肉就被吃完了，等到鱼盘又转到闻堰朋友面前时，他站起身来，把双手举到眼前搓了搓说道："接下去，我给大家表演一个节目！"

大家都屏住呼吸看着他。只见他左手背在腰后，右手拿起筷子夹住一个鱼头往上一挑，又轻轻抖了几下，一副完整的刀鱼骨架就呈现在了众人面前。

人群中发出了惊呼声，没有出声的人也觉得这不可思议，因为在大家的印象中，没有一条鱼能轻易做到骨肉完全分离。

看着众人讶异的眼神，闸堰朋友有些得意洋洋地说道："告诉大家两个秘密，只有我们闸堰刀鱼，烧好后才能做到骨肉完全分离，还有这骨架，到油里炸一下，也是一道上好的下酒菜呢！"

因为这位闸堰朋友，从此以后，我牢牢记住了闸堰江鲜，有重要的客户过来，也经常把他们带到闸堰去。

六七年前的一天，有四川乐山的几个朋友前来我处，那天的晚宴，我也安排在了闸堰。菜上一半之时，服务员端上来一盘酱油蒸钱塘江河虾，其中的一个朋友夹了一只刚送进嘴里，就忍不住大声说道："好吃，这个虾好吃！"其他人听他一说，纷纷把筷子伸了过去，转眼，一盘虾就被抢得一只不剩。

我看大家这么喜欢吃，就叫服务员再给我们加一盘，没想到第二盘上来，大家依旧是风卷残云，一扫而尽。我因感觉自己有些小气而有些尴尬，让服务员再上一盘，没想到服务员跟我说，虾已经卖完了。

吃好晚饭，我送四川朋友回宾馆休息，路上，刚才说虾好吃的那位朋友突然跟我说道："徐总，哪里还有这样的河虾？我还想吃！"

他的那副馋相把大家都惹笑了。我看了看时间已经是晚上九点半，估计即使有接客的饭店，河虾也不一定会有了，于是说道："我们去做夜宵的面条店找找吧，他们都提供三鲜面，或许那里，还会有河虾。"

四川朋友的运气不错，我们果然在离闻堰十几千米远的一家面条店里找到了仅剩的两斤河虾。其他人都说吃不了这么多，可他坚持要全部买下，等到打着饱嗝揉着肚皮站起身来时，他却嘟哝着说道："这里的河虾怎么没有刚才那个饭店的好吃呢？"

我笑着说道："兄弟别急，这里的河虾估计是养殖的。明天中午，我仍旧带你去那个饭店，让你吃够了再回去！"

闻堰江鲜好吃，除了在饭店请客，我还想把它们带到家里，让家人们也能经常换换口味。听朋友说闻堰有一个专门卖江鲜的三江码头，我就想去那里直接购买，既便宜，也可以有更多的选择。但是朋友接下来的一番话，又把我的念头打消了。他说三江码头确实经常有渔民在卖刚捕捉上来的江鲜，不过近几年来，好的江鲜基本都被送到当地酒店了，剩下的，要么品质不好，要么就是假货，要想买到好的江鲜，得有好运气才行。

时代在变。

听说闻堰不仅将引入年轻人喜欢的新商业模式，还将重现20世纪七八十年代的商业盛况，同时还将扩建净菜市场和江鲜大排档，我不由想起数年前曾驱车两百多千米，先到象山石浦农贸市场购买海鲜，再到附近面馆将其加工成海鲜面的情景，要是在闻堰老街也能以这种方式品尝到正宗的江鲜面，那将是怎样一种别有风味的享受啊！

风情·岁月

老街之变

赵诗杰

　　题记：我是廊外的一株花树。花来，花去，而树犹在。

　　"大庙前观潮水，潮冲池学游泳，甘蔗会馆看戏文，学堂道地看电影，轮船埠头买江货，廿店埠头茶店茶，塘方河斗十间楼，最高不过二层楼。"简简单单的打油诗，背后承载着的却是20世纪五六十年代的老街缩影，是老一辈们儿时的老街记忆，记忆深处的闻堰印象。

　　时光无限荏苒，光阴不再重复。孩童时代的很多记忆都因为时间的流逝而日渐模糊，但关乎老街部分的记忆，却始终留存在我记忆深处，如同美酒，愈久愈醇。虽不常提及，但每每谈到老街，寄托的便是漂泊异乡的游子们的淡淡乡愁，似烟云萦绕在心头。它的存在，如同树根般，深深盘踞在故土上，让游子的心得以攀向故里，有所安定。

　　素有"三江活码头"美誉的闻堰老街，在我儿时的印象中就是繁华热闹的代名词。五十七家店铺，十四家商行，也用自己的存在，记录着闻堰老街昔日的繁盛。协太茶叶行、宝森木行、正大过塘行、同仁堂药店、潘德兴米店、阿六头杂货店、闻堰照相馆、闻堰饭店……都是老街上的一隅。清晨赶集起个大早，先来上一碗热腾腾的小馄饨，鲜香瞬间在味蕾上绽放。旭日初升，街上的人流熙熙攘攘，小贩们的叫卖声不绝于耳，食物的香气扑鼻而来，花生瓜子、糖炒栗子、冰糖葫芦，这些零嘴儿，看了就叫人欢喜。沿边农民售卖自家产的瓜果蔬菜，还有小鸡小鸭在笼子里叽叽喳喳。路上走着的每个人脸上洋溢的都是对平凡却充实的生活的满足感。这些看似不起眼的事物，就组成了闻堰老街，当时镇上最繁华的地方。谁也说不清它是怎么形成的，但慢慢的，它自然而然也就存在了。

　　老街，就像是岁月沉淀的产物，承载着几代人的回忆和乡愁，见证着闻堰的岁月变迁。古旧的老宅静立在狭长的老街两旁。当地人早已习惯这样的生活，清晨和老街一起苏醒，傍晚与老街一同安睡。老街，也成为当地百姓不可割舍的感情因子的一部分。日子，仿佛就这么一直继续下去了。

　　但是渐渐的，我长大了，老街似乎也发生了变化。因为老街区块发展缺少规划，环境卫生问题严重，老街目前的状况，已经无法满足大家的日常所需了。如今的残破衰败取代了昔日的繁华热闹，过去的热闹非凡变成了如今的荒凉寂寥。老街，因为没有新鲜血液的注入，再不复过去。它就像是被抛弃的孩子，在发出阵阵哀鸣。于是乎，每每路过老街的我，想要再走一遍儿时记忆中的路，却发现没有勇气再踏上这片熟悉的土地，不忍心再看到老街萧条的凄惨状况。几度悲欢离合，一切都已远去，回首过去，只有老街无言地伫立着，眺望着。

風情·歲月

259

　　现如今，闸堰老街被重新提上了改造的日程表。原本沉寂的老街似乎又有机会恢复昔日的活力。我满怀憧憬，期待闸堰老街重获"新生"，展露"新颜"。希望再见到老街，再见到老朋友时，还是那个似曾相识、充满烟火气的她！

我看闻堰

陆　萍

我和闻堰不熟。

小时候因为父亲在杭州工作，常到义桥坐船来回。回来时听说闻堰到了，就知道义桥也不远了。作为一个南片人，我对于闻堰的印象仅止于此。

这一次跟着一拨文友去看即将改建的闻堰老街，有土生土长的闻堰归人，如黄老前辈他们，说起故人旧事，如数家珍，历历在目；有并不匆匆的过客，如会明和我，疏离感裹挟着好奇心，在精美的沙盘前想象这一带建成后的模样。萧山的老街老镇不少，这几年颇有几处建设得声名鹊起，风情种种。在改的闻堰老街暂时看不出什么特色，但登上层楼，远眺三江口，水衔远山，江畔高楼静立，想象淫雨霏霏弥漫江面，或金鳞点点一碧万顷，或落霞孤鹜齐飞，秋水长天一色之傍晚景象，确实是天时地利的眷顾。

历史流向倏然改道之时，常会有无数人命运随之逆转。三条河流扭成之字形的汇合处，却波澜不惊，河晏水清，阻狭处的奔腾喧嚣到此开阔处，松缓下来，如人到中年，稍做喘息，一边回望充满理想主义的 20 世纪 80 年代，一边继续精彩人生的下半场，我不知道，它是不是闻堰这次开发的初心之一，但我觉得，这样一个集投资休闲娱乐于一体的去处，必会成为一些气场相合、情怀相契之人的选择。

所以，我有一点好奇，这个被像我这样的本地人忽视了那么久的江边小镇，到时将撩起怎样的面纱，带给我们怎样的惊喜，老实说，我是有一点点期盼的。不仅是因为这里离城区近，来去方便，还因为老街修旧如旧，"穿越 1980"的怀旧风格，捎带"钱塘七号"的文艺气息，兼顾"潮人聚集地、城市新地标"这样的发展规划。对于江鲜，我不是吃货，暂时无感。

从三江名镇到三江名城，从风情闻堰到幸福闻堰，宣传口径的变化也悄悄泄露了闻堰的企图。借西（西湖）湘（湘湖），傍三江（钱塘江、浦阳江、富春江），它迎风抖开开发之旗，欲打造一座集文创、科创与智能制造于一体的未来城市，他们的目标似乎并不满足于小打小闹，她自带光环，既有亲切与温情，又有野心与傲娇。

沉舟侧畔千帆过，闻堰一定比其他地方的人更明白这个道理。这个春天，柳渐绿，花将红，疫渐远，一切都在慢慢向好，我们也似乎听到了历史的窸窣翻页声。

写到这里，我发现我与闻堰的交集不止于此。我想起以前的班主任楼兴权老师，西河路上的玉兰花把西河路开成一条网红路，依然留不住楼老师奔往闻堰的脚步，这位年逾古稀的蝴蝶王爱山爱水爱自然，从城厢毅然决然迁往闻堰，把桑梓晚年安顿在闻堰，必然有他的理由。

我想起从小一起厮混的表妹，嫁到闻堰后，一家人从江边能听潮的房子拆迁到了二十几层只能远远看车水马龙的街道的高楼，但儿子就读的初中弥补了这小小的遗憾，与好学校相比，潮涨潮落留给外乡人欣赏就好。

老一辈人也把闻堰叫作闻家堰，据说西江塘建成后，有一闻氏来此定居，不知道现在还有没有闻氏后人在这里生活。但现在若因为这姓氏之运而让此地闻名于乡里，闻达于诸侯，崛起于大佬塌侧，倒也是一件有意思的事。

⌐歌唱，歌唱，向三江歌唱

⌐周　亮

　　走在闻堰老街上，荒废的码头，斑驳的院墙，悠长的石板路，疯长的香樟树……恍惚中，旧日重来，微风正吟诵着木心先生的《从前慢》：

　　　　从前的日色变得慢

　　　　车马　邮件　都慢

　　　　一生只够爱一个人……

　　时空深处，一尾银白的鲥鱼从遥远的东海出发，缓慢又坚定着，向着富春、浦阳、钱塘三江的交汇口上游，在激滟的水波中，溯洄从之，娓娓环游，与众多的鲥鱼汇集成群，如同大军集结。明代宁原《食鉴本草》说："鲥鱼，年年初夏时则出，余月不复有也。故名。"司马光《类篇》也说："其鱼出有时，故名鲥。"千百年来，鲥鱼依时令而来，始终如一，斯信者也。

　　闻堰的三江口，有鲥鱼，有众多的鱼群，养育了一方人民，吸引着无数的饕餮客。三江口的码头，更有来自山川河流的木船。这些木船，驮运着无数四方的特产，它们在三江口停下脚步，卸货、装货，又向远方启航，留下满地的繁华。

"塘上是街，塘下是轮船码头。闻堰轮船码头有两条停靠的航线：一条是杭州南星桥往返桐庐，走钱塘江与富春江；另一条是杭州南星桥往返诸暨的湄池，走钱塘江与浦阳江。都由浙江省钱江航运公司经营，上下午对开两班。"

"乘客主要是生意人，搞城乡物资贩卖，当然也有走亲访友的。记得好像闻堰到南星桥的票价是二角，到桐庐是一元零八分，大件行李需要另买行李票。"有老人这样回忆。

"大庙前头观潮水，潮冲池塘学游泳；甘蔗会馆看戏文，学堂道地放电影；轮船埠头买江货，渡船埠头黑市米。"

"廿店埠头粗叶茶，塘方河斗十间楼；人民公社乡公所，墙门办公新桥头；镇上小学唯一所，初中要去长河头。"又有老人这样回忆。

他们说，曾经的闻堰老街，店铺林立，人称"小上海"。彼时，站在青石板大街上，叫卖声音此起彼伏，过客川流摩肩接踵。粮油米面、五金电料、日用百货、服装鞋帽、烟酒糖茶、瓜果蔬菜……人间的烟火最是养人。

不知从什么时候开始，水运徐徐没落，老街渐渐萧条。信步闻堰码头，江面金光闪闪，天空风流云散。大江东流，卧薪尝胆的勾践远去了，程门立雪的杨时远去了，富春山居的黄公望远去了……英雄好汉远去了，渔樵耕读远去了，江风阵阵，沁人心脾，往而不返。

往来的客旅失约了，看守的摊贩失约了，就连驻守街尾的老剃头匠也失约了。

　　静寂的老街，如同过去的时光一般幽深清冷，如同月光下的三江。望着明亮的月光，怀念远方的故人，回想过去的不堪，无论是烦恼的、高兴的、有趣的，都像此时此地的光阴，往事只能回味。

　　繁花落尽子规啼，返璞归真冰心在。渐渐的，渐渐的，人们发现，一湾碧波静水深流，银白的鲥鱼依然年年守时而来，它在时间的长河洄游，从不失信。

　　鲥鱼依旧鲜美，还像美食家苏轼写的那样：

　　　　芽姜紫醋炙鲥鱼，雪碗擎来而尺余。
　　　　尚有桃花春气在，此中风味胜莼鲈。

　　失落有时，寻找有时，万事万物都有定期。一尾银白的鲥鱼，溯江而上，带来了"江鲜文化主题街"的讯息，带来了春风的讯息。

　　我要歌唱，歌唱江河守信。

　　我要歌唱，歌唱烟火温暖。

　　万物啊，你们都要歌唱，感恩着高声歌唱。

桐庐班结友记

舒国兰

在我娘家，有这样一户亲戚，曾是潮冲池小有名气的李姓育殃草人家。他们住在三江交汇的钱塘江旁，江畔有个美丽的闻家堰，那里有条热闹繁华古老的街，老街旁就是潮冲池。

把时间倒回到 1956 年，桐庐班由钱江航运公司承营继续恢复通航，桐庐班的汽笛声在钱塘江、浦阳江、富春江三江水里再次响起，在江面回荡，船头又一次次靠拢闻堰埠，一次次缓缓推开江面，那时闻堰码头就是无数商贾的根据地，桐庐班就是牵线架桥人。潮冲池当年的李老汉因老辈从萧山东沙地区迁徙而来，祖上就有育秧草经验，且水田畈原是西江塘决堤后堆积的泥沙地，又适宜培育秧苗，在天时地利人的情况下，有独门技艺的李大汉每年一开春就为孵育南瓜、葫芦、蒲子秧、毛豆秧做准备。扎草盆，培泥土，播种洒水，到清明节前后可上市出售。但秧苗年年绿，本地销售已成饱和。于是，李汉挑起箩担在离家几百米的闻堰码头搭上了桐庐班，开启了几十年的小生意。

清晨，万籁寂静，天蒙蒙亮，黑夜刚隐，破晓晨光似初醒。

李大汉戴好毡帽，搭上大手巾，并带上饭包，坐上清晨第一班轮船出发了。因秧苗销售旺季一到，苗一天比一天长得好，秧苗种育季节性也很强，基本每天都有一担可出售，那李汉只能选择富春江沿岸的前几个埠点下船叫卖。"门哥盐宁"李汉的卖爷爷（秧秧）喽、南瓜爷（秧）、葫芦茄子爷（秧）、毛豆爷（秧）的吆喝声与当年的萧山沙地人卖大头菜萝卜干、虾皮靠想（鲞）和鸡毛换糖的吆喝声成为富阳沿江一带几个乡镇百姓耳熟能详的经典吆喝，茶余饭后乘凉吹牛皮时，老小都会去学学这吆喝声，但永远山不像二样山，这样的情景那一带20世纪70年代末出生前的人至今都记得。

又天，扁担在李汉肩头又咯吱咯吱响了。今日又在渔山一路沿街叫卖了，此时嫩绿的秧苗盛在带沙土的草绳坏里还带着露珠真得人心，秧萝担下沿还留着船靠埠和离开时泛起的水花印痕。但今日渔山街人烟稀少，"门哥盐宁"的温柔腔"嗯牛""吓西""蟹浪头"和卖爷爷（秧秧）的吆喝声似乎没有吸力，大汉一路沿街叫卖到十村，折返时萝担里的秧秧还有很多，秧秧都快被春日阳光晒蔫。此时的大汉脚底板已痛，肩胛头已红肿，今日为赶上轮船走得匆忙未带饭包，因此大汉此时已前胸贴后背，夕阳早已西斜，黄昏来临，那年代没钟表只凭日月划线认时间刻度，大汉深知今日轮船已"踏出"，两腿坐在他乡台门口，人倚在台柱上，嘴里唠着"踏出踏出"，眼里瞅着晒瘪的秧秧心疼无比。

当年《上甘岭》正红遍江南大地，郭兰英《我的祖国》经典之声也从那时开始传唱。这时两少年背着猪草篮，挎着镰刀，稍大少年嘴里哼着好山好水好地方，稍小的正愁割草时和小伙伴偷玩踢石子游戏把布鞋踢了开口，今早又少不了姆妈一顿"火簫丝"（竹簫丝），心不在焉地走着，一不小心勾上了买秧人的萝担绳，哥哥连忙上前致歉，卖秧大汉也连忙问小弟弟这里是否有宿夜店。少年说宿夜店有，前方就是，但早已住满来往客商。秧客人的脸上一晴一阴又沮丧了，少年连忙邀请其去他家住。于是两少年一前一后扶着客人的秧萝担到了自家台门口，少年快步进里向阿爹姆妈告知原委，听完，舒姓当家大汉连忙出门把秧客人迎进门，让他到自家堂前就座。这时，舒家姆妈开始在灶头忙碌，本来今日只是普通无比的番薯丝饭，但还得给客人加个春天的得时清炒菜蕻，舒李两大汉就着煤油灯的微光喝了点小酒，越聊越对路，两大汉出生经历相似，就在那日称兄道弟结拜了，两少年也在卖秧客人指点下把秧苗一盆盆拿出，放在天井里均匀地洒上水，能让客人明日再卖。

这一留，这一结拜，亲戚便结到现在。

2021 年 1 月 17 日，当年的李汉夫妇已经九十二岁高龄，携四世同堂又一年迎接富春江畔渔山舒姓人家。当年的舒老哥夫妇已去世，当年的少年（也已七十七岁）携兄弟几个还有侄儿侄女和小小辈们每年必来进行正月走亲。此时，夜幕降临，小小李做东，在新亭子饭店二楼，推杯换盏，吃得甚是开心，酒上缸头，兴劲十足，我趁机提议今日两家足足走动了六十周年，每人说点值得回忆的事，大家都热情地鼓掌。

李老汉道："打退日本佬，码头重新开，坐上桐庐班，我去卖秧秧；踏出轮船被人留，热菜热饭热炕头，我与大哥来结拜，你来我往六十年；去时秧秧满，来时锄头、镰刀、筲帚各柄柄装满篮，今日两家子孙也满篮篮！"

昔日舒家少年道:"那日一留秧客人,便有机会坐轮船,有名的活水码头常能来,当年的'门哥盐'就像今日的上海滩,繁华又热闹,房子依塘而筑很有特色,前门临街,后门在塘下,看似两层实则与地面相接,接地气!父辈结友好,得我收了一个好徒儿,学活刻苦待人殷实,六十余年来也让我看到潮冲池李家从草房变木房再变小洋房,旧貌换新颜,芝麻开花节节高!"

这时李家儿子道:"阿爹结的亲,等我成年去学艺,要把哥哥当师傅叫,富阳一住就几年,学会木工回家也来做师傅,把镇上凉亭造成名,一走六十余,如今小辈已有中中李、小小李、咪咪李,哈哈哈!"

这时舒姓人家的老三在酒性的促导下再也控制不住他的话痨病了:"我最记得,街中心闸堰照相馆供销社、百货商店、学堂道地电影院、轮船埠头卖江货、钱塘江南面一排低矮小房依堤而建,有洋铁皮盖的,有油毛毡盖的,有木头盖的,木屋开着几间小面馆、小茶馆、杂货铺,再一路沿塘便是义桥。"

这时我旁边母亲低声道:"那时的桐庐班当真好,老爷子们结了友,闸堰渔山两地跑,来时山里毛笋等土货挑来卖,回时闸堰番茄倒回卖,几趟来回能在闸堰供销社量上几尺花布做窗帘,还能带村里生病小孩来看小儿科,还能吃到李家阿婆的闸堰十碗头再加一个神仙汤(钱塘江水卤淘淘),更能学到李家婆婆的豆芽菜孵育法,多学一技好养家。"

酒过三巡,话儿越来越多,记忆就像倒带放电影,怎么也刹不住,这时咪咪舒、咪咪李也在推杯碰饮料,临别时还难分难舍。

夜已深，作为晚辈的新闻堰人承载太多的记忆和感慨：

　　友情如水，淡而长远；友情如茶，香而清纯；友情如酒，烈而沁心；友情如雨，细而连绵；友情如雪，松而亮洁。闻堰老街，古而纯朴；渔市码头，舌尖美味；戏文电影，精神食粮；街市中心，热闹繁华；居民百姓，勤劳殷实；航班已停，埠头依在。

　　待你阅尽千帆，揭开神秘面纱。翘首以盼闻堰老街再来续"活水码头"的美誉前缘。

活

李以铭

叙，三江过往。展，闻堰新颜。

述，码头旧事。致，老街未来。

时光回溯至四百多年前，闻氏有人，依水沿塘而居，这大概是老街上的第一代原住民了吧，闻家堰也因此成名，简称闻堰。

为啥有"三江活码头"的说法？我带着思索，访谈中走入了爷爷和爸爸的记忆——

"活"？

活，大概算是来自民间的一种口语吧，久而久之中形成，究其原因，恐怕更包括了当时老街上商业的繁华和交通的重要。

活，是依水而生的"桐庐班"。20世纪80年代前后，闻堰的水运非常昌盛。从当时的潭头一直到东汪，沿江而上，有汽货运码头，有往返江两岸的轮渡码头，有"桐庐班"大型客运码头，还有大大小小的七八个挖沙码头。而轮渡、客运两个重量级码头均设了口岸在老街，斑驳的老码头依旧在，见证并叙说着三江过往。

尤其是"桐庐班"，更是爷爷年轻时代的记忆所在。"桐庐班"的真身其实是从桐庐到富阳，中途停靠了灵桥、渔山、石门、闻堰，最后行至南星桥的双向客运船线的民间叫法，早晚各一班次，其中萧山境内的仅有闻堰一站。人，从绍兴而来，从萧山南部乡镇而来，更有从金华等地而来，这也造就了那个年代，闻堰的"活"。人群，从闻堰出发的，排着长长的队伍，一直延伸到老街上；到闻堰下站的，吆喝声与拥挤的脚步同行，喝茶的、看戏的，来来往往。

活，是公交枢纽的"22路"。20世纪80年代初，随着交通路网的发展，闻堰又获得了萧山通向杭城中三条公交线路的一条，始名22路。至此，闻堰的集聚力、老街的枢纽性，再度提升。（数年之后，闻堰才开通到萧山城区的公交）

记忆翻至1984年，爸爸初上小学，喜闻春游外出，居然可以坐车去杭州动物园，一夜无眠。尽管车只能到达钱江一桥附近，剩余的路唯有徒步到动物园，但第一次坐车，稀罕啊。

而"22路"，成为老街上的一个坐标，数年间，集聚过众多周边乡镇的人来人往，也成为一代闻堰人曾经的记忆。慢慢的，随着历史车轮和时代的前进，22路、322路、352路、522路、222路先后登场，坐标的位置也逐步发生了变更。

"活"！

活，是老街再出发。2020年，闻堰老街改造项目启动；2021年，老街秉持着传承与发展，将重现闻堰。三江汇流处，老街华丽转身时。

风情·岁月

273

未来·采撷

闻堰老街：带着旧时符号掀起新的盖头

李乍虹

  青石板、旧墙门、老戏台、低屋檐、斑驳的墙、缠满青苔的瓦、传统手艺人的吆喝声和蜷曲在门口看着来来往往行人的老妇……这是老街在大多数人印象中的定格画面。然而，特让人期待的是，今年10月在萧山有一条与众不同的老街将掀起她美丽的盖头：它坐拥杭州拥江发展三江汇流的重要区域，在钱塘江畔枕江而卧，街景风格在尊重原貌的基础上，融入了滨水景观带、江滨公园、创意集市、屋顶走廊、潮玩大本营、渔文化主题广场、水上船餐厅、钱塘渔市、江鲜美食一条街等独特而时尚的潮流生活元素，集传统街巷肌理和地域文化的建筑空间于一体……这就是闻堰老街。这条2020年11月启动重塑的老街，是被列入杭州市政府"十四五"规划重头戏之一的"湘湖·三江汇未来城市先行实践区"十大建设引领项目中的一个。

  富春江、浦阳江、钱塘江三江汇合后，江水浩浩荡荡涌入杭城的第一个江湾，这里就是闻堰。拥江面湖，紧邻滨江，时代大道穿城而过……作为杭州"南启"战略及三江汇流的核心区块，闻堰迎来了一个幸福的时代。

　　而老街的改造和提升就是闻堰唱响幸福时代的前奏曲。

　　依江而建，素有"活水码头"之称的闻堰老街，是钱塘江流域留存为数不多的老街，自明朝中叶开始，就是钱塘江畔南北货物的集散中心。当地老人曾编下了这样的顺口溜："大庙前头观潮水，潮冲池塘学游泳；甘蔗会馆看戏文，学堂道地放电影；轮船码头买江鲜，渡船埠头米市旺……"这段顺口溜展示出老街人幸福的生活场景。将童年烙在老街的叶先生儿时的点滴历历在目，他回忆说，闻堰老街的江鲜是十里八乡出了名的美食，每天早市或晚市，江边的人们早早就在岸边等候着渔船靠岸，每当见到船舱内活蹦乱跳的各种鱼儿，岸上人那颗激动的心也会随之跳跃，打捞上来的鱼品种很多，有鲥鱼、刀鱼、银鱼、白条、土步、江虾、江鳗……以鲥鱼、白条最有名，当地人特别喜欢买银鱼，因为形状如丝，所以叫它"银鱼丝"，买回家倒笃菜蒸蒸或打个鸡蛋炒银鱼丝，那个味道别提有多鲜美了。令叶先生想不到的是，数十年后的今天，闻堰的江鲜已荣登中国名菜榜，成了中华名小吃，收获了浙江省首个"中国江鲜美食之乡"的美誉。

　　王老伯也是土生土长的闻堰人，老街在他记忆里永远挥之不去的是这样的画面——夏天的老街，纳凉成为一道风景：太阳西下时，街坊邻里会做同一件事，那就是拎两桶江水往塘上一冲，搬出家里的那张被汗渍染黄了的老竹榻，一把蒲扇，一盘蚊香，一缸茶水，一只西瓜，仰望繁星灿烂的天空，享受着江边徐徐吹来的风，邻里朋友天南海北地聊上半宵，还有几家有爱喝上几口的老汉，则是在黄昏时分端来一壶老酒、半碟花生米再加上几块五香豆腐干，香气扑鼻，诱人肠胃……这样的老街夏夜别提有多惬意了。

幸福总是与事物的变化扯在一起。

2020 年 11 月，老街迎来了幸福的提升。据了解，闻堰老街的升级改造，以"一次规划，分步实施"为设计原则，保护与开发并重。能保留的保留，能改建的改建，能修缮的修缮，不是大拆大改，而是修旧如旧。一期改造区块，即原新市街两侧及沿江板块，面积约五十五亩。新市街将保留原建筑特点，通过结构加固、材料翻新改造，还原原有建筑风貌。沿江将尽可能保留原有建筑结构，外立面通过传统与现代相结合的处理手法，体现传统与时尚感相融合的"潮文化"特点，让老街带着自己的符号和印记重现在世人面前。同时，抓住当下的消费需求，重点打造国内首个"穿越 1980"江鲜文化主题街，融入时尚的生活休闲消费场景，将成为杭州城市潮人聚集地和城市夜生活的新地标。

不得不提的是，老街一期提升项目中"穿越 1980"江鲜文化主题街的打造，给吃货们带来了实实在在的"红利"。这个新鲜感十足的名字意在"让你能够沉浸式体验 80 年代的感觉"，特别引人关注。自古以来，闻堰盛产江鲜，"盐烤鲚鱼""清蒸鲈鱼""钱塘江三鲜"等一道道江鲜名菜令无数吃货流连忘返。20 世纪 90 年代起，闻堰餐饮业声名鹊起。进入 21 世纪，闻堰闻兴路先后形成"江鲜一条街"，居民游客汇集闻堰品尝江鲜，尽享美味。特别是闻堰三江美食节的举办，一道道江鲜美味不仅仅俘虏了人们的舌尖，而且闻堰的江鲜土菜，早已荣登中国名菜、中华名小吃之榜。而老街一期改造项目将重心移到江鲜文化这一主题上，融入美食一条街、钱塘渔市、渔文化主题广场、悬浮梦网、空中鱼群等元素，不仅能推动闻堰江鲜美食产业攀上一个新高度，更是验证着闻堰从"活水码头"到钱江餐饮重要集聚地的完美转身。

金秋十月，老街一期提升改造将掀开新的盖头，闻堰人的幸福感正扑面而来。在闻堰的"父母官"眼中，老街不仅仅是一条老街，它将成为展示闻堰颜值的窗口，承载着闻堰的过去、现在与未来。

闻堰：郁金香远

王葆青

　　闻堰，对于我来说，是逐渐远去的事物，尽管我曾经深嵌入它的纹理。重新勾起我记忆的是老虎洞山，那天，我跟着群体的脚步再次丈量，彼时的心境俨然经历了轮回，仿佛隔世。曾经朝阳般的雅兴已消散，落寞无边，步道、小亭、回廊，乃至于依然秀丽的山色，似乎可有可无。

　　我就是带着这样的颓废跟着人流，步下台阶，来到新修的殿堂一侧的讲经堂；隔壁是僧侣们虔诚的念佛声，这边是主持耐心宣讲的金声。我走讲经堂时，没有落座，而是被左边墙壁边的一排书橱吸引，我恭敬地上前，选取了一部金光闪闪、印刷精美的《金光明经》，随即转身从门外一侧的楼梯上进到大殿，捐一点微薄的心意，算是又"请"到了一部经典。

　　走出大殿时我心情逐渐开朗，大殿外是宽敞的前庭，正对着轩敞的风景，我照着欣赏了好一会儿。从狭隘的山坳抬升的这座宫殿竟然毫无狭窄感，底下是索菲特大酒店的澄潭，有一个好听的名字——天鹅湖。我从青年到中年，很多的时光是与天鹅湖相关联的，承载了我太多的温馨记忆。不协调的是，天鹅湖对面的"建筑"有些唐突，我回程时才知道，整个的"索菲特"正在拆除，仿佛正给一个轮回画上句号，我曾经迷恋的郁金香、茶花和玉兰等各色花开的场景，不知道几时能够重现。

前方现出两个尖塔，右边的是杨岐寺，左边那个我吃不准，貌似是石岩山先照寺边的一览亭，以远是三江秀色，更以远是萧南乃至富阳的重山叠嶂，一起构成外挂的水墨图景，与莲华寺的内凹形成对比，一位智者正呈现出接纳的雅怀。

莲华寺上面是莲华古寺，再以上是老虎洞，遗憾的是，我从未登上过老虎洞山的极顶——那个海拔不过二百余米的高点，天然有种突兀感，一种类似于虎头的威压。

不过这次的游览，我只上到莲华古寺，即沿东侧的一条游步道下山，这边的视野更好，可以看到东边的萧山城区。两条东西向的山峦之间，湘湖一期在跨湖桥这里形成一个小蛮腰，翡翠的湖面往西才渐次拓开，形成湘湖二期的湖岸线和公园，烘托着波光，而湘湖路则像一条玉带，引领着湘湖往压坞山、院士岛一带平铺，这些，足以平复"索菲特"的消失引起的不适。

更深的刺痛被唤醒，如视野下方，浙江海洋学院迁徙带走的学院氛围与眼下寂静的反差；村庄消失过后的落寞；一个新湘湖完全恢复之后，妙曼的身姿摇曳，会给古镇闻堰带来怎样的冲击。

湘湖的左侧深处是我青年时代的休闲地，那时的原生态，更契合一位初出茅庐的青年有些落魄的境况。我住在山那边一家大型机械厂的集体宿舍，八小时以外有的是闲暇，便经常穿过山洞往湘堤、越堤那两条被厚厚的茅草覆盖的土埂上行走，不用说，我也完全处在撂荒的状态，内心也有疯长的野草。有时我也往北岸的村庄里穿行，遗憾的是，我从未想到要穿过密集的村庄来到西边的集镇，直到千禧年前后，我和几个同事一起乘车，沿着城山北边长河镇一侧古老的海塘，到浦沿的一家配套厂家服务，中午老板请我们去隔壁闻堰的一家小饭店吃便饭，我才对闻堰集镇有了最初印象。

这印象是破旧，杂乱，灰尘多，且偏远，总之都与落后相关。直到某一天，闻堰一家五金工具厂的工程师带着图纸前来咨询技术问题，我内心才对闻堰的某样事物升起敬意。

图纸的复杂系数显然不低，都是英文文字和标识，对方想来探讨的是模具设计方案，整个上午，我们都在探讨着分模面、拔模角、变形工步等，复杂的切换让我对这家厂的产品刮目相看。若干年后，"万达"作为一个品牌冉冉升起，成为闻堰的一张名片，但是，我所接触到的万达们草创时期的一个案例，还是扭转了我脑海中对乡镇企业的传统看法，顺带，我对闻堰也多了些期待。

果然，闻堰逐渐活起来，首先是湘湖的陆续开发，其间，"三江美食节"也开始推介闻堰品牌。

我也开始"筹划"在闻堰拥有一套休闲居所。

一天，我开着新购的雪佛兰来到闻堰镇，先到湘湖人家，得到的答案是房子卖光了，接着便沿着万达路往江边寻找，寻到江南摩卡时，打听到还有八十九平方米的房子，便立马下了订单，由于是现房，很快便交房了。从此，我们一家便开始了对闻堰生活的期盼。由于当时经济紧张，没财力装修，所以房子一直搁在那里。

这数年中，逢双休日，我们便常常来到闻堰，吃吃江鲜，

未来·采撷

看看江景，有时顺便也到新房子里看看。万达路对面的新亭子和钱江渔村是我们来闻堰时光顾最多的两家饭店，印象最深的是用土步鱼或者船丁配冬笋和冬芥菜烧汤。特别是土步鱼汤，味道浓郁，汤汁柔美，在我的心目中，和左拉笔下的地中海蓝色海岸的"普罗旺斯鱼汤"有得一比，尽管缺少一样薰衣草。江边美食中，印象深的还有鲞蒸螺蛳、莼菜鱼丸和农家三鲜汤等。

　　去江边散步也是必修课。春秋的晴朗嘉日，江滨公园往往游人穿梭，我喜欢拿本书，走上那条悬在江上的木廊道，在拐角处的亭子里看书，或者来回走动，兜兜江风，看看江景。顺着江堤行走也异常惬意，若干次我们从郁金香岸经过，多少次，依依不舍告别三江口落日的余晖返回萧山城。

　　以闻堰为主的休闲生活非常惬意，尽管没有真正住过来。但让我感到遗憾的事有两件，一件是房子的结构和得房率，八十九平方米的房子，和我最初单位分配的五十八平方米的经济适用房相比，仅仅是厅大了一点。两个房间，竟然是一南一北背靠背，其中一个房间还小得可怜。另一件美中不足的事是万达路对面的五金工业园，这一点我们在购房之初完全忽视了。这两件事，加上后来到来的延续了数年的经济低迷和其他因素，彻底阻断了我们入住闻堰的初衷，但是，这一段缘分和真情付出还是让我在以后的日子里对闻堰产生异样情怀，即便站在第三者的视角，也可以做得比真正居住在这片土地上的人们更加理智。

　　确切地，从形态上，我更加愿意把闻堰形容成花瓣或花蕊。"花瓣"源自三江口的形态，多么像一朵玉兰花，浦阳江是梗部,富春江、钱塘江、江心岛、湘湖和从闻堰老虎洞山向东延伸来的山峦,宛然盛开的花瓣。

"花蕊"的形态,则须抛开具象的概念,更多地从抽象上去理解。

从地缘上,闻堰北接属于杭州主城区概念的滨江区,东接已经开发成型的湘湖和成熟的萧山城区,西南是炙手可热的概念"三江汇",处在中间的正是闻堰,"花蕊"的概念由此而来。

从发展的进程看,至少有两股春风吹过,接下来还有第三股。这些都是外因。

而内因呢?据我所知道的,通过购房居住在闻堰街上的人们,很多抱有划给滨江的想法,目的有两个:一是获得杭州主城区的户口,一是获得滨江区作为杭州高新技术产业开发区的政策和产业转移。

本地的人们怎么想的呢?我在潭头村逗留时,和一位闻堰土生土长的老人交谈过,老人承认,作为村庄,闻堰的环境远远落后于萧南的乡村,而作为城镇,闻堰的发展离预期的"湘湖新城"目标有相当距离。不过老人立马补充了一句"未来还有三江汇来带动",我瞬间惊诧,我真希望这种等着第三股"风"吹来的想法是偶然或者局部的。

闻堰为什么不能立足于自身或主动对接呢?

近期,我为着寻找某个主题,曾经不停地在闻堰的乡村和城镇间穿梭,心情复杂。某个时段,我从三江口村出来,开车从建设中的时代大道高架延伸段下行驶,感受到建设中的闻堰,闻堰即将增添一条快速路,使其到西湖的车程缩短至二十分钟以内,闻堰作为杭州江南城内重镇的交通优势凸显。

　　行驶在祥瑛路上时我是另一种心境，机耕路上忙碌的交通、噪音、略显污浊的空气和有些杂乱的村庄立面，让我想起二十多年前第一次来到闻堰镇上的情景，我甚至想到"被遗忘的角落"，这一路和闻堰外围的兴旺形成反差。接近万达路时，五金工业园比多年前多出了很多空地，大都暂时作为停车场，土地整理反映了闻堰试图改变原有格局的努力，这也是闻堰未来最重要的筹码和经济转型的桥头堡。

　　再回到万达路，仿佛也是一个大循环。万达路一如既往，很难感受视觉的改变，包括整个街区的面貌，仍旧如从前，仿佛不变的初心。闻堰自身的条件，三江交汇，襟江，藏山，纳湖，全境又处在杭州绕城公路以内，地理和环境因素在杭州的郊区新城中可谓首屈一指，因而，闻堰最有资格讲"分娩"，但愿不如意只是阵痛，只是起飞前的蛰伏。譬如煮水，一锅水，周边已经或即将要沸腾，作为以"花蕊"的形态呈现的中心，闻堰沸腾的一天终归会来；只是，别让人等太久。

三江渔火里，那一缕清风

麦　子

从小出生在沙地，生活在沙地，工作在沙地，平常要么就在周边几个街镇转悠，要么就索性跑远，很少会想到去南萧山，所以，对闻堰的印象，一直还停留在字面上。

这次萧山区作协组织，去闻堰老虎洞。去之前群里通知女士最好穿旅游鞋，心里不觉一个咯噔，难道还要徒步，对于整天做沙发土豆的我来说，走路已经是很遥远并且奢侈的事情。每天早出晚归的生活已经让我们慢慢失去了生活的本真，每天在职场上打拼也早已忘记了自然的风光，生活的常态总是忙过一阵子还有一阵子，蓄谋已久的旅游不能成行，相约多次的聚会一推再推，在钢筋水泥的丛林里，我们忙忙碌碌，勤勤勉勉，除了日渐丰腴的身材和貌似水涨船高的职业，几乎不太有自己的空隙。好不容易有个假日不受拘束，真心想去闻堰看看，又担心回头拖了大部队的后腿，于是小心翼翼在群里先打听，"要走很多路吗？矮脚猫走不动"，好在，主席马上热情地回答了我的疑问，"不远，就爬个小山，去个党群中心，开个座谈会"，于是，放心成行。

闸堰故事

走到半山腰，就感觉还是小看这个小山了，主席嘴里的小山到了我这个疏于运动的人这边，已经是一座高不可攀的大山，走到半山腰，看着前前后后蹬蹬蹬前行的同龄人，我早已累得气喘吁吁，一件T恤被汗水完全浸湿，还好出门前多长了个心眼，挑了个黑色的，不然肯定没法儿看了，看到半途送水的，赶紧厚脸皮跟师傅套近乎。"师傅，你车子咋上来的？""那边可以开上来啊。""那一会下山让我蹭蹭车呗？""好的，那你一会记得找我。"有了这颗定心丸，仿佛打了针鸡血，我继续紧跟着大部队前行的脚步，回头看看，其实身后只有两三个人了，除了一位喜欢拍摄花花草草的帅哥，其他都是老同志。上山还是下山，变成一个艰难的选择，好在，善解人意的同行人，早早在凉亭这边歇了脚，大声笑谈着是有点吃力，还好还好，不是我一个人喊累，于是，我决定继续前行。

爬上山顶，视野一下开阔，刚刚山脚下还是虚虚渺渺的亭台楼阁，一下子变得高大雄伟，前堂后殿的格局颇为壮观。等我这个小蜗牛上来，大部队已经坐等在讲经堂了，佛缘法师抱歉地跟大家说："今天是莲华寺第一次重启法会，又是文殊菩萨生日，来的香客特别多，所以只好邀请大家到平常僧人们做功课的地方听课，还特意把讲台边的椅子搬到了下面。说到见面都是缘分，我如果高高坐在讲台上就显得生分了。"听完不由得感动，如此细腻的利他主义思维，下面的环节不听也可想而知是精彩的了。果然，在说到孩子升学的环节，妈妈们开始纷纷录音录像，法师讲到，首先你的孩子得有一颗向上向好的心，自己努力刻苦，然后菩萨才能帮到你，如果你的孩子三天两头学习不认真，本身没有一颗上进心，不要说菩萨，神仙也帮不

288

了。听到这里突然想到网红教父马云的一句话，菩萨每天普度众生那么忙，你自己都没搞清楚就去求菩萨，怎么让菩萨知道。真是异曲同工。事后，才得知，佛缘法师一身才华，属于才华在左务实在右的复合型人才，中国人民大学科班出身，北京工商大学教学经历，再加上多年闭关礼佛的实践真知，才有了现在的才华横溢，虽一袭素衣，却金光闪闪。

　　临近中午，下山的脚步比上山仿佛要轻松许多，一上午出了大概是一个夏季的汗，浑身也跟着神清气爽，到了闻堰党群中心，又让人眼前一亮，除了常见的展厅外，最让人过目不忘的还是特色书屋，"正世界观、正人生观、正权力观、正政绩观"的桌签如一缕清风，吹拂着这个炎炎夏日，无声无息滋养了来客的三观，短短半天时间，见识了一座宛如南部明珠般的小镇。听美女部长的描画，未来的闻堰，将会更加的璀璨和秀丽，可惜时间短了点，不然还真的想去寻一寻当年毛主席的足迹，午夜梦回，闻堰，算是走进了我的记忆里，美丽，清爽，大气。突然想起来，我下山的时候，好像忘记找人蹭车了，想来，那位老兄也是见多了我这类半山腰打退堂鼓最后却坚持下来的人，竟然再也没有遇见。人生不就是如此，在以为自己快坚持不下去的时候，有一群对的同行人，一起在路上，说说笑笑，不知不觉，我们已经走得很远很远了……

未来·采撷

期 待

吴亚慈

    清晨，睡梦中醒来。呀，今天家里有贵客光临，赶紧睁开睡意蒙眬的双眼，一骨碌爬起来。此时，楼下响起喷泉悦耳的声音，润湿了整个秋天带来的烦躁。

    第一次去码头买菜，二江汇流，美景尽收眼中。

    这里再现了活码头早市的繁荣。车上地下，活鸡活鸭随处可见，各式各样的江鲜——虾、蟹、鱼、甲等，应有尽有。

    迁居两年，在附近老一辈人那里时常听闻，"三江活码头"与老街曾经是杭城乃至全国的网红之地，各地商贾聚集而来，市民们打卡流连忘返，对鱼之鲜味赞不绝口。后来一度繁华喧嚣落幕，进而停滞不前……

    "哎，老板，这白条多少钱一斤呀？""这江蟹多少钱啊？""这野生甲鱼怎么卖？"问价的声音此起彼伏，打断了我的思绪。卖家一边回答一边手脚忙活，不亦乐乎。

    "支付宝到账五十元，微信到账一百五十元。"

    这到账的声音好听吧？是的，好听着呢！这是卖家最喜欢的声音，是这个清晨最悦耳的旋律。少数老太太老大爷不会用手机，邻家商贩便帮忙收款，再取出铁盒里的现钞递给他们，一派祥和之气扑面而来。

从这头走到那头，从那头回到这头。不一会儿，手里便拎满食材，一看时间，我得赶紧回家了，回家为我的贵客们准备不算丰盛但诚意满满的午餐。

下了江堤，我又忍不住跑去老街。现实中的老街破败不堪，不忍卒读。到处布满蜘蛛网、破旧的门板，高低不一的电线电缆耷拉着，多像在叙说一个尘封多年的故事啊。

这些写着"沧桑"的老房子，这条沧桑的老街，承载着一代代人的回忆和乡愁，江边卖鱼的老爷爷、老奶奶们见证了脚下这片土地的岁月变迁。

驻足凝视，前方进出老街的路已经封起来了，开始改造修缮。

这时，我似乎又多了许多期盼。期待这昔日美丽的湘湖畔、奔涌的钱塘江水岸"三江活码头"再现的一天。

期待，望得见山，看得见水，摸得着江鲜，吃得上美味，期待一条街繁华闹市的延续。

我还想听，老房子继续讲述它里面的故事，一直，永远……

我游老虎洞

周无江

　　来萧山多年，久闻老虎洞大名，也知其处于萧山城郊闻
堰街道的湘湖畔，一直未得其入。日前随区作协采风团，得以
成行。

　　从城区出发，沿着湘湖路，欣赏着群山环绕的叠翠林与烟
波荡漾的湛湛湘湖水，不消一刻钟便到达与湘湖一河之隔的老
虎洞村。徜徉村道中，不由羡慕生活在此的村民，依山傍水得
天独厚的环境，绿化覆盖率极高的山涧与湖边，清新的空气迎
面扑来，桥头偶有老翁乐此不疲地垂钓，河埠头勤劳的妇女忙
碌着洗刷，与波光粼粼的湘湖有着迥然不同的生活意境。

　　山不在高，有仙则名，仰头可及的老虎洞山，也有着一个
美丽的传说。古时候的萧山人烟稀少，三面连江，地处沼泽湿
地，人们以渔猎、农耕为生。到处大树参天，荆棘丛生，群山
环绕着的连山中，时有猛虎出入伤害人畜，百姓无不人心惶惶，
难以安生。观音大士路过此地，知百姓有虎患之苦，即行打开
佛宝，将老虎收服于普陀山紫竹林中。从此百姓安居乐业，连
山名也改为老虎洞山。

寻故追踪，沿着村头小径拾级而上，片刻便到了莲华寺。而有着传奇色彩的老虎洞就在寺院后面。百闻不如一见。莲华寺的佛缘师傅带我们绕到了洞口，并讲述了越王勾践卧薪尝胆的故事，卧薪尝胆史诗般的传奇与眼前的山洞，跨越时空而连接在了一起。尽管心存疑虑，但有明代学者刘宗周撰联"此地曾传尝胆事，我来犹忆卧薪人"为证。洞口屹立着一猛虎雕塑，怒发冲冠，忠心耿耿地守卫着。洞边残存的柱础凿刻痕迹与寺东越王城遗址遥相呼应，越王勾践的身影，观音伏虎的美丽传说，这里的历史故事与民间传说让到此的世人心中的虔诚与神圣感油然而生。

　　站在洞口往下望，地势陡峭，突兀森郁，入口处无任何人工扶手，同行几个人探了探头，转身原路返回。留下的两友勇敢，一个接一个攀着石壁，小心翼翼地探下了脚，稳稳地踩在湿润的峭壁上，洞穴上下通风，峭壁半湿状态并不滑。洞内两块巨石挤压处较狭窄，仅容一人通过，挤出后便豁然敞亮。内外洞石壁坚固，很轻松便能走出洞口。

　　站在下方洞口，看着由两块巨石耸立而成的洞穴，中间一条水迹明显的小沟渠，左右石壁泾渭分明。阳光晒不到的一侧青苔斑驳，郁郁葱葱焕发着浓浓的生命力；而另一侧时常阳光普照，石壁的本色裸露无遗，展示着浑厚的阳刚之力。

　　说实话，这其实是一个很普通的天然洞穴。但因为有了美丽的传说，赋予了文化的基因与力量，有了传奇的色彩，让老虎洞的美名享誉了四面八方。

见识过闻堰江与湖的人

莫 莫

一

钱江渡、浙萧渔
入江的船只皆有名字
那个准备去坐渡船的无名氏
此刻已记起自己是谁

他刚坐完湘湖游船回来
刚把失散多年的心
用晚霞调和的湖水清洗了一遍

在湘湖路经过德风桥、政和桥、四亭桥
感受人生不同的三段跌宕起伏
并与现实的高低
——匹配

现在他算是一个见识过闻堰江与湖的人
碟中江鲜微微冒着热气
他有离析细碎鱼骨的平和

二

上山时从人世带来疑惑
下山时听莲华寺弥久不消的梵音
告诉你浮云在多年前
也曾见过青山白头的样子

被光阴消磨，谁能比谁更苍老呢？
"此地曾传尝胆事"
畸形巨石撑开的虎口
已不见了当年隐忍的卧薪人

搁在虎背上，江山之巨大
容不下一人挺胸直立
一声放肆长啸
但"漫长的生长总会有结果的那天"

后人眺望钱塘江、富春江、浦阳江
那三江合汇处的万丈光芒
也能从古湘湖沿岸淤涨的陆地上

拓下前人坚硬的足迹

三

通向闻堰自然山水的路途
在笔直处，用轻如云朵的身体
建造数片丛林

在转弯处，用钢筋般坚硬的骨头
建造几幢建筑
在自然山水之间建造一群自由之人物
用其目光清晰或眼神迷离

打下山水烙印，略浮于尘土之上的气质
建造不同于别的镇街或村庄
又与人和土地生息关联

使人一想起闻堰便充满食欲
在清风刚于薄雾间分拂柳梢
你已享用完一盏丰腴滑嫩的湘湖莼菜汤

参观改造中的老街（外三首）

蒋兴刚

走在街上的每个人都是年轻的
他们来自江这边江那边
在这里聚集在一起
但我知道他们和我一样
只想再来翻动一下难以释怀的隐秘
说实话，一个早上
我在老街漫不经心地走
对于我在老街上走
老物件只为还原出岁月
一个个情节
我边走边指指点点
仿佛我是它活在世上
一事无成的儿子

西江塘札记

塘内的花草长得有模有样，在打桩机
不断缩小的版图上吐露芳华

江面被空旷占据着，台阶继续向上延伸
仿佛脱离江水，兀自上岸
孩子们驾驭着滑板车像一道道闪电

滑轮与水泥地面不停摩擦着
空气中仿佛有无数张调皮嘴在吵着，争执着
而塘上散步的人越走越远

越走越远……
他们远离喧嚣，接受江风邀约
从楼宇火焰中出逃

游码头旧址

一小撮暖阳，淡淡涂抹
来自江中的细浪，淡淡涂抹

江风吹来，这座昔日繁忙的码头
如此冷清、幽怨

立于水中，栈桥的桥墩排列
如谎言的裂痕

它们是码头落水的孤儿吗

偶遇最后一位渔民

习惯和鱼虾做朋友
习惯自己和江一起涨潮退潮
然后，留下一串深深
浅浅的脚印

习惯一猛子扎入江里
像一条鱼
习惯与鱼虾同居
然后，用汗水用温情

收获生活的赠予——

他有钱塘江目前唯一一张
"居民身份证"
他能证明钱塘江连呼吸
都是咸的

老虎洞，一个人的孤独（组章）

陈开翔

河边即景

河边老树上，蜘蛛在织网。

那些细小的丝状物，遵照着古老的神谕，沿着一条荒芜的路，向四方延伸。记忆深处，沉睡着的时光，渐次醒来。

一种柔软，从一种存在，过渡到另一种存在。

白鹭鸟惊起，双翅隐藏住风声，从此岸，投向彼岸，一处更为静谧的所在。河面波光潋滟，晃动着天空投影下的，一块巨大的蓝。

人们在洗涤：衣物、拖把、床单……以及那些心灵上来路不明的阴影。在水边。

所有事物都有自己的归宿。一条鱼一月被孵化，五月逆流，回归大海；一个老人，倒映在一面巨大的蛛网中，头顶银白蛛丝，双手在水中不停地拨弄。

她在打捞着什么？

水纹扩散开去，一圈圈，一轮轮，水中的脸孔，不停变幻着——

稚嫩的、苍老的、朝气蓬勃的、恬静自若的……

流水年复一年。

不远处，两朵硕大的莲花含苞待放，形若一双紧握着的拳头，即将松开，呈现出，一种拥抱世界的姿势。

香道上

沿石阶向上。一段心路，悬浮，或者倒置。

每向上一步，身体的浊气便下沉一分。

山间鸟鸣，将空气撕裂出无数道口子，顺着这些微小的裂纹，可以看到，一种古老和一种崭新的镜相，在香道上排列组合——

前面，是消失在石阶尽头攀登者们的背影；后面，是后来者逐渐清晰的面容。

路边，烛火幽微，足以让未归人，在阳光下，看清各自的朝圣路。

苔衣蔓延，时光之外。脚印覆盖了脚印。

不知道，我将是第几个攀登者？

梵音传来，已忘记踏上了多少级台阶，如果是第九十九级，是不是该忽略掉，最后一级台阶，将肉身融入尘埃，在莲华寺，沐浴佛光。

莲华寺远眺

远眺，模仿着古人的样子——

让灵魂远游，肉身耸立成一块石头，或者一棵树的样子。

恍惚中，三江口迎面走来，带着古老的神秘、矜持与婉约。

多想叫停一江的流水，问询一下，一个人的前半生，那些消逝之物的去向。

"弃我去者，昨日之日不可留……"流水远去，带走了那些远古的苍凉意象。

远山脉脉，青如黛。

过去的我，或立于戴村同盘顶，或立于渔浦码头，从不同角度，在不同的时间和空间，审视着，同一种风景中，不同形式的存在。

江山依旧。昨日之我，是今日之我，明日之我亦是。

身后，诵经声浩渺无边，瞬间将人淹没。

因　果

在莲华寺，听佛缘禅师讲因果。

一枚香梨躺在桌面上，思考着自己的归宿，是马上滑入一个人的肠道，还是在上山途中，挣脱人的手掌，滚下山谷。

一切皆有自己的因果。

那些拥有的和未拥有的、相逢的和未相逢的事物，在生命中不停地组合排列着。

我们一直都在修行的路上。

老虎洞半山腰，一个算命先生远远叫住我，说从面相上看我正处于转运期，需不需要他的指点。我摆摆手，笑着走开，我知道自己的面相，大圆脸盘，像天上的太阳，灿烂着哩。我当然不会告诉算命先生——

我现在在笑，是因为过去我在笑。如果未来还在笑，也是因为，现在我一直在笑着。

老虎洞，一个人的孤独

老虎洞，是专属于一个人的，一个男人的孤独。

抚摸着洞壁，几千年前的沧桑，沿着指尖，抵达。一只石头老虎的背后，是一种更为幽深的存在。

当年，越王勾践在此，跏趺而坐，壁面苍茫，将心中的结一点点解开。

在山中，月亮是只硕大的苦胆，悬挂在触手可及的地方，他不停地舔舐着，一种旷世的孤独。难言的苦，让麻木的世界又清醒了一些。

月亮在口中融化着，蚀骨的冷，沿僵硬的骨骼四处流窜。似乎又听到鱼肠剑在咯血。脚下的土地遍布狼烟。

国破山河还在，人死灰飞烟灭。活下去，未来便多了一种可能。

他拔出鱼肠剑，一次次练习，断水。剑气如虹，一条条河流奔涌而来，河里，挣扎着的，是他所庇护的苍生。

他压住一条条在内心不断冲突着的河流。只留下三条，一

条叫浦阳江，一条叫富春江，一条叫钱塘江。逆流，一条可以
回到故乡，一条可以去往他乡，一条，就让之静静地流淌进心
底吧，他还没有想好要何去何从。

月亮圆了又缺，缺了又圆。

一只猛虎走过他空荡荡的世界，一万只猛虎跟着走过。他
无意在心中豢养猛虎，一个不当，自己会被吃掉。

必须小心翼翼，调整好生命中得失的天平。

终有一天，他会出山，背负着河流，心怀猛虎。

将月亮归还天空，将岁月交给风，踏上更为孤独的旅途。

一尾游进闻堰的鱼

高迪霞

这是闻堰最鲜活的鱼

它驾着钱塘江浪花

从远古顺流而来

游过魏晋与唐朝

每一片鱼鳞都闪光

张合着一个个让文化与历史

持以呼吸的故事

火烧延庆寺

勾践卧薪尝胆老虎洞

炮火下的大旪山碉堡群

大庙前看潮水

……

鱼从容

从一个故事进入与游离

像离乡的归人

阅尽了世间冷暖
从寂寞的异乡走进霓彩的闻堰
有家在中间的闻家堰

老街是一张旧式的地图被寻访
穿梭在并不贯穿全局的片段
《闻堰镇志》则是鱼脊梁上的鳍
记住来时的路，也记录
划开时代的方向、速度与力量
它的重，令闻堰沉淀
轻，则令闻堰飞翔

书写微澜的尾巴也书写山河
比大白云细腻
比小羊毫写意
那一记搅动三江水的峰回路转
把浪头推到了闻堰人的心里

汽笛响了
从故事与风景里飞越而出的鱼
比三江汇的艇还快
它要去未来等我
等我带着闻堰无比的幸福抵达
我且把自己化作一枚鱼一样的书签
游进闻堰，阅读所有

传　说

储　慧

我不想用"闯入"的方式
进入这片区域
进入这片山或者水，在这里
桥是主角，水和船是配角
诗人和其他都是多余的

两岸——春风得意
——风生水起
有关湘湖和闻堰的各种传说像北京烤鸭
沸沸扬扬，炙手可热
而我却"面朝大海"

三江口（外一首）

许也平

从三江口往杭州湾

河水缓缓流向东海

钱塘江的涌潮

总是在月亮的激励下

迎难而上

在丁字坝撞击出滔天巨浪

在三江的交汇处

水流不断地冲刷、沉淀

凝结成富饶美丽的土地

在人们的智慧与勤劳中

结出丰硕的果实

压湖山的曙光

压湖山第一缕启蒙的曙光

是在 1928 年

一位叫作陶行知的先生

点燃的

他创立的"浙江省乡村师范学校"

用文字与音乐，算术与美术

生产与劳动

在漫漫的长夜里

画出了一道耀眼的光亮

在闻堰

流 泉

城山还在
城山寺的晚钟已不在
勾践魂魄还在
越王用双手托举的风雨已不再

在闻堰
不怀古，我只在跨湖桥上
看湖心云影
看三万顷碧波将一颗被岁月裹挟的心
洗了一遍，又一遍

"日暮窑头添新火，轻烟散作半天云"
——蔚蓝都在水里
——诗书都在水里
不吟诵，仍然有风，有梦
有水草牵动着我

看斜阳

一棵长在水里的树
是会飞的树

莲华古寺二题

陈于晓

风不吹动风铃

风吹着风，风只吹动着风

风不吹动天与地之间的广袤

风，也不吹动风铃

倘若此刻有风铃声响起

那是你心上有着一只风铃了

莲华古寺落在山间

往上，是老虎洞。望久了

仿佛洞壁上，也长着一只风铃

而我视野里的风铃

挂在观音殿的檐下

风吹，不动

就像一粒凝固的经声

也有风铃声声，声声在溢开来
比如每当诵经声响起
风铃声声，夹杂在诵经声中
尽管风依然没有吹动风铃

僧从风铃下走过，在一天天的
"熟视"里，对于风铃
僧还有"睹"吗？僧行走的身影中
带着草木的气息
也带着风铃的气息吗

风铃有气息吗？风铃的气息
早已被风吹散。吹散成漫天的浮云
这漫天的浮云，是天上的
风铃声声。风不吹动风铃
风不吹动的那一只风铃
早被流年，轻轻晃动在我心的深处

雪落莲华古寺

雪是从天上落下来的，在抵达
莲华古寺时，去往湘湖的雪
还在赶路，去往老虎洞人家的雪
已够着了烟囱。雪就这样落着
一片，把另一片覆盖

雪能把古寺覆盖吗
雪当然包不住古寺的香火
甚至都裹不住殿宇的檐角
而雪的意境，也许就在于
这漏洞百出的覆盖
以及这漏洞百出的覆盖中
那若隐若现着的苍茫，而湘湖苍茫
沉淀在了一卷湿漉漉的黑白之中

从山下抵达古寺的山路上
那些石级和脚印，都被大雪掩埋了
因此我已经无法分辨
这些脚印中，有哪一些是朝着香火的
又有哪一些，正在走回炊烟人家
而那些新踩上去的脚印，黑黝黝的
恰好处在烟火与香火之间
一些向上，一些往下

老虎洞河三帖

张小末

春日赴老虎洞河有感

人间三月，柳枝泛绿
因春风而急于外出的人
在路上，甚至来不及分辨
盛开的是樱花，还是梨花

穿过一条著名的江
高楼、车流、湖泊，诸多庞大的事物
日暮时抵达此处
城市边缘，闪着光芒的河流

湿润的空气里，我想象她曾经历的过往
一个村庄的母亲河
无数次曲折的流淌，组成了她
无数次去淤而至清，组成了她——

百转千回，唯有春风慈悲
我看到那个浣洗的妇人，她神色安静
而不受外界干扰
即使此刻，春天又一次来临
老虎洞河正微微颤抖

对一条河流的追溯

"勾践曾行至此山
猛虎惧其威严而退
遂栖身此处而谋兴国大计……"

一个卧薪尝胆的传说
构成了老虎洞河流淌的谜底
而她真实的历史
也是一部与沉淤争夺的治水史

疏通河道，贯穿村庄
淤泥、沉船、虾笼、渔网
长满河面的水草……
覆盖着人间烟火的过往，被逐一打捞

落日春风，众河归江
一个村落的血脉，历尽沧桑而清澈如初

一条被命名为母亲的河流

在漫长的岁月之后，新如少女

干净动人

容　纳

站在青山张东桥头

暮色里，春风正吹过一条河流

这是一年最好的时节

春水微涨，落日在她的怀抱里闪光

让我忽然想起一个词：容纳

是的。一条二点五一千米的河流

西起东旺二孔闸，东至后王寺闸

流经一个名叫老虎洞的村落，最终连通一条大江

她的过往，她的去向，她的前世今生

被描述得清楚而简单

沿途，是她容纳的一切——

鱼虾欢腾，水鸟翔集

水草淤泥，渔网沉舟

春风秋月，落日星辰

一个村庄的烟火，春风里沉醉的欢愉

啊，一条河可容纳的事物多么有限

又多么无限

几代人的命运，曲折的流年

红尘里黯淡的身影

多少无法言说的爱与恨

多少次对远方的奔赴和停顿，此刻

都一一回归

在一条河的源头，我们凝视着落日

和自己短暂的一生

时光雕刻机

——闻堰速写

雷元胜

三江口

中国的三江口有很多
与老虎洞结为兄弟的
地球上只有这一个

采砂船成群结队
鲥鱼飞翔
江水因此一次次接近黄金分割点

一声汽笛过后
闻家堰码头马上热闹起来

黄山岭的风

风吹到凌家坞村头
吹到红旗大队
吹到黄山岭
吹到爬满葡萄藤的老房子

他轻轻一吹
八十年代的凌霄花
那么火红，那么清香

大爿山碉堡

像卡在喉咙的刺
像迷路豹子的眼
像及时扑灭的火

时光流淌
鲫鱼隐身
无人机火速加入搜寻的队伍

莲华寺

关于枫香树、构树或者杉木的一生
它们无法挽留自己的命运

那些死去的杉木
要么做成船
要么做成棺材

颂钵盛满阳光与水
法师开始唱诵《大悲咒》

我跨上一匹中年的马
不愿见的人就永远不见
不想说的话就永远不说

与闻堰有关

老街铁匠打铁的声音好听
小砾山排灌站的水声好听
延庆寺木鱼的声音也好听

除了这些，我想告诉你——
闻堰的喜悦
是老街上蒲子、南瓜、茭白跳出篮筐
是老虎洞村八仙桌与挑稻秧的箩筐静静对视
是通往影剧院弄堂里的一颗牛轧糖和一瓶汽水

闻堰的喜悦

是裴家村的夏夜
广场上黑压压坐满了人
旁边竖着一根高高的电视信号接收天线

电视屏上雪花一阵阵
人群里吵闹声也就一阵阵

爱情故事

阿　剑

要一匹南宋的快马
追赶东吴的纷纷扰扰
要一艘远古的独木舟
躲避一场南宋的雨

刳木为舟的郎中
在湖心云影里飞檐走壁
他用古法炮制的五十七味草药唤醒鳞片中受伤的水

断桥不是跨湖桥
许仙不是书生
我用春秋喂养的马匹追赶一尾漏网之鱼

老虎洞

谢　墨

我是虎，但我不能
像英雄一样凯旋，哪怕这里的
村庄、河流和码头
以我的名字命名，我在

八千年前就离开了，当时
只有独木舟，先人们啊
我把四肢当成橹桨，就是为了
追随你们

漂泊天涯海角
然后回来，我没有
乘坐高铁和飞机，而是
像鱼一样游了回来

茶　坊

潘开宇

春风裁剪下的柳枝

绿了江南岸

也绿了江南岸边

老街落日余晖下的茶坊

如同茶坊中的过客

守着似水流年

也守着三江码头上初相见的记忆

新火试茶

或是晴窗分茶

一样的人来人往

如同远方起帆的码头上

一样的舟船往返

如果江花已经红胜火

如果碧柳古桥上黄莺已经啼春

此处有人声
彼端鸟语花香

我把笔落在纸上的沙沙声
恍惚成多年前
风吹过船帆的猎猎声
我用画笔涂抹
江南古镇闻堰的故事
像《清明上河图》一般
流动成稀世长卷

或者将茶坊
凝固成
书卷里的文字
在时光变迁
和黄昏的光与影中
绵延成
今日的风景

在老虎洞遇见一只老虎的命运（外两首）

苏微凉

传说越王勾践在此圈养数只老虎

我来此，只是想看看老虎

无心攀爬小山

在山中遇见一条小蛇

阶梯上几只马鹿自在穿行

老虎洞，并无老虎

在阶梯消失的尽头

一只山洞里

一只老虎，相看无言

它的牙齿异常的锋利

像一把锯刀

它的爪子，有一吨的力量

能一掌拍碎汽车挡风玻璃

此刻，它静静地看着
来来往往的行人
看着莲花寺山上的一切
作为一只被圈养的老虎
越王勾践的宠物

它一辈子走不出山洞
走不出属于一只老虎的命运

与虎书

心有猛虎，细嗅蔷薇

在遇到老虎后
才发现山中景色绮丽
登四千级阶梯而不自汗
老虎在莲华寺的香火的熏陶下
像舔脚趾的大猫咪

或许，此后有更凶险的虎豹或道路吧
在下山途中
她黑色的防晒服，栗色的长发
淡淡的香水味，打开了另一个季节的
栅栏——

山路上开满了蔷薇
一场暴雨后，蔷薇饱含泪水
一只老虎出现，轻抚她的
额头

此后，人世艰难
与君共度，随即一起下山去了

闻堰即景

一个清晨，驱车前往莲华寺
沿着老虎洞桥往前走
香樟把手臂伸进河里
几个老者正在淘米、洗衣
巨大的蜘蛛网挂在
香樟与河道之间

投身于河面的云朵
蓝天，与几只游鱼嬉戏
仿佛另一个太虚

一只白鹭
在水面停留了一会儿，消失在
附近

闻堰采风诗二首

李志平

老虎洞山

轻舟一跃，五千年的水路
是草莽的山径

灌木丛和参差的杂树
恣意拥簇，包裹你的视线

丛林中有一种克制的
遁世之美

猎手是一个声音的符号
捕捉掩藏于目光后的诸多色彩

孤独的呼吸，像手掌
拂风过林，封闭了想象

那些传说，还真有意外的形态
有身姿，有前探的钝爪、浑浊的眼神

乱石砸碎膜拜
只有那些惶惑的潮水退去
才会显露的真实情感

抚摸一下，你走了过去
山野的风和你击掌而鸣

下山的路上
有鸟声，有游人的嬉笑，有摆卦者真实的脸容
你一身汗涔涔
好像惊醒了一场梦

莲华寺

宗祠庙堂，是神话的权座
名山大刹，钟鸣曼舞
香客们祈愿的是红尘俗愿的内卷
雕梁大殿，三叩三香，青烟袅袅

莲华寺却不相同

旧时称庵，是因观音大仙为民收虎

一方平安，百姓乐业

神有凡心，俗念恩情

结草为庐，荒野筑庵

没有佛法传承的惊奇

平淡如民间故事

真实亲切，香火继漫

现又为寺

是因战火涂炭，十年浩劫

历史湮火，几乎废墟

村民自发募捐重建

集人间之巧思，体山形之自然

修殿纳僧，重开光明

所以

莲华寺是山野的寺

山虽不高，绿涛涤荡

坐观三江，听渔歌商往，念一句世道平安

莲华寺是平民的寺

法相庄严却敞开胸怀

走卒歇脚，驴友探幽

香客尽愿，居士听经

红尘万象皆能并蓄，仪态万千

谁又能不感动
天上和地下的幸福不就是这样吗

我愿意相信

鲁永筑

我愿意相信
杭州西湖是姊
萧山湘湖是妹
典雅之姊风韵犹存
娇柔之妹魅力四射

我愿意相信
钱塘江是你们的母亲
她的天性是酬谢海神
——而你们姊妹俩
一个与杭州海誓山盟
一个和萧山天长地久
演绎旷世爱情

我愿意相信
跨湖桥文化遗址上

曾经燃烧的篝火
我愿意相信
城山之巅的越王故城
曾经吹响的牛角
我愿意相信
李白、陆游、文天祥、刘伯温
他们曾在这里徘徊吟咏

我更愿意相信
湘湖，是一瓢灵感之水
任何一个文人墨客
去湘湖蘸上一笔
凌空一击
就是一个不朽的诗魂

在闻堰，在湘湖

阿 罗

游弋是艰辛的，雪月的服务无处不在
在湘湖，岸上的鱼比在水里的欢快
此时暂且忘记符合生存之道的游泳
那些笑脸遵从敬业精神
而山岩的真实快进着，从不倒带
甬管花落谁家
有多少媚惑与殷勤被无心的夜色放养

走过一座独木桥血液就是真正地属于自己啦
没有手机样式的钓竿
也不要去想守护什么
船过桥洞，谁心事也就过了桥洞
横是水，有时竖并不是水
只有风吹过的时候，两棵树才会有
同样的颤动，只有蚯蚓的诱饵抛掷到水里
我们才会有同样的心动

——或许岸上阳光

也是弯曲着照射过来的

而世界对于我们的隐痛也一无所知

你是那最富有诗情的梦幻之路

张　琼

你，生长在钱塘江畔
一出生就拥有了江湖的气韵
从来没有一个地方能像你一样
能够别有风味而又与众不同

"三江活码头"的你
收住万古钱潮的你
青春焕发时候的你
自始至终你都是最靓丽的模样

我与世界的第一次回眸就是你
匍匐在你的怀里，轻轻聆听拍岸惊奇
水岸之间构成了一种天然的默契
钱塘江诗路能够如此春意澎湃
怎能少了你那动人的一笔？

只有你才是最好的开始
也唯有你才有最曼妙的行姿
我以仰望的深情注视你
探寻"浙东唐诗之路"的传奇
正在你的身上擘画别样的历史画卷

是你，让东流的长河水，远远地尽折腰
是你，让千年吴越的沉戟与硝烟，埋于爱的心底
还是你，让生命的故事与山水同频共振出岁月的浪花

富春江、钱塘江、浦阳江和湘湖的碧波
都是你泼墨国际化梦想的斑斓元素
一湖一城新格局，依湖沿江筑新城

是谁在诉说诗路里的诗情画意
是谁在书写着新江南的新故事
在你的香怀里滋养出无穷无尽的力量
斗转星移，新时代的魅也已传唱经年